證券投資實務

了解中國證券市場

主　編 ● 林　雨　劉堂發　湯　恒
副主編 ● 郭　泉　趙阿平　唐曉燕
　　　　胡書清　陳小鳳　朱德東

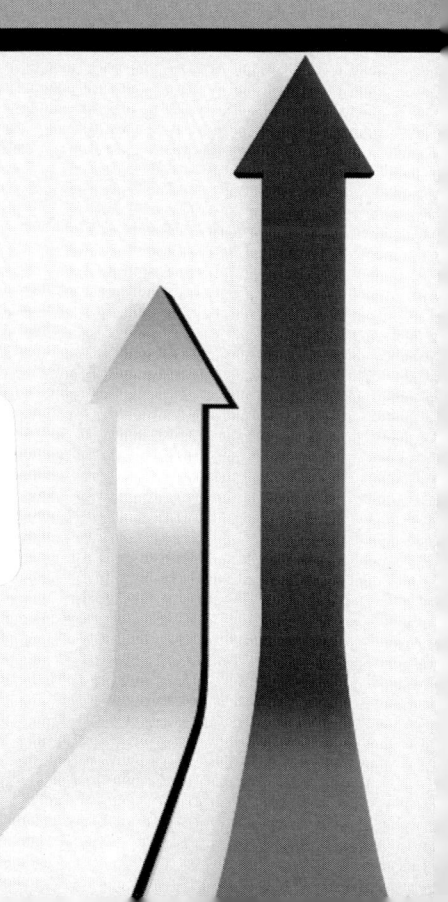

崧燁文化

前 言

金融投資根據投資對象的不同，有股票投資、債券投資、基金投資、外匯投資以及衍生金融工具投資等。金融產品日益繁多，隨著人們生活水平的提高和思想的進步，越來越多的投資者會選擇合理的投資工具。因此，人們很有必要掌握證券的交易規則，掌握證券的正確分析方法以對其投資進行指導。

本教材主要面向應用型高等院校經濟與管理類專業的學生，在編寫過程中我們始終貫徹「基礎理論夠用，重在知識運用，注重實踐操作技能」的理念，強調基礎性與應用性的統一，力求實現理論聯繫實際，通過列舉大量案例，增強對學生分析能力和實踐操作能力的培養，並且要求學生進行模擬操作，讓學生樹立風險意識，慢慢形成自己的投資理念。當然，這也是一本自學證券投資的入門教材。

本教材共由六個模塊組成，分別是證券市場概述、證券市場基礎工具、證券市場運行、證券投資基本分析、證券投資技術分析以及實戰指導，每一個學習模塊都有其獨立性。在六個學習模塊中，共有二十四個項目，每個項目有數個任務，以任務的形式讓學生進行學習。為了方便沒有證券投資基礎知識的同學學習，也便於同學考取證券從業資格證，模塊1 證券市場概述、模塊2 證券市場基礎工具和模塊3 證券市場運行是證券投資基礎知識，分十二個項目來介紹；模塊4 證券投資基本分析，包括宏觀經濟形勢分析、行業分析和公司分析兩個項目來介紹，這部分是價值投資分析的重點內容；模塊5 證券投資技術分析，包括投資技術分析概述、K線分析、形態分析、移動平均線分析、成交量、趨勢分析以及其他技術指標分析七個項目，這些技術分析結合了大量案例來分析說明，使投資者慢慢形成自己的投資理念；模塊6 實戰指導，從收集與分析證券信息、證券即時行情解讀以及證券常用術語和股市諺語三個項目來介紹，這個模塊主要是讓投資者迅速入門，並且知道投資高手的境界是怎麼樣的，這是投資者努力學習的方向。

本教材由林雨負責全書大綱的擬定、寫作範式的設計以及全書的統稿工作，劉堂

發、湯恒擔任主編。具體寫作分工如下：郭泉、唐曉燕編寫了模塊1，劉堂發、湯恒編寫了模塊2，林雨編寫了模塊4和模塊5，陳小鳳、趙阿平編寫了模塊3，林雨、胡書清和朱德東編寫了模塊6。

在本教材的編寫過程中，許多前輩以及同行給了我們很多意見，我們也借鑑了他們很多研究成果。同時，本教材還借鑑和參考了一些網路資料，在此對作者一併表示衷心的感謝。

我們一直想編寫一本適合應用型大學學生用的證券投資教材，讓學生能夠迅速入門並且得到提高，我們對此進行了努力。儘管我們在各個方面不斷地完善，但由於我們的能力有限，加之時間倉促，教材中難免存在疏漏與不足之處，在此，懇請各位專家、同行以及廣大讀者批評指正。

林　雨

目　錄

模塊 1　證券市場概述

項目 1　證券與證券市場 ……………………………………………… (3)
　　任務 1　有價證券 ……………………………………………… (3)
　　任務 2　證券市場 ……………………………………………… (4)

項目 2　證券市場參與者 ……………………………………………… (7)
　　任務 1　證券發行人 …………………………………………… (7)
　　任務 2　證券投資人 …………………………………………… (8)
　　任務 3　證券市場仲介機構 …………………………………… (10)
　　任務 4　自律性組織 …………………………………………… (11)
　　任務 5　證券監管機構 ………………………………………… (11)

項目 3　證券市場的產生與發展 ……………………………………… (12)
　　任務 1　證券市場產生的原因 ………………………………… (12)
　　任務 2　證券市場的發展趨勢 ………………………………… (13)
　　任務 3　中國的證券市場 ……………………………………… (14)
　　任務 4　中國證券市場的對外開放 …………………………… (15)

模塊 2　證券市場基礎工具

項目 4　股票 …………………………………………………………… (19)
　　任務 1　股票的特徵與類型 …………………………………… (19)
　　任務 2　股票的價值與價格 …………………………………… (24)
　　任務 3　中國的股票類型 ……………………………………… (30)
　　任務 4　一板市場、二板市場和三板市場 …………………… (35)

項目 5　債券 …………………………………………………………… (37)
　　任務 1　債券的特徵 …………………………………………… (37)

任務2　債券的分類 ·· (39)
　　任務3　債券與股票的比較 ·· (41)
　　任務4　政府債券 ·· (42)
　　任務5　金融債券與公司債券 ······································· (45)

項目6　證券投資基金 ·· (50)
　　任務1　證券投資基金概述 ·· (50)
　　任務2　證券投資基金的當事人 ···································· (54)
　　任務3　證券投資基金的費用、收益和風險 ······················· (55)
　　任務4　證券投資基金的投資 ······································· (58)

項目7　金融衍生工具 ·· (60)
　　任務1　金融衍生工具概述 ·· (60)
　　任務2　金融衍生工具的種類 ······································· (62)
　　任務3　金融期貨與金融期權 ······································· (64)

模塊3　證券市場運行

項目8　股票的發行與交易 ··· (69)
　　任務1　股票的發行與承銷 ·· (69)
　　任務2　股票的交易流程——開戶與委託買賣 ····················· (74)
　　任務3　股票的交易流程——競價成交和結算與過戶 ············· (78)

項目9　債券的發行與交易 ··· (82)
　　任務1　債券的發行與承銷 ·· (82)
　　任務2　債券上市程序和交易流程 ·································· (85)

項目10　證券投資基金的募集、交易與登記 ······················· (88)
　　任務1　封閉式基金的募集與交易 ·································· (88)
　　任務2　開放式基金的募集與認購 ·································· (91)
　　任務3　開放式基金的申購、贖回 ·································· (94)
　　任務4　交易型開放式指數基金（ETF）的募集與交易 ··········· (97)

項目 11　證券價格指數 ··· (101)
　　任務 1　股票價格指數的計算 ······································ (101)
　　任務 2　證券價格指數簡介 ·· (102)
項目 12　證券投資的收益與風險 ····································· (107)
　　任務 1　證券投資收益 ·· (107)
　　任務 2　證券投資風險 ·· (109)

模塊 4　證券投資基本分析

項目 13　宏觀經濟形勢分析 ··· (115)
　　任務 1　證券投資分析基礎知識 ···································· (115)
　　任務 2　基本分析的主要內容 ······································ (115)
項目 14　行業分析和公司分析 ······································· (129)
　　任務 1　行業分析 ·· (129)
　　任務 2　上市公司基本分析 ·· (134)
　　任務 3　上市公司財務報表分析 ···································· (137)

模塊 5　證券投資技術分析

項目 15　投資技術分析概述 ··· (151)
　　任務 1　技術分析的概念與分類 ···································· (151)
　　任務 2　技術分析的基本假設 ······································ (152)
　　任務 3　技術分析的要素 ·· (153)
　　任務 4　技術分析時應該注意的問題 ································ (153)
項目 16　K 線分析 ·· (155)
　　任務 1　K 線的畫法與分類 ·· (155)
　　任務 2　大陽線和大陰線 ·· (157)
　　任務 3　錘頭線與吊頸線 ·· (161)
　　任務 4　倒錘頭線與射擊之星 ······································ (163)

任務5　長十字線與螺旋槳 ··· (165)
　　任務6　曙光初現與烏雲蓋頂 ··· (168)
　　任務7　旭日東升與傾盆大雨 ··· (170)
　　任務8　早晨十字星與黃昏十字星 ··· (172)
　　任務9　早晨之星與黃昏之星 ··· (174)
　　任務10　身懷六甲與穿頭破腳 ·· (176)

項目17　形態分析 ··· (179)
　　任務1　頭肩底和頭肩頂 ··· (179)
　　任務2　雙底（W底）和雙頂（M頭） ····································· (181)
　　任務3　潛伏底 ·· (183)
　　任務4　V形和倒置V形（尖頂） ··· (184)
　　任務5　底部三角形、上升三角形和擴散三角形 ·························· (186)
　　任務6　缺口 ·· (190)

項目18　移動平均線分析 ·· (195)
　　任務1　移動平均線簡介 ··· (195)
　　任務2　多頭排列與空頭排列 ··· (198)
　　任務3　黃金交叉與死亡交叉 ··· (200)
　　任務4　銀山谷、金山谷與死亡谷 ··· (202)
　　任務5　首次粘合向上發散形與首次粘合向下發散形 ······················· (205)
　　任務6　首次交叉向上發散形與首次交叉向下發散形 ······················· (207)
　　任務7　上山爬坡形與下山滑坡形 ··· (209)
　　任務8　逐浪上升形與逐浪下降形 ··· (212)
　　任務9　蛟龍出海與斷頭鍘刀 ··· (214)

項目19　成交量 ··· (216)
　　任務1　成交量和股價關係概述 ··· (216)
　　任務2　成交量的運用之一——黑馬的狂歡 ································ (219)
　　任務3　成交量的運用之二——底部和頂部識別 ·························· (225)

項目20　趨勢分析 ··· (231)
　　任務1　趨勢線簡介 ·· (231)

  任務2　支撐線與壓力線相互轉化 …………………………………………（233）
  任務3　上升趨勢線被有效突破和下降趨勢線被有效突破 …………………（234）
項目21　其他技術指標分析 ……………………………………………………（235）
  任務1　相對強弱指標（RSI）……………………………………………（235）
  任務2　隨機指標（KDJ）…………………………………………………（236）

模塊6　實戰指導

項目22　收集與分析證券信息 …………………………………………………（243）
  任務1　證券信息的收集 ……………………………………………………（243）
  任務2　證券信息的分析 ……………………………………………………（244）
項目23　證券即時行情解讀 ……………………………………………………（246）
  任務1　常見的證券行情分析軟件介紹 ……………………………………（246）
  任務2　證券行情分析軟件操作 ……………………………………………（247）
  任務3　解讀證券行情圖 ……………………………………………………（250）
  任務4　觀察與操作盤面 ……………………………………………………（255）
  任務5　操作盤面技巧 ………………………………………………………（258）
  任務6　莊股炒作五部曲 ……………………………………………………（261）
項目24　證券常用術語和股市諺語 ……………………………………………（266）
  任務1　證券常用術語 ………………………………………………………（266）
    任務2　股市諺語 ……………………………………………………（272）

模塊 1
證券市場概述

項目1　證券與證券市場

學習要點

- ◆ 瞭解有價證券的定義、分類和特徵。
- ◆ 熟悉證券市場的特徵和層次。
- ◆ 掌握證券市場的基本功能。

證券是指各類記載並代表一定權利的法律憑證。證券用以證明持有人有權依其所持憑證記載的內容而取得應有的權益。從一般意義上來說，證券是指用以證明或設定權利所做成的書面憑證，表明證券持有人或第三者有權取得該證券擁有的特定權益，或證明其曾經發生過的行爲。證券可以採取紙面形式或證券監管機構規定的其他形式。

任務1　有價證券

一、有價證券的定義

有價證券是指標有票面金額，用於證明持有人或該證券指定的特定主體對特定財產擁有所有權或債權的憑證。證券本身沒有價值，但由於證券代表著一定量的財產權利，持有人可憑該證券直接取得一定量的商品、貨幣，或是取得利息、股息等收入，可以在證券市場上買賣和流通，客觀上具有交易價格。

有價證券是虛擬資本的一種形式。所謂虛擬資本，是指以有價證券形式存在，並能給持有者帶來一定收益的資本。虛擬資本是獨立於真實資本之外的一種資本存在形式。通常，虛擬資本的價格總額並不等於其所代表的真實資本的帳面價格，甚至與真實資本的重置價格也不一定相等，其變化並不完全反應實際資本額的變化。

二、有價證券的分類

有價證券有廣義與狹義兩種概念。狹義的有價證券是指資本證券，廣義的有價證券包括商品證券、貨幣證券和資本證券。

商品證券是證明持有人擁有商品所有權或使用權的憑證，取得這種證券就等於取得這種商品的所有權，持有人對這種證券所代表的商品所有權受法律保護。屬於商品證券的有提貨單、運貨單、倉庫棧單等。

貨幣證券是指本身能使持有人或第三者取得貨幣索取權的有價證券。貨幣證券主要包括兩大類：一類是商業證券，主要包括商業匯票和商業本票；另一類是銀行證券，主要包括銀行匯票、銀行本票和支票。

資本證券是指由金融投資或與金融投資有直接聯繫的活動而產生的證券。資本證券的持有人有一定的收入請求權。資本證券是有價證券的主要形式。

有價證券的種類多種多樣，可以從不同的角度按不同的標準進行分類，其分類方法及具體的分類如表 1.1.1 所示。

表 1.1.1　　　　　　　　　　有價證券分類一覽表

序號	分類標準	具體分類
1	發行證券的主體	政府證券、金融證券、企業證券
2	是否在證券交易所掛牌交易	上市證券、非上市證券
3	募集方式	公募證券、私募證券
4	按照證券所反應的經濟關係的性質	股票、債券、其他證券（包括基金證券、證券衍生品等），股票和債券是最基本的兩個品種

三、有價證券的特徵

（一）收益性

證券代表的是對一定數額的某種特定資產的所有權或債權，投資者持有證券也就同時擁有取得這部分資產增值收益的權利，因而證券本身具有收益性。

（二）流動性

證券的流動性是指證券變現的難易程度。證券具有極高的流動性必須滿足三個條件：很容易變現、變現的交易成本極小、本金保持相對穩定。

（三）風險性

證券的風險性是指實際收益與預期收益的背離，即收益的不確定性。從整體上說，證券的風險與其收益成正比。通常情況下，風險越大的證券，投資者要求的預期收益越高；風險越小的證券，預期收益越低。

（四）期限性

債券一般有明確的還本付息期限，債券的期限具有法律約束力，是對融資雙方合法權益的保護。股票一般沒有期限性，可以視為無期證券。

任務 2　證券市場

證券市場是股票、債券、投資基金份額等有價證券發行和交易的場所。證券市場是市場經濟發展到一定階段的產物，是為解決資本供求矛盾和流動性而產生的市場。

一、證券市場的特徵

（一）證券市場是價值直接交換的場所

雖然證券交易的對象是各種各樣的有價證券，但由於它們是價值的直接表現形式，因此證券市場本質上是價值直接交換的場所。

（二）證券市場是財產權利直接交換的場所

證券市場上的交易對象是作爲經濟權益憑證的股票、債券、投資基金份額等有價證券，它們本身是一定量財產權利的代表。所以，它們代表著一定數額財產的所有權或債權以及相關的收益權。證券市場實際上是財產權利直接交換的場所。

（三）證券市場是風險直接交換的場所

有價證券的交換在轉讓出一定收益權的同時，也把該有價證券所持有的風險轉讓出去。因此，從風險的角度分析，證券市場也是風險直接交換的場所。

二、證券市場的結構

證券市場的結構是指證券市場的構成及其各部分之間的量比關係。證券市場的結構可以有許多種，但較爲重要的結構如下：

（一）層次結構

按照證券進入市場的順序，整個市場可分爲發行市場和交易市場。前者又稱一級市場或初級市場，是證券發行人向投資人出售新證券所形成的市場；后者又稱二級市場或次級市場，是已發行的證券通過買賣交易實現流通轉讓的市場。

除一級市場和二級市場的區分之外，證券市場的層次性還體現爲區域分佈、覆蓋公司類型、上市交易制度以及監管要求的多樣性。根據所服務和覆蓋的公司類型不同，證券市場可分爲全球性市場、全國性市場、區域性市場等類型；根據上市公司規模、監管要求等不同，證券市場可以分爲主板市場、二板（創業板或高新企業板）市場等。

（二）品種結構

按照證券的品種而形成的結構關係，主要包括股票市場、債券市場、基金市場、衍生產品市場等。股票市場是股票發行和買賣交易的場所；債券市場是債券發行和買賣交易的場所；基金市場是基金份額發行和流通的市場；衍生產品市場是各類衍生產品發行和交易的市場。

（三）交易場所結構

按照交易活動是否在固定場所進行，證券市場可分爲有形市場和無形市場。前者指有固定場所、有組織、制度化的市場；而后者則指無固定場所的市場。

三、證券市場的基本功能

證券市場的運行對社會經濟產生的客觀效果，稱之爲證券市場的功能。證券市場被稱爲國民經濟的「晴雨表」。其主要有三大功能，如表 1.2.1 所示。

表 1.2.1　　　　　　　　　　證券市場功能一覽表

序號	功能	具體表現
1	籌資投資功能	一方面爲資金需求者提供了通過發行證券籌集資金的機會，另一方面爲資金供給者提供了投資對象
2	定價功能	通過證券供給者和需求者的公開競價，提供了資本的合理定價機制
3	資本配置功能	可以把閒散資源投入到國民經濟最需要的部門，把資金從利潤低的部門轉移到利潤高的部門

項目 2 證券市場參與者

學習要點

◆ 熟悉證券的發行人。
◆ 熟悉證券的投資人。
◆ 熟悉證券市場的仲介機構。
◆ 瞭解證券監管機構和自律性組織。

證券市場參與者主要包括證券發行人、證券投資人、證券市場仲介機構、自律性組織、證券監管機構五個類別的組織和個人。

任務 1 證券發行人

證券發行人是指爲籌措資金而發行債券、股票等證券的發行主體。證券發行人包括公司（企業）、政府和政府機構。

（一）公司（企業）

公司（企業）的組織形式可分爲獨資制、合夥制和公司制。現代股份制公司主要採取股份有限公司和有限責任公司兩種形式。

歐美等西方國家能夠發行證券的金融機構，一般都是股份公司，所以將金融機構發行的證券歸入了公司證券。而中國和日本則把金融機構發行的債券定義爲金融債券，從而突出了金融機構作爲證券市場發行主體的地位。但股份制的金融機構發行的股票並沒有被定義爲金融證券，而是歸類於一般的公司股票。

（二）政府和政府機構

隨著國家干預經濟理論的興起，政府（中央政府和地方政府）和中央政府直屬機構已成爲證券發行的重要主體之一，但政府發行證券的品種僅限於債券。

由於中央政府擁有稅收、貨幣發行等特權。通常情況下，中央政府債券不存在違約風險，因此這類證券被視爲「無風險證券」，相對應的證券收益率被稱爲「無風險利率」，是金融市場上最重要的價格指標之一。

中央銀行作爲證券發行主體，主要涉及兩類證券。第一類是中央銀行股票，第二類是中央銀行出於調控貨幣供給量目的而發行的特殊債券。中國人民銀行從 2003 年起

發行中央銀行票據，期限從3個月到3年不等，主要用於調節金融體系中的流動性。

任務2　證券投資人

一、機構投資者

（一）政府機構

　　政府機構參與證券投資的目的主要是爲了調劑資金餘缺和進行宏觀調控。各級政府及政府機構出現資金剩餘時，可通過購買政府債券、金融債券投資於證券市場。

　　中央銀行以公開市場操作作爲政策手段，通過買賣政府債券或金融債券，影響貨幣供應量或利率水平，進行宏觀調控。

　　中國國有資產管理部門或其授權部門持有國有股，履行國有資產的保值增值和通過國家控股、參股來支配更多社會資源的職責。

（二）金融機構

　　參與證券投資的金融機構包括證券經營機構、銀行業金融機構、保險公司、合格境外機構投資者、主權財富基金以及其他金融機構。

　　1. 證券經營機構

　　證券經營機構是證券市場上最活躍的投資者，以其自有資本、營運資金和受託投資資金進行證券投資。中國證券經營機構主要爲證券公司。

　　2. 銀行業金融機構

　　銀行業金融機構包括商業銀行、郵政儲蓄銀行、城市信用合作社、農村信用合作社等吸收公眾存款的金融機構以及政策性銀行。根據《中華人民共和國商業銀行法》的規定，銀行業金融機構可用自有資金買賣政府債券和金融債券，除國家另有規定外，在中華人民共和國境內不得從事信託投資和證券經營業務，不得向非自用不動產投資或者向非銀行金融機構和企業投資。根據《中華人民共和國外資銀行管理條例》的規定，外商獨資銀行、中外合資銀行可以買賣政府債券、金融債券以及買賣股票以外的其他外幣有價證券。銀行業金融機構因處置貸款質押資產而被動持有的股票，只能單向賣出。根據《商業銀行個人理財業務管理暫行辦法》的規定，商業銀行可以向個人客戶提供綜合理財服務，向特定目標客戶群銷售理財計劃，接受客戶的委託和授權，按照與客戶事先約定的投資計劃和方式進行投資和資產管理。

　　3. 保險公司

　　保險公司是全球最重要的機構投資者之一，曾一度超過投資基金成爲投資規模最大的機構投資者，除大量投資於各類政府債券、高等級公司債券外，還廣泛涉足基金和股票投資。

　　4. 合格境外機構投資者（QFII）

　　合格境外機構投資者制度是一國（地區）在貨幣沒有實現完全可自由兌換、資本項目尚未開放的情況下，有限度地引進外資、開放資本市場的一項過渡性的制度。合

格境外機構投資者在經批准的投資額度內，可以投資於中國證監會批准的人民幣金融工具，具體包括在證券交易所掛牌交易的股票、債券、證券投資基金、權證以及中國證監會允許的其他金融工具，合格境外機構投資者可以參與新股、可轉換債券發行、股票增發和配股的申購。

5. 主權財富基金

隨著國際經濟、金融形勢的變化，目前不少國家尤其是發展中國家擁有了大量的官方外匯儲備，爲管理好這部分資金，成立了代表國家進行投資的主權財富基金。經國務院批准，中國投資有限責任公司（簡稱中投公司）於2007年9月29日成立，註冊資本金爲2,000億美元（1美元約等於6.58元人民幣，下同），成爲專門從事外匯資金投資業務的國有投資公司，以境外金融組合產品爲主，開展多元投資，實現外匯資產保值增值，被視爲中國主權財富基金的發端。

6. 其他金融機構

其他金融機構包括信託投資公司、企業集團財務公司、金融租賃公司等。這些機構通常也在自身章程和監管機構許可的範圍內進行證券投資。

(三) 企業和事業法人

企業可以用自己的累積的資金或暫時不用的閒置資金進行證券投資。企業可以通過股票投資實現對其他企業的控股或參股，也可以將暫時閒置的資金通過自營或委託專業機構進行證券投資以獲取收益。中國現行的規定是各類企業可參與股票配售，也可投資股票二級市場；事業法人可用自有資金和有權自行支配的預算外資金進行證券投資。

(四) 各類基金

基金性質的機構投資者包括證券投資基金、社保基金、企業年金和社會公益基金。

1. 證券投資基金

證券投資基金是指通過公開發售基金份額籌集資金，由基金管理人管理，基金託管人託管，爲基金份額持有人的利益，以資產組合方式進行證券投資活動的基金。《中華人民共和國證券投資基金法》（以下簡稱《證券投資基金法》）規定中國的證券投資基金可投資於股票、債券和國務院證券監督管理機構規定的其他證券品種。

2. 社保基金

在一般國家，社保基金分爲兩個層次：一是國家以社會保障稅等形式徵收的全國性基金；二是由企業定期向員工支付並委託基金公司管理的企業年金。

在中國，由全國社會保障基金理事會進行管理的社保基金也主要由兩部分組成：一部分是社會保障基金。其資金來源包括國有股減持劃入的資金和股權資產、中央財政撥入資金、經國務院批准以其他方式籌集的資金及其投資收益。同時，從2001年起新增發行彩票公益金的80%上繳社保基金。第二部分是由企業定期向員工支付並委託基金公司管理的企業年金。

社保基金的投資範圍包括銀行存款、國債、證券投資基金、股票、信用等級在投資級以上的企業債、金融債等有價證券，其中銀行存款和國債投資的比例不低於50%，

企業債、金融債投資的比例不高於10%，證券投資基金、股票投資的比例不高於40%。

社會保險基金一般由養老、醫療、失業、工傷、生育五項保險基金組成。在現階段，中國社會保險基金的部分累積項目主要是養老保險基金，其運作依據是人力資源和社會保障部的各相關條例和地方的規章。

3. 企業年金

企業年金是指企業及其職工在依法參加基本養老保險的基礎上，自願建立的補充養老保險基金。按照中國現行法規的規定，企業年金可由年金受託人或受託人指定的專業投資機構進行證券投資。

4. 社會公益基金

社會公益基金是指將收益用於指定的社會公益事業的基金，如福利基金、科技發展基金、教育發展基金、文學獎勵基金等。中國有關政策規定，各種社會公益基金可用於證券投資，以求保值增值。

二、個人投資者

個人投資者是指從事證券投資的社會自然人，他們是證券市場最廣泛的投資者。個人進行證券投資應具備一些基本條件，這些條件包括國家有關法律法規關於個人投資者投資資格的規定和個人投資者必須具備一定的經濟實力。爲保護個人投資者利益，對於部分高風險證券產品的投資（如衍生產品），監管法規還要求相關個人具有一定的產品知識並簽署書面的知情同意書。

任務3　證券市場仲介機構

證券市場仲介機構是指爲證券的發行、交易提供服務的各類機構。在證券市場起仲介作用的機構是證券公司和其他證券服務機構，通常把兩者合稱爲證券仲介機構。

一、證券公司

證券公司又稱證券商，是指依照《中華人民共和國公司法》（以下簡稱《公司法》）、《中華人民共和國證券法》（以下簡稱《證券法》）規定和經國務院證券監督管理機構批准經營證券業務的有限責任公司或股份有限公司。按照《證券法》的規定，證券公司的主要業務包括證券經紀業務、證券投資諮詢業務、與證券交易、證券投資活動有關的財務顧問業務，證券承銷和保薦業務，證券自營業務，證券資產管理業務及其他證券業務。

二、證券服務機構

證券服務機構是指依法設立的從事證券服務業務的法人機構，主要包括證券登記結算公司、證券投資諮詢公司、會計師事務所、資產評估機構、律師事務所和證券信用評級機構等。

任務 4　自律性組織

一、證券交易所

根據《證券法》的規定，證券交易所是爲證券集中交易提供場所和設施、組織和監督證券交易，實行自律管理的法人，如上海證券交易所、深圳證券交易所。

二、證券業協會

中國證券業協會是依法註冊的具有獨立法人地位的、由經營證券業務的金融機構自願組成的行業性自律組織，是社會團體法人。中國證券業協會採取會員制的組織形式，協會的最高權力機構爲全體會員組成的會員大會。

三、證券登記結算機構

證券登記結算機構是爲證券交易提供集中登記、存管與結算服務，是不以營利爲目的的法人。按照《證券登記結算管理辦法》的規定，證券登記結算機構實行行業自律管理。中國的證券登記結算機構爲中國證券登記結算有限責任公司。

任務 5　證券監管機構

在中國，證券監管機構是指中國證券監督管理委員會（以下簡稱中國證監會）及其派出機構。中國證監會是國務院直屬的證券監督管理機構，按照國務院授權和依照相關法律法規對證券市場進行集中、統一監管。

中國證監會的主要職責是依法制定有關證券市場監督管理的規章、規則，負責監督有關法律法規的執行，負責保護投資者的合法權益，對全國的證券發行、證券交易、仲介機構的行爲等依法實施全面監管，維持公平而有序的證券市場。

項目 3　證券市場的產生與發展

學習要點

- ◆ 熟悉證券市場產生的原因。
- ◆ 熟悉證券市場的發展趨勢。
- ◆ 瞭解中國的證券市場。
- ◆ 熟悉中國證券市場的對外開放。

任務 1　證券市場產生的原因

一、社會化大生產和商品經濟的發展

隨著生產力的進一步發展及社會分工的日益複雜，商品經濟日益社會化，社會化大生產產生了對巨額資金的需求，依靠單個生產者自身的累積難以滿足需求，即使依靠銀行借貸資本也不能解決企業自有資本擴張的需要。因此，客觀上需要有一種新的籌集資金的機制以適應社會經濟進一步發展的要求。在這種情況下，證券與證券市場就應運而生了。

二、股份制的發展

隨著商品經濟的發展，生產規模日漸擴大，傳統的獨資經營方式和家族型企業已經不能勝任對巨額資本的需求，於是產生了合夥經營的組織，隨後又由單純的合夥組織逐步演變成股份公司。股份公司的建立、公司股票和債券的發行，為證券市場產生和發展提供了現實基礎和客觀要求。企業組織結構的變化，出現了通過發行股票和債券籌集資金的市場。

三、信用制度的發展

只有當貨幣資本與產業資本相分離，貨幣資本本身取得了一種社會性質時，公司股票和債券等信用工具才會被充分運用。隨著信用制度的發展，商業信用、國家信用、銀行信用等融資方式不斷出現，越來越多的信用工具隨之湧現。信用工具一般有流通變現的要求，而證券市場為有價證券的流通、轉讓創造了條件。因此，隨著信用制度的發展，證券市場的產生成為必然。

任務 2　證券市場的發展趨勢

20 世紀 90 年代以來，伴隨著金融全球化和世界金融體制變革的不斷深入，市場競爭日趨激烈，國際證券市場發生了巨大變化，這些變化也揭示了證券市場的發展趨勢。

一、證券市場快速發展

隨著證券市場的國際化，除了個別國家外，無論是發達國家還是新興市場國家的證券市場都實現了快速發展，並達到了空前規模。尤其是中國證券市場從無到有，發展成爲世界上最大的證券新興市場。發達國家的證券市場在原有基礎上持續快速發展。

二、融資證券化

國家融資證券化是國債市場和股票市場形成之後出現的國家證券市場發展的新趨勢。這表現爲傳統的以間接融資爲主體的國際融資格局已被打破，以股票和債券爲融資手段的融資市場得到了快速發展。另外，隨著各國證券市場的快速發展，也出現了間接融資比重下降、證券直接融資比重上升的趨勢。商業銀行爲了適應市場競爭的需要，加入金融創新的行列，將信貸資產證券化，將直接融資和間接融資相結合，推動了融資證券化的發展。

三、證券市場全球一體化進程加快

隨著各國證券市場的對外開放和交易所聯網，證券市場全球一體化進程加快主要表現在如下方面：

(一) 形成 24 小時交易的全球性市場

爲了降低成本並引入競爭機制，各交易所跨國進行聯網，使世界主要證券市場價格趨同，市場之間相關性大大增強。例如，美國股市的波動會很快引起世界其他金融市場迅速反應，股市波動迅速傳遞。

(二) 跨國發行和交易股票、債券的數量急遽增加

20 世紀 90 年代開始，發達國家和發展中國家在國外市場發行的股票規模都呈跳躍式增長，其中發達國家中法國、義大利約增長 60 倍，發展中國家中拉丁美洲國家較爲領先，增長了 50 倍。同時，跨國發行的債券規模更大。

(三) 投資者的跨國投資更加活躍

巨額的國際「遊資」時刻關注著全球各地的證券交易價格和信息變化，隨時尋求獲利機會，導致國際資本的迅速流動。

(四) 機構投資者的地位急遽上升

作爲專業化資產管理產業的機構投資者的發展是全球金融體系結果變化的一個主

要特徵。機構投資者中共同基金是私人資本跨國證券投資的最主要力量。20世紀末全球的機構投資者發展都很快，並向全世界金融市場延伸，成爲全世界金融市場參與跨國證券交易的主要力量，推動了全球資本市場流動私人化的潮流。機構投資者發展壯大及其對全球金融市場活動的積極參與，爲金融市場全球化發展提供了新的動力，增添了新的內容。

國際證券市場的發展趨勢對於中國證券市場的發展具有借鑑意義，國際證券市場的發展趨勢在很大程度上反應了中國證券市場的長遠發展方向。

任務3　中國的證券市場

一、第一階段：中國資本市場的萌生（1978—1992年）

1981年7月，中國改革傳統的「既無外債，又無內債」的計劃經濟思想，重啓國債發行。1987年9月，中國第一家專業證券公司——深圳特區證券公司成立。1990年12月19日和1991年7月3日，上海證券交易所、深圳證券交易所先後正式營業。1990年10月，鄭州糧食批發市場開業並引入期貨交易機制，成爲新中國期貨交易的實質性發端。1992年10月，深圳有色金屬交易所推出了中國第一個標準化期貨合約——特級鋁期貨標準合同，實現了由遠期合同向期貨交易的過渡。1993年，股票發行試點正式由上海、深圳推廣至全國，打開了資本市場進一步發展的空間。

二、第二階段：全國性資本市場的形成和初步發展（1993—1998年）

1992年10月，國務院證券管理委員會和中國證券監督管理委員會成立。1997年11月，中國金融體系進一步確定了銀行業、證券業、保險業分業經營和分業管理的原則。1998年4月，國務院證券委撤銷，中國證監會成爲全國證券期貨市場的監管部門，建立了集中統一的證券期貨市場監管體制。

三、第三階段：資本市場的進一步規範和發展（1999年至今）

《中華人民共和國證券法》於1998年12月頒布並於1999年7月實施，是中國第一部規範證券發行與交易行爲的法律，並由此確認了資本市場的法律地位。2001年12月，中國加入WTO，中國經濟走向全面開放，金融改革不斷深化，資本市場的深度和廣度日益擴大。

從2001年開始，證券市場步入持續四年的調整階段：股票指數大幅下挫；新股發行和上市公司再融資難度加大、週期變長；證券公司遇到了嚴重的經營困難，到2005年全行業連續四年總體虧損。

這些問題產生的根源在於中國資本市場是在向市場經濟轉軌過程中由試點開始而逐步發展起來的新興市場，早期制度設計有很多局限，改革配套措施不健全。一些在市場發展初期並不突出的問題，隨著市場的發展壯大，逐步演變成市場進一步發展的

障礙，包括上市公司改制不徹底、治理結構不完善；證券公司實力較弱、運作不規範；機構投資者規模小、類型少；市場產品結構不合理，缺乏適合大型資金投資的優質藍籌股、固定收益類產品和金融衍生產品；交易制度單一、缺乏有利於機構投資者避險的交易制度等。

2009年10月23日，創業板正式啟動。2009年年末，中國證監會適時啟動了以滬深300股指期貨和融資融券制度為代表的重大創新，對中國證券市場的完善和發展具有深遠影響。

任務4　中國證券市場的對外開放

一、在國際資本市場募集資金

中國股票市場融資國際化是以B股、H股、N股等股權融資作為突破口的。中國自1992年起開始在上海證券交易所、深圳證券交易所發行境內上市外資股（B股），自1993年開始發行境外上市外資股（H股、N股等）。

在利用股票市場籌資的同時，中國也越來越重視國際債券市場籌借中長期建設資金，1982年1月中國國際信託投資公司在日本債券市場發行100億日元（1日元約等於0.06元人民幣，下同）的私募債券，這是中國國內機構首次在境外發行外幣債券。1984年11月，中國銀行在東京公開發行200億日元債券，標誌著中國正式進入國際債券市場。1993年9月，財政部首次在日本發行300億元債券，標誌著中國主權外債發行的正式起步。

從1984年以來，財政部、國家開發銀行、中國進出口銀行、中信公司、中國銀行、中國建設銀行等國內機構陸續在境外發行外幣債券，發行覆蓋歐洲、美國、日本、新加坡等市場。

二、開放國內資本市場

2001年12月11日，中國正式加入WTO，標誌著中國的證券業對外開放進入了一個全新的階段。在利用股票和債券在國際資本市場籌資的同時，中國也逐步放開了境內資本市場。根據中國政府對WTO的承諾，中國證券業在5年過渡期對外開放的內容主要包括：

第一，外國證券機構可以（不通過中方仲介）直接從事B股交易。

第二，外國證券機構駐華代表處可以成為所有中國證券交易所的特別會員。

第三，允許外國機構設立合營公司，從事國內證券投資基金管理業務，外資比例不超過33%；加入後3年內，外資比例不超過49%。

第四，加入後3年內，允許外國證券公司設立合營公司，外資比例不超過1/3。合營公司可以（不通過中方仲介）從事A股的承銷，從事B股和H股、政府和公司債券的承銷和交易，以及發起設立基金。

第五，允許合資券商開展諮詢服務及其他輔助性金融服務，包括信用查詢與分析、投資與有價證券研究和諮詢、公開收購及公司重組等；對所有新批准的證券業務給予國民待遇，允許在國內設立分支機構。

三、有條件地開放境內企業和個人投資境外資本市場

中國目前資本項目下的外匯收支尚未完全開放，但是近年來有關開放合格境內機構投資者（QDII，下同）投資境外資本市場的呼聲越來越高。

2006年6月，中國銀監會印發《關於商業銀行開展 QDII 業務有關問題的通知》，明確商業銀行開展 QDII 業務的方式、投資範圍和託管資格管理等。2006年8月，國家外匯管理局發布《關於基金管理公司境外證券投資外匯管理有關問題的通知》，啟動了基金管理公司 QDII 試點。

2007年4月，中國銀監會與中國香港證監會簽署監管合作諒解備忘錄，就雙方監管職責、信用共享等事項進行約定，有效促進該項業務平穩健康發展。2007年10月，中、英兩國金融監管部門就商業銀行 QDII 業務做出監管合作安排，中國的商業銀行可以代客投資英國的股票市場以及經英國金融監管當局認可的公募基金，逐步擴大商業銀行代客境外投資市場。

2007年8月，國家外匯管理局批覆同意天津濱海新區進行境內個人直接投資境外證券市場的試點，標誌著資本項下外匯管制開始鬆動，個人投資者有望在未來從事海外直接投資。

四、對中國香港特別行政區和澳門特別行政區的開放

從2004年1月1日起，中國香港和澳門已獲得當地從業資格的專業人員在內地申請證券從業資格，只需通過內地法律法規培訓和考試，無須通過專業知識考試。從2006年1月1日起，允許內地符合條件的證券公司根據相關要求在香港設立分支機構。從2008年1月1日起，允許符合條件的內地基金管理公司在香港設立分支機構，經營有關業務。

截至2011年年底，分別有20家內地證券公司、15家內地基金公司、6家內地期貨公司獲准在香港設立分支機構。此外，由於香港允許金融機構實行混業經營，有9家中資銀行也在香港設立了證券公司。

復習思考題

1. 證券市場的特徵和層次是什麼？
2. 證券市場有什麼基本功能？
3. 有哪些證券投資人？
4. 證券市場的產生有哪些原因？
5. 證券市場發展的趨勢怎麼樣？
6. 中國證券市場的對外開放情況怎麼樣？

模塊 2
證券市場基礎工具

項目 4 股票

學習要點

- ◆ 瞭解股票的特徵與類型。
- ◆ 熟悉股票的價值與價格。
- ◆ 掌握影響股價變動的基本因素。
- ◆ 掌握中國的股票類型。

任務 1 股票的特徵與類型

一、股票概述

（一）股票的定義

股票是一種有價證券，它是股份有限公司簽發的證明股東所持有股份的憑證。股票應載明的事項主要有：公司名稱、公司成立的日期、股票種類、票面金額及代表的股份數、股票的編號。股票由法定代表人簽名，公司蓋章。發起人的股票，應當標明「發起人股票」字樣。

（二）股票的性質

1. 股票是有價證券

股票具有有價證券的特徵：第一，雖然股票本身沒有價值，但股票是一種代表財產權的有價證券；第二，股票與其代表的財產權有不可分離的關係。

2. 股票是要式證券

股票應具備《公司法》規定的有關內容，如果缺少規定的要件，股票就無法律效力。

3. 股票是證權證券

證券可分為設權證券和證權證券。設權證券是指證券所代表的權利本來不存在，而是隨著證券的製作而產生，即權利的發生是以證券的製作和存在為條件的。證權證券是指證券是權利的一種物化的外在形式，是權利的載體，權利是已經存在的。

4. 股票是資本證券

股票是投入股份公司資本份額的證券化，屬於資本證券。股票獨立於真實資本之外，在股票市場進行著獨立的價值運動，是一種虛擬資本。

5. 股票是綜合權利證券

股票不屬於物權證券，也不屬於債權證券，而是一種綜合權利證券。股東權是一種綜合權利，股東依法享有資產收益、重大決策、選擇管理者等權利。

(三) 股票的特徵

1. 收益性

收益性是最基本的特徵，是指股票可以為持有人帶來收益的特性。持有股票的目的在於獲取收益。股票的收益來源有兩類：一類是來自於股份公司；另一類是來自於股票流通。

2. 風險性

股票風險的內涵是股票投資收益的不確定性，或者說實際收益與預期收益之間的偏離程度。風險不等於損失，高風險的股票可能給投資者帶來較大損失，也可能帶來較大的收益。

3. 流動性

流動性是指股票可以通過依法轉讓而變現的特性，即在本金保持相對穩定、變現的交易成本很小的條件下，股票很容易變現的特性。判斷流動性強弱的三個方面是市場深度、報價緊密度、價格彈性（恢復能力）。需要注意的是，由於股票的轉讓可能受各種條件或法律法規的限制，因此並非所有股票都具有相同的流動性。通常情況下，大盤股流動性強於小盤股，上市公司股票的流動性強於非上市公司股票，而上市公司股票又可能因市場或監管原因而受到轉讓限制，從而具有不同程度的流動性。

4. 永久性

永久性是指股票所載有權利的有效性是始終不變的，因為它是一種無期限的法律憑證。股票的有效期與股份公司的存續期間相聯繫，二者是並存關係。

5. 參與性

參與性是指股票持有人有權參與公司重大決策的特性。股票持有人作為股份公司的股東，有權出席股東大會，行使對公司經營決策的參與權。股東參與公司重大決策權利的大小通常取決於其持有股份數量的多少，如果某股東持有的股份數量達到決策所需要的有效多數時，就能從實質上影響公司的經營方針。

二、股票的類型

(一) 按股東享有權利的不同分類

1. 普通股股票

（1）普通股股票股東的權利。

①公司重大決策參與權。股東基於股票的持有而享有股東權，這是一種綜合權利，其中首要的是可以憑股東身分參與股份公司的重大事項決策。

②公司資產收益權和剩餘資產分配權。這個權利表現在普通股股東有權按照實繳的出資比例分取紅利，但全體股東約定不按照出資比例分取紅利的除外；普通股股東在股份公司解散清算時，有權要求取得公司的剩餘資產。

③其他權利。其他權利主要包括股東有權查閱公司章程、股東名冊等；股東持有的股份可依法轉讓；公司爲增加註冊資本發行新股時，股東有權按照實繳的出資比例認購新股。

（2）普通股股票股東的義務。

中國《公司法》規定，公司股東應當遵守法律、行政法規和公司章程，依法行使股東權利，不得濫用股東權利損害公司或其他股東的利益；不得濫用公司法人獨立地位和股東有限責任損害公司債權人的利益。公司股東濫用股東權利給公司或者其他股東造成損失的，應當依法承擔賠償責任。公司股東濫用公司法人獨立地位和股東有限責任逃避責任，嚴重損害公司債權人利益的，應當對公司債務承擔連帶責任。公司的控股股東、實際控制人、董事、監事、高級管理人員不得利用其關聯關係損害公司利益。如違反有關規定，給公司造成損失的，應當承擔賠償責任。

2. 優先股股票

（1）優先股股票的定義。

首先，對股份公司而言，發行優先股股票的作用在於可以籌集長期穩定的公司股本，又因其股息率固定，可以減輕股息的分派負擔。另外，優先股股票股東無表決權，這樣可以避免公司經營決策權的改變和分散。其次，對投資者而言，由於優先股股票的股息收益穩定可靠，而且在財產清償時也先於普通股股票股東，因而風險相對較小，不失爲一種較安全的投資對象。

（2）優先股股票的特徵。

股息率固定，股息分派優先，在股份公司盈利分配順序上，優先股股票排在普通股股票之前；剩餘資產分配優先，當股份公司因解散或破產進行清算時，在對公司剩餘資產的分配上，優先股股票股東排在債權人之后、普通股股票股東之前；一般無表決權，優先股股東權利是受限制的，最主要的是表決權限制。

（二）按是否記載股東姓名分類

1. 記名股票

記名股票是指在股票票面和股份公司的股東名冊上記載股東姓名的股票。中國《公司法》規定，公司發行的股票可以爲記名股票，也可以爲無記名股票。股份有限公司向發起人、法人發行的股票，應當爲記名股票，並應當記載該發起人、法人的名稱或者姓名，不得另立戶名或者以代表人姓名記名。公司發行記名股票的，應當置備股東名冊，記載下列事項：股東的姓名或者名稱及住所、各股東所持股份數、各股東所持股票的編號、各股東取得股份的日期。

2. 無記名股票

無記名股票是指在股票票面和股份公司股東名冊上均不記載股東姓名的股票。無記名股票與記名股票的差別不是在股東權利等方面，而是在股票的記載方式上。中國《公司法》規定，發行無記名股票的，公司應當記載其股票數量、編號及發行日期。

（三）根據是否在股票票面上標明金額分類

1. 有面額股票

有面額股票是指在股票票面上記載一定金額的股票。這一記載的金額也稱爲票面金額、票面價值或股票面值。中國《公司法》規定，股份有限公司的資本劃分爲股份，每一股的金額相等。中國《公司法》規定股票發行價格可以按票面金額，也可以超過票面金額，但不得低於票面金額。有面額股票的票面金額就是股票發行價格的最低界限。

2. 無面額股票

無面額股票是指在股票票面上不記載股票面額，只註明其在公司總股本中所占比例的股票。目前世界上很多國家（包括中國）的公司法規定不允許發行這種股票。

四、與股票相關的概念

（一）股利政策

1. 現金股利

現金股利指股份公司以現金分紅方式將盈余公積和當期應付利潤的部分或全部發放給股東，股東爲此應支付利息稅。穩定的現金股利政策對公司現金流管理有較高的要求，通常將那些經營業績較好、具有穩定較高現金股利支付的公司股票稱爲藍籌股。

2. 股票股利

股票股利也稱送股，是指股份公司對原有股東採取無償派發股票的行爲。送股時，將上市公司的留存收益轉入股本帳戶，留存收益包括盈余公積和未分配利潤，現在的上市公司一般只將未分配利潤部分送股。送股實質上是留存利潤的凝固化和資本化，表面上看，送股後，股東持有的股份數量因此而增長，其實股東在公司裡佔有的權益份額和價值均無變化。投資者獲得上市公司送股也需繳納所得稅（目前稅率爲10%）。

3. 資本公積金轉增股本

資本公積金是在公司的生產經營之外，由資本、資產本身及其他原因形成的股東權益收入。股份公司的資本公積金主要來源於股票發行的溢價收入、接受的贈與、資產增值、因合併而接受其他公司資產淨額等。資本公積金轉增股本是在股東權益內部，把公積金轉到「實收資本」或者「股本」帳戶，並按照投資者所持有公司的股份份額比例的大小分到各個投資者的帳戶中，以此增加每個投資者的投入資本。

4. 四個重要日期

（1）股利宣布日，即公司董事會將分紅派息的消息公布於眾的時間。

（2）股權登記日，即統計和確認參加本期股利分配的股東的日期，在此日期持有公司股票的股東方能享受股利發放。

（3）除息除權日。除息除權日通常爲股權登記日之後的1個工作日，本日之後買入的股票不再享有本期股利。從理論上說，除息日股票價值應下降與每股現金股利相同的數額，除權日股票價格應按送股比例同步下降。

（4）派發日，即股利正式發放給股東的日期。

（二）股票分割與合併

股票分割又稱拆股、拆細，是將1股股票均等地拆成若干股。股票合併又稱並股，是將若干股股票合併爲1股。

從理論上說，不論是分割還是合併，將增加或減少股東持有股票的數量，但並不改變每位股東所持股東權益占公司全部股東權益的比重。股票分割或合併后股價會以相同的比例向下或向上調整，但股東所持股票的市值不發生變化。也就是說，如果把1股分拆爲2股，則分拆后股價應爲分拆前的一半；同樣，若把2股並爲1股，並股后股價應爲此前的兩倍。

但事實上，股票分割與合併通常會刺激股價上升或下降，其中原因頗爲複雜，但至少存在以下理由：股票分割通常適用於高價股，拆細之後每股股票市值下降，便於吸引更多的投資者購買；並股則常見於低價股。

（三）增發、配股、轉增股本、股份回購

1. 增發

增發是指公司因業務發展需要增加資本額而發行新股。上市公司可以向公眾公開增發新股，也可以向少數特定機構或個人增發新股。增發新股之后，公司註冊資本相應增加。

增發新股之后，若會計期內在增量資本未能產生相應效益，將導致每股收益下降，則稱爲稀釋效應，會促成股價下跌；若增發后價值高於增發前每股淨資產，則增發后可能會導致公司每股淨資產提升，有利於股價上漲。此外，增發總體上增加了發行在外的股票總量，短期內增加了股票供給，若無相應需求增長，股價可能下跌。

2. 配股

配股是面向原有股東，按持股數量的一定比例增發新股，原股東可以放棄配股權。現實中由於配股價通常低於市場價格，配股上市之後可能導致股價下跌。在實踐中我們經常發現，對那些業績優良、財務結構健全、具有發展潛力的公司而言，增發和配股意味著將增加公司經營實力，會給股東帶來更多回報，股價不僅不會下跌可能還會上漲。

3. 轉增股本

轉增股本是將原本屬於股東權益的資本公積轉爲實收資本，股東權益總量和每位股東占公司的股份比例均未發生任何變化，唯一的變動是發行在外的總股數增加了。

4. 股份回購

上市公司利用自有資金，從公開市場上買回發行在外的股票，稱爲股份回購。通常，股份回購會導致公司股價上漲。其原因主要包括：第一，股份回購改變了原有供求平衡，增加需求，減少供給；第二，公司通常在股價較低時實施回購行爲，而市場一般認爲公司基於信息優勢做出的內部估值比外部投資者的估值更準確，從而向市場傳達了積極的信息。

任務 2　股票的價值與價格

一、股票的價值

（一）股票的票面價值

票面價值又稱面值，即在股票票面上標明的金額。該種股票被稱爲有面額股票。

如果以面值作爲發行價，稱爲平價發行，此時公司發行股票募集的資金等於股本的總和，也等於面值總和。發行價值高於面值稱爲溢價發行，募集的資金中等於面值總和的部分計入資本帳戶，以超過股票票面金額的發行價值發行股票所得的溢價款列爲公司資本公積金。

（二）股票的帳面價值

股票的帳面價值又稱股票淨值或每股淨資產，在沒有優先股的條件下，每股帳面價值等於公司淨資產除以發行在外的普通股票的股數，但是通常情況下並不等於股票價格。其主要原因有兩點：一是會計價值通常反應的是歷史成本或者按某種規則計算的公允價值，並不等於公司資產的實際價格；二是帳面價值並不反應公司的未來發展前景。

（三）股票的清算價值

股票的清算價值是公司清算時每一股份所代表的實際價值。從理論上說，股票的清算價值應與帳面價值一致，但實際上並非如此。只有當清算時公司資產實際出售價款與財務報表上的帳面價值一致時，每一股份的清算價值才與帳面價值一致。在公司清算時，其資產往往只能壓低價格出售，再加上必要的清算費用，大多數公司的實際清算價值低於其帳面價值。

（四）股票的內在價值

股票的內在價值即理論價值，也即股票未來收益的現值。股票的內在價值決定股票的市場價格，股票的市場價格總是圍繞其內在價值波動。研究和發現股票的內在價值，並將內在價值與市場價格相比較，進而決定投資策略是證券研究人員、投資管理人員的主要任務。經濟形勢的變化、宏觀經濟政策的調整、供求關係的變化等都會影響上市公司未來的收益，引起內在價值的變化。

二、股票的價格

（一）股票的理論價格

股票的價格是指股票在證券市場上買賣的價格。從理論上說，股票的價格應由其價值決定，但股票本身並沒有價值，不是在生產過程中發揮職能作用的現實資本，而只是一張資本憑證。股票之所以有價格，是因爲它代表著收益的價值，即能給其持有者帶來股息紅利。股票交易實際上是對未來收益權的轉讓買賣，股票價格就是對未來

收益的評定。股票及其他有價證券的理論價格是根據現值理論而來的。現值理論認爲，人們之所以願意購買股票和其他證券，是因爲股票和其他證券能夠爲其持有人帶來預期收益，因此其價值取決於未來收益的大小。股票及其他有價證券的理論價格就是以一定的必要收益率計算出來的未來收入的現值。

(二) 股票的市場價格

股票的市場價格一般是指股票在二級市場上交易的價格。股票的市場價格由股票的價值決定，但同時受許多其他因素的影響。其中，供求關係是股票價格最直接的影響因素，其他因素都是通過作用於供求關係而影響股票價格的。由於影響股票價格的因素複雜多變，因此股票的市場價格呈現出高低起伏的波動性特徵。

三、影響股價變動的基本因素

宏觀經濟與政策因素、行業因素以及上市公司經營狀況是影響投資者對將來股價的預期，從而影響當前買賣決策並最終導致當前股價變化的最主要原因。在證券分析中，通常把這三類因素統稱爲基本因素，對這些因素的分析稱爲基本分析或基本面分析。

(一) 上市公司經營狀況

股份公司的經營現狀和未來發展是股票價格的基石。一般來說，上市公司經營狀況與股票價格同方向變動，上市公司經營狀況好，股價上升；反之，股價下降。上市公司經營狀況的好壞，可以從以下幾個方面來分析：

1. 上市公司的資產淨值

資產淨值或淨資產是上市公司現有的實際資產，是總資產減去負債的淨值。資產淨值是全體股東的權益，也是決定股票價格的重要基準。股票作爲投資的憑證，每一股代表一定數量的資產淨值。從理論上講，每股淨值應與股份保持一定比例（即市淨率）。一般情況下，市淨率與股價有同方向變動的趨勢，即淨值增加，股價上漲；淨值減少，股價下跌。

2. 上市公司的盈利水平

上市公司業績好壞集中表現在盈利水平的高低上，上市公司的盈利水平是影響股票價格的基本因素之一。在一般情況下，上市公司盈利增加，股息也會相應增加，股票的市場價格上漲；上市公司盈利減少，股息相應減少，股票市場價格下降。但值得注意的是，股票價格的漲跌和上市公司盈利的變化並不是同時發生的，通常股價的變化要先於盈利的變化，股價的變動幅度也要大於盈利的變動幅度。

3. 上市公司的派息政策

上市公司派息政策直接影響股票價格。一般情況下，股息與股票價格同方向變動，通常股息高，股價上漲；股息低，股價下跌。

股息來自於上市公司的稅後盈利，上市公司盈利的增加只爲股息派發提供了可能，並非盈利增加，股息就一定增加。上市公司爲了把盈利合理地運用到擴大再生產和回報股東支付股息等用途，制定了一定的派息政策。派息政策體現了上市公司的經營作

風和發展潛力，不同的派息政策對各期股息收入有不同影響。此外，上市公司對股息的派發方式（無論是派發現金股息，還是派送股票股息，或是在送股的同時再派發現金股息）也會給股價波動帶來影響。投資股票的一個重要目的是獲取股息，因此每年在上市公司公布分配方案到除息除權後是股價波動較大的一個階段。

4. 股票分割

股票分割又稱拆股、拆細，是將一股股票均等地拆成若干股。股票分割一般在年度決算月份進行，通常會刺激股價上升。股票分割給投資者帶來的不是現實的利益，但是投資者持有的股票數量增加了，給投資者帶來了今后可多分股息和更高收益的希望，因此股票分割往往比增加股息派發對股價上漲的刺激作用更大。

5. 增資和減資

上市公司因業務發展需要增加資本額而發行新股，在沒有產生相應效益前減少每股收益，會促成股價下跌。但增資對不同上市公司股票價格的影響不同，對那些業績優良、財務結構健全、具有發展潛力的上市公司而言，增資意味著將增加上市公司經營實力，會給股東帶來更多回報，股價不僅不會下跌，可能還會上漲。

當上市公司宣布減資時，多半是因為經營不善、虧損嚴重、需要重新整頓，所以股價會大幅下降，但如果上市公司為縮小規模、調整主營業務而減資，則有提高業績、刺激股價上漲的效果。

6. 銷售收入

上市公司的盈利來自銷售收入，銷售收入增加，說明上市公司銷售能力增強，利潤增加，股價隨之上漲。值得注意的是，銷售收入增加並不意味著利潤一定增加，還要分析成本、費用和負債狀況。另外，股價的變動一般也先於銷售額變動。

7. 原材料供應及價格變化

原材料是上市公司成本的重要項目，原材料供應情況及價格變化也會影響股價的變動，特別是所需原材料為稀缺資源或是依賴國外進口的上市公司，其原材料供應情況及價格變化對股價影響更大。例如，石油價格的變化會立即引起世界各國相關股價迅速變動。

8. 主要經營者更替

上市公司主要經營管理者的更換會改變上市公司經營方針、管理水平、財務狀況和盈利水平。一個銳意進取、管理有方的經營者可能使一個瀕臨破產的上市公司起死回生，而一個因循守舊、不善管理的經營者也可能使有過輝煌業績的上市公司江河日下。

9. 上市公司改組或合併

上市公司合併有多種情況，有的是為了擴大規模、增強競爭能力而合併，有的是為了消滅競爭對手而合併，有的是為了控股而合併，也有的是為操縱市場而進行惡意兼併。上市公司改組或合併總會引起股份劇烈波動，但要分析上市公司合併對上市公司是否有利、合併后是否改善上市公司的經營狀況，這是股價變動方向的決定因素。

（二）行業因素

分析行業因素可以從行業或產業競爭結構、行業可持續性、抗外部衝擊能力、監

管及稅收待遇、政府關係、勞資關係、財務與融資以及行業估值水平等方面去分析，還可以從行業生命週期來分析一個上市公司的發展前景（詳見模塊4 證券投資基本分析中的行業分析）。

(三) 宏觀經濟與政策因素

宏觀經濟發展水平和狀況是影響股票價格的重要因素。宏觀經濟影響股票價值的特點是波及範圍廣、干擾程度深、作用機制複雜和股價波動幅度較大。可以從經濟增長、經濟週期循環、貨幣政策、財政政策、市場利率、通貨膨脹、匯率變化以及國際收支狀況等方面進行分析（在模塊4 證券投資基本分析中的宏觀經濟分析也有相關內容的論述）。

1. 經濟增長

一個國家或地區的社會經濟是否持續穩定地保持一定發展速度，是影響股票價格能否穩定上升的重要因素。當一國或地區運行勢態良好，一般來說，大多數企業的經營狀況也較爲良好，它們的股票價格會上升；反之，它們的股票價格會下降。

2. 經濟週期循環

國民經濟運行經常表現爲擴張與收縮的週期性交替，每個週期一般都要經過繁榮、衰退、蕭條和復甦四個階段，即所謂的景氣循環。經濟週期循環對股票市場的影響非常顯著，可以這麼說，是景氣變動從根本上決定了股票價格的長期變動趨勢。

一般情況下，經濟週期變動與股價變動的關係是：復甦階段→股價回升，繁榮階段→股價上漲，危機階段→股價下跌，蕭條階段→股價低迷。

經濟週期變動影響股票價格的傳導機制是：經濟週期變動→上市公司利潤增減→股息增減→投資者心理和投資決策變化→供求關係變化→股價變化。在影響股票價格的各種經濟因素中，週期循環是一個很重要的因素。

值得重視的是，股票價格的變動通常比實際經濟的繁榮或衰退領先一步，即在經濟繁榮后期股價已率先下跌；在經濟尚未全面復甦之際，股價已先行上漲。國外學者認爲股價變動要比經濟週期循環早4~6個月。這是因爲股票價格是對未來收入的預期，所以先於經濟週期的變動而變動。正因爲如此，股票價格水平已成爲經濟週期變動的靈敏信號或稱先導性指標。

3. 貨幣政策

中央銀行的貨幣政策對股票價格有直接的影響。貨幣政策是政府重要的宏觀經濟調控政策，中央銀行通常採用存款準備金制度、再貼現政策、公開市場業務等貨幣政策手段調控貨幣供應量，從而實現發展經濟、穩定貨幣等政策目標。無論中央銀行採取何種貨幣政策手段，都會影響最終的貨幣供應量變化，從而影響股票價格。

（1）法定存款準備金率。法定存款準備金率是商業銀行吸收的每百元存款中要繳存中央銀行的比率。一般情況下，中央銀行變動法定存款準備金率來調控貨幣供應量時，對股市影響的傳導機制如下：

提高法定存款準備金率→商業銀行可貸資金減少→市場資金趨緊→股票市場價格下降。

降低法定存款準備金率→商業銀行可貸資金增加→市場資金趨鬆→股票市場價格上升。

（2）再貼現率政策。再貼現率政策是指中央銀行通過調節其對金融機構貸款利率（再貼現利率）來調節貨幣供應量。其對股市的傳導機制如下：

再貼現率上升→金融機構現貼現成本上升→金融機構再貼現額下降→資金供應趨緊和市場利率提高→貨幣供應量減少→股票市場價格下降。

再貼現率下降→金融機構現貼現成本下降→金融機構再貼現額上升→資金供應寬鬆和市場利率下降→貨幣供應量增加→股票市場價格上升。

（3）公開市場業務。公開市場業務是指中央銀行在金融市場上公開買賣證券（主要是政府債券和政府票據）以調控貨幣供應量的政策行業。其對股市影響的傳導機制如下：

賣出政府證券→貨幣流入中央銀行庫存→貨幣供應量減少→股票價格下降。

買入政府證券→中央銀行庫存貨幣流入市場→貨幣供應量增加→股票價格上升。

4. 財政政策

財政政策也是政府的重要宏觀經濟調控政策。財政政策對股票價格的影響有以下三個方面：

（1）通過擴大財政赤字、發行國債籌集資金，增加財政支出，刺激經濟發展；通過增加財政盈餘或降低赤字，減少財政支出，抑制經濟增長，調整社會經濟發展速度，改變企業生產的外部環境，進而影響企業利潤水平和股息派發。

（2）通過調節稅率影響企業利潤和股息。提高稅率，企業稅負增加，稅後利潤下降，股息減少；反之，企業稅后利潤和股息增加。

（3）國債發行量會改變證券市場的證券供應和資金需求，從而間接影響股票價格。

5. 市場利率

市場利率對股市的影響有以下幾個方面：

（1）絕大部分企業都負有債務，利率提高，利息負擔加重，上市公司淨利潤和股息相應減少，股票價格下降，利率下降，利息負擔減輕，上市公司淨利潤和股息相應增加，股票價格上升。

（2）若利率提高，一部分「遊資」會流向儲蓄、債券等其他收益固定的金融工具，對股票需求減少，股價下降；若利率下降，資金流向股票市場，對股票的需求增加，股票價格上升。

（3）若利率提高，一部分投資者要負擔較高的利息才能借到所需資金進行證券投資。如果允許進行信用交易，則買空者的融資成本也相應提高，投資者會減少融資和對股票的需求，股票價格下降。若利率下降，投資者能以較低利率借到所需資金，增加融資和對股票的需求，股票價格上漲。

6. 通貨膨脹

通貨膨脹對股票價格的影響較為複雜，既有刺激股票市場的作用，又有抑制股票市場的作用，要結合具體情況進行分析。通貨膨脹是因為貨幣供應量過多而造成的貨幣貶值、物價上漲。在通貨膨脹初期，上市公司會因產品價格的提升和存貨的增值而

增加利潤，從而增加可以分派的股息，並使股票價格上漲。在物價上漲時，股東實際股息收入下降，上市公司爲股東利益著想，會增加股息派發，使股息名義收入有所增加，也會促使股價上漲。通貨膨脹給其他收益固定的證券帶來了不可迴避的通貨膨脹風險，投資者爲了保值，增加購買收益不固定的股票，對股票的需求增加，股價也會上漲。

但是當通貨膨脹嚴重、物價居高不下時，企業因原材料、工資費用、利息等各項支出增加，使得利潤減少，引起股價下降。同時，嚴重的通貨膨脹會使社會經濟秩序紊亂，使企業無法正常地開展經營活動，因此對股票價格的負面影響更大。

7. 匯率變化

匯率的調整對整個社會經濟影響很大，有利有弊。一般而言，匯率下降，即本幣升值，不利於出口而有利於進口；匯率上升，即本幣貶值，不利於進口而有利於出口。匯率變化對股價的影響要視其對整個經濟的影響而定。若匯率變化趨勢對本國經濟發展影響較爲有利，股價會上升；反之，股價會下降。具體地說，匯率的變化對那些在材料和銷售兩方面嚴重依賴國際市場的國家和企業的股票價格影響較大。

8. 國際收支狀況

一般情況下，若一國國際收支連續出現逆差，政府爲平衡國際收支會採取提高國內利率和提高匯率的措施，以鼓勵出口減少進口，此時股價就會下跌；反之，股價會上漲。

(四) 影響股票價格的其他因素

1. 政治及其他不可抗力的影響

政治及其他不可后抗力因素對股票價格產生非常複雜的影響，具體如下：

(1) 戰爭。戰爭會對一國家或地區的社會生產力造成破壞，有的戰爭還會導致對經濟毀滅性的打擊。在戰爭期間，除軍事企業以外的絕大多數企業都會不同程度地出現停產、生產減少、產品滯銷、收入減少、利潤下降等現象，在生命財產安全得不到基本保障的情況下，人們對於股票的投資意願會大幅下降，股價也會因此而大幅下跌。

(2) 政權更迭、領導人更替等政治事件。政權更迭、領導人更替會對一個國家或地區的經濟和社會發展產生重大的、實質性影響，同時也會從很大程度上影響投資者的預期和投資行爲，進而引起股票價格的變化。

(3) 政府重大經濟政策的出抬。政府關於經濟和社會發展的重大政策、發展規劃和重要法規的頒布，會影響到投資者對於經濟社會發展前景的預期，從而會引起股價變化。

(4) 國際社會政治、經濟的變化。隨著世界經濟一體化的進程，國家之間、地區之間的政治和經濟關係更趨緊密，加之當前網路等先進通信工具的運用，國際關係的細微變化可能引致各國股市產生敏感的聯動。

(5) 自然災害。上市公司因發生不可預料和不可抵抗的自然災害或不幸事件，產生損失而又得不到相應賠償，其股價會下跌。

2. 心理因素

投資者的心理變化對股價變動影響很大。在大多數投資對股市持樂觀態度時，會

有意無意誇大市場有利因素的影響，並忽視一些潛在的不利因素，從而脫離上市公司實際業績而紛紛買進股票，促使股價上漲；反之，在大多數投資者對股市前景過於悲觀時，會對潛在的有利因素視而不見，而對不利因素特別敏感，甚至不顧上市公司的優良業績而大量抛售股票，致使股價下跌。

3. 穩定市場的政策和制度安排

爲保證證券市場的穩定，各國的證券監管機構和證券交易所會制定相應的政策措施和做出一定的制度安排。例如，中國《證券法》規定，證券交易所依照證券法律、行政法規制定上市規則、交易規則、會員管理規則，並經國務院證券監督管理機構批准，因突發事件而影響證券交易的正常進行時，證券交易所可以採取技術性停牌措施；因不可抗力的突發事件或者維護證券交易的正常秩序，證券交易所可以決定臨時停市等。

4. 人爲操縱因素

人爲操縱因素往往會在短期內對股價產生較大的影響。中國證券市場經常提及的「坐莊」「莊家」等即是指操縱市場的行爲和操縱市場的人（機構）。

任務 3　中國的股票類型

一、按投資主體性質分類

（一）國家股

國家股是指有權代表國家投資的部門或機構以國有資產向公司投資形成的股份，包括公司現有國有資產投資形成的股份。

國家股從資金來源上看，主要有三個方面：

（1）現有國有企業改組爲股份公司時所擁有的淨資產；

（2）現階段有權代表國家投資的政府部門向新組建的股份公司的投資；

（3）經授權代表國家投資的投資公司、資產經營公司、經濟實體性總公司等機構向新組建股份公司的投資。

國有資產管理部門是國有股權行政管理的專職機構。國有股權＝國家股＋國有法人股。國有股權可以由國家授權投資的機構持有，也可由國有資產管理部門持有或由國有資產管理部門代政府委託其他機構或部門持有。國家股股權可能轉讓，但轉讓應符合國家的有關規定。

（二）法人股

法人股是指企業法人或具有法人資格的事業單位和社會團體以其依法可支配的資產投入公司形成的股份。法人持股所形成的也是所有權關係，是法人經營自身財產的一種投資行爲。法人股股票以法人記名。

如果是具有法人資格的國有企業、事業及其他單位以其依法占用的法人資產向獨立於自己的股份公司出資形成或依法定程序取得的股份，可稱爲國有法人股。國有法

人股屬於國有股權。

（三）社會公眾股

社會公眾股是指社會公眾依法以其擁有的財產投入公司時取得的可上市流通的股份。在社會募集方式下，股份公司發行的股份，除了由發起人認購一部分外，其餘部分應該向社會公眾公開發行。

中國《證券法》規定，社會募集公司申請股票上市的條件之一是向社會公開發行的股份達到公司股份總數的25%以上；公司股本總額超過人民幣4億元的，向社會公開發行股份的比例為10%以上。

（四）外資股

外資股是指股份公司向外國和中國香港、澳門、臺灣地區投資者發行的股票。這是中國股份公司吸收外資的一種方式。外資股按上市地域可以分為境內上市外資股和境外上市外資股。

1. 境內上市外資股

境內上市外資股原來是指股份有限公司向境外投資者募集並在中國境內上市的股份，投資者限於外國的自然人、法人和其他組織；中國香港、澳門、臺灣地區的自然人、法人和其他組織；定居在國外的中國公民等。這類股票稱為B股。B股採取記名股票形式，以人民幣標明股票面值，以外幣認購買賣，在境內證券交易所上市交易。

從2001年2月對境內居民個人開放B股市場後，境內居民個人可以用現匯存款和外幣現鈔存款以及從境外匯入的外匯資金從事B股交易，但不允許使用外幣現鈔。境內居民個人與非居民之間不得進行B股協議轉讓。

2. 境外上市外資股

境外上市外資股是指股份有限公司向境外投資者募集並在境外上市的股份。境外上市外資股也採取記名股票形式，以人民幣標明股票面值，以外幣認購。在境外上市時，可以採取境外存股憑證形式或者股票的其他派生形式。公司向境外上市外資股股東支付股利及其他款項，以人民幣計價和宣布，以外幣支付。境外上市外資股主要由H股、N股、S股等構成。

（1）香港市場。H股是以港元計價在中國香港發行並上市的境內企業的股票。H股公司由中資控股，在內地註冊，公司業務一般都在內地。

紅籌股不屬於外資股。紅籌股是指在中國境外註冊、在中國香港上市、主要業務在中國內地或大部分股東權益來自中國內地的股票。

（2）美國市場。從1992年起，中國公司開始在美國上市（N股）。主板市場（主要是一些傳統的製造業企業，如中國中策輪胎、華晨金杯汽車等）；二板市場（主要是一些高科技和網路股，如百度、盛大娛樂、TOM在線等）。

（3）其他市場。一些中國企業在新加坡、英國、加拿大和日本等國的證券市場上市。

二、按流通受限與否分類

上市公司股權分置改革是通過非流通股股東和流通股股東之間的利益平衡協商機

制消除 A 股市場股份轉讓制度性差異的過程，是爲非流通股可上市交易做出的制度安排。

2005 年 4 月 29 日，經國務院批准，中國證監會發布《關於上市公司股權分置改革試點有關問題的通知》，啓動了股權分置改革的試點工作。經國務院批准，2005 年 8 月 23 日，中國證監會、國務院國有資產監督管理委員會（以下簡稱國資委）、財政部、中國人民銀行、商務部聯合發布《關於上市公司股權分置改革的指導意見》。2005 年 9 月 4 日，中國證監會發布《上市公司股權分置改革管理辦法》，中國的股權分置改革進入全面鋪開階段。

公司股權分置改革的動議，原則上應當由全體非流通股股東一致同意提出。相關股東會議投票表決改革方案，須經參加表決的股東所持表決權的 2/3 以上通過，並經參加表決的流通股股東所持表決權的 2/3 以上通過。改革方案獲得相關股東會議表決通過，公司股票復牌後，市場稱這類股票爲 G 股。改革後公司原非流通股股份的出售應當遵守以下規定：自改革方案實施之日起，在 12 個月內不得上市交易或轉讓；持有上市公司股份總數 5% 以上的原非流通股股東在上述規定期滿後，通過證券交易所掛牌交易出售原非流通股股份，出售數量占該公司股份總數的比例在 12 個月內不得超過 5%，在 24 個月內不得超過 10%。

（一）已完成股權分置改革的公司，按股份流通受限與否分類

1. 有限售條件股份

有限售條件股份是指股份持有人依照法律、法規規定或按承諾有轉讓限制的股份，包括因股權分置改革暫時鎖定的股份，內部職工股，董事、監事、高級管理人員持有的股份等。有限售條件股份具體包括國家持股、國有法人持股、其他內資持股、外資持股。

2. 無限售條件股份

無限售條件股份包括人民幣普通股、境內上市外資股、境外上市外資股及其他。

（二）未完成股權分置改革的公司，按股份流通受限與否分類

1. 未上市流通股份

未上市流通股份是指尚未在證券交易所上市交易的股份，具體包括：

（1）發起人股份，包括國家持有股份、境內法人持有股份、境外法人持有股份、其他。其中，國家持有股份是指按照《股份有限公司規範意見》設立的公司所設的國家股及其增量；境內法人持有股份是指發起人爲境內法人時持有的股份；境外法人持有股份是指按照《股份有限公司規範意見》設立的公司，其發起人爲適用外資法律的法人（外商以及中國港、澳、臺商等）所持有的股份；其他是指個別公司發起人與以上分類有區別的特殊情況。

（2）募集法人股份，是指在《公司法》實施之前成立的定向募集公司所發行的、發起人以外的法人認購的股份。

（3）內部職工股，是指在《公司法》實施之前成立的定向募集公司所發行的、在報告時尚未上市的內部職工股。

(4) 優先股或其他，是指上市公司發行的優先股或無法計入其他類別的股份。

2. 已上市流通股份

已上市流通股份是指已在證券交易所上市交易的股份，具體包括：

(1) 境內上市人民幣普通股票，即 A 股，含向社會公開發行股票時向公司職工配售的公司職工股。

(2) 境內上市外資股，即 B 股。

(3) 境外上市外資股，即在境外證券市場上市的普通股。

(4) 其他。

三、按市場分類

(一) A 股

A 股的正式名稱是人民幣普通股票。按照以往的概念，A 股是由中國境內的公司發行，供境內機構、組織或個人（不含中國港、澳、臺投資者）以人民幣認購和交易的普通股股票。

2002 年 12 月 1 日起，合格境外機構投資者（QFII）開始進入中國 A 股市場，原先對 A 股投資者的規定修改爲「境內機構、組織或個人以及合格境外機構投資者」。爲提示投資者注意風險，中國對有問題的公司實行「特別處理」，有 ST 股和 *ST 股兩種。

1. ST 股

1998 年 4 月 22 日，滬深交易所宣布對財務狀況或其他狀況出現異常的上市公司股票交易進行特別處理（Special Treatment），並在簡稱前冠以「ST」，因此這類股票稱爲 ST 股。

所謂「財務狀況異常」是指以下幾種情況：

(1) 最近兩個會計年度的審計結果顯示的淨利潤爲負值。

(2) 最近一個會計年度的審計結果顯示其股東權益低於註冊資本。

也就是說，如果一家上市公司連續兩年虧損或每股淨資產低於股票面值，就要予以特別處理。

(3) 註冊會計師對最近一個會計年度的財產報告出具無法表示意見或否定意見的審計報告。

(4) 最近一個會計年度經審計的股東權益扣除註冊會計師、有關部門不予確認的部分，低於註冊資本。

(5) 最近一份經審計的財務報告對上年度利潤進行調整，導致連續兩個會計年度虧損。

(6) 經證券交易所或中國證監會認定爲財務狀況異常的。

ST 股交易規定如下：

(1) 股票報價日漲跌幅限制爲漲幅 5%，跌幅 5%。

(2) 股票名稱改爲原股票名前加「ST」，如「ST 鋼管」。

(3) 上市公司的中期報告必須經過審計。

由於對 ST 股票實行日漲跌幅度限制爲 5%，也在一定程度上抑制了「莊家」的刻

意炒作。投資者對於特別處理的股票也要區別對待，具體問題具體分析，有些ST股主要是經營性虧損，那麼在短期內很難通過加強管理扭虧爲盈。有些ST股是由於特殊原因造成的虧損，或有些ST股正在進行資產重組，則這些股票往往潛力巨大。需要指出的是，特別處理並不是對上市公司處罰，而只是對上市公司所處狀況的一種客觀揭示，其目的在於向投資者提示其市場風險，引導投資者要進行理性投資，如果公司異常狀況消除，就能恢復正常交易。

2. *ST股

*ST股票是指對存在股票終止上市風險的公司，對其股票交易實行「警示存在終止上市風險的特別處理」。

證券交易所對有以下情況的股票加「*ST」標示：

(1) 最近兩年連續虧損（以最近兩年年度報告披露的當年經審計淨利潤爲依據）。

(2) 因財務會計報告存在重大會計差錯或者虛假記載，公司主動改正或者被中國證監會責令改正後，對以前年度財務會計報告進行追溯調整，導致最近兩年連續虧損。

(3) 因財務會計報告存在重大會計差錯或者虛假記載，被中國證監會責令改正但未在規定期限內改正，並且公司股票已停牌兩個月。

(4) 未在法定期限內披露年度報告或者半年度報告，公司股票已停牌兩個月。

(5) 處於股票恢復上市交易日至恢復上市後第一個年度報告披露日期間。

(6) 在收購人披露上市公司要約收購情況報告至維持被收購公司上市地位的具體方案實施完畢之前，因要約收購導致被收購公司的股權分佈不符合《公司法》規定的上市條件，並且收購人持股比例未超過被收購公司總股本的90％。

(7) 法院受理關於公司破產的案件，公司可能被依法宣告破產。

*ST類股票想要摘掉「*ST帽子」必須全部符合如下條件：

(1) 並非連續兩年年報虧損（包括對以前年報進行的追溯調整），從現有ST的情況看，當年年報必須盈利。

(2) 最近一個會計年度的股東權益爲正值，即每股淨資產爲正值，新規定不再要求每股淨資產必須超過1元。

(3) 最新年報表明公司主營業務正常營運，扣除非經常性損益後的淨利潤爲正值，因此不能只看每股收益數據，還要看扣除非經常性損益後的每股收益。

(4) 最近一個會計年度的財務報告沒有被會計師事務所出具無法表示意見或否定意見的審計報告。

(5) 沒有重大會計差錯和虛假陳述，未在證監會責令整改期限內。

(6) 沒有重大事件導致公司生產經營受嚴重影響的情況、主要銀行帳號未被凍結、沒有被解散或破產等交易所認定的情形。

若想一步到位摘掉「*ST帽子」，恢復10％的漲跌交易制度，在硬指標上必須是年報的每股收益、扣除非經常性損益後的每股收益以及每股淨資產三項指標同時爲正值，才有提出「摘帽」的資格，證券交易所有權根據各家公司的具體情況來決定是否批准。

(二) B 股

B 股的正式名稱是人民幣特種股票。B 股是以人民幣標明面值，供境外投資者以外幣認購和買賣的股票。B 股在境內證券交易所上市交易，因此也稱爲境內上市外資股。

原先 B 股的投資人限於：外國的自然人、法人和其他組織，中國香港、澳門、臺灣地區的自然人、法人和其他組織，定居在國外的中國公民以及中國證監會規定的其他投資人。2001 年 2 月 19 日，證監會宣布 B 股市場向境內個人投資者開放。

在上海證券交易所上市的 B 股以美元交易，在深圳證券交易所上市的 B 股以港幣交易。

任務四 4　一板市場、二板市場和三板市場

一、一板市場

一板市場也稱爲主板市場，是指傳統意義上的證券市場（通常指股票市場），是一個國家或地區證券發行、上市及交易的主要場所。

主板市場對發行人的營業期限、股本大小、盈利水平、最低市值等方面的要求標準較高，上市企業多爲大型成熟企業，具有較大的資本規模以及穩定的盈利能力。

主板市場是資本市場中最重要的組成部分，很大程度上能夠反應該國或地區經濟發展狀況，有國民經濟「晴雨表」之稱。

中國大陸主板市場的公司在上海證券交易所和深圳證券交易所兩個市場上市。2004 年 5 月 17 日，「中小企業板」獲準設立，這是主板市場的一部分。

二、二板市場（創業板）

創業板，又稱二板市場（Second-board Market），即第二股票交易市場，是與主板市場（Main-Board Market）不同的一類證券市場，是專爲暫時無法在主板市場上市的創業型企業、中小企業和高科技產業企業等需要進行融資和發展的企業提供融資途徑和成長空間的證券交易市場，是對主板市場的重要補充，在資本市場中有著重要的位置。

創業板市場與主板市場相比，上市要求往往更加寬鬆，主要體現在成立時間、資本規模、中長期業績等的要求上。由於新興的二板市場上市企業大多趨向於創業型企業，所以又稱爲創業板市場。創業板市場最大的特點就是低門檻進入、嚴要求運作，有助於有潛力的中小企業獲得融資機會。

在創業板市場上市的公司大多從事高科技業務，具有較高的成長性，但往往成立時間較短、規模較小、業績也不突出，但有很大的成長空間。可以說，創業板是一個門檻低、風險大、監管嚴格的股票市場，也是一個孵化科技型、成長型企業的搖籃。

創業板市場是地位次於主板市場的二級證券市場。世界上最有影響力的二板市場是美國的納斯達克（NASDAQ）市場。在中國，二板市場特指深圳證券交易所創業板。

創業板市場在上市門檻、監管制度、信息披露、交易者條件、投資風險等方面和主板市場有較大區別。2012年4月20日，深圳證券交易所正式發布《深圳證券交易所創業板股票上市規則》，並於5月1日起正式實施，將創業板退市制度方案內容落實到上市規則之中。

三、三板市場

　　三板市場即代辦股份轉讓業務的場所，是指經中國證券業協會批准，由具有代辦非上市公司股份轉讓業務資格的證券公司採用電子交易方式，爲非上市股份公司提供股份轉讓服務，其服務對象爲中小型高新技術企業。

　　三板市場的正式名稱是「代辦股份轉讓系統」，於2001年7月16日正式開辦。作爲中國多層次證券市場體系的一部分，三板市場一方面爲退市後的上市公司股份提供繼續流通的場所，另一方面也解決了原STAQ、NET系統歷史遺留的數家公司法人股的流通問題。

　　爲妥善解決原STAQ、NET系統掛牌公司流通股的轉讓問題，2001年6月12日，經中國證監會批准，中國證券業協會發布《證券公司代辦股份轉讓服務業務試點辦法》，代辦股份轉讓工作正式啓動。2001年7月16日，第一家股份轉讓公司掛牌。爲解決退市公司股份轉讓問題，2002年8月29日起退市公司納入代辦股份轉讓試點範圍。2006年，《證券公司代辦股份轉讓系統中關村科技園區非上市股份有限公司股份報價轉讓試點辦法》的公布，使得中關村科技園區非上市股份有限公司也進入代辦股份轉讓系統，俗稱「新三板」。

項目 5　債券

學習要點

- ◆ 熟悉債券的票面要素和特徵。
- ◆ 知道債券的類型。
- ◆ 掌握債券與股票的相同點和不同點。
- ◆ 熟悉中央政府債券和地方政府債券。
- ◆ 瞭解金融債券與公司債券。

任務 1　債券的特徵

一、債券的定義和性質

（一）債券的定義

債券是一種有價證券，是社會各類經濟主體為籌集資金而向債券投資者出具的、承諾按一定利率定期支付利息並到期償還本金的債權債務憑證。債券上規定資金借貸的權責關係主要有三點：第一，所借貸貨幣資金的數額；第二，借貸時間；第三，在借貸時間內的資金成本應有的補償或代價是多少（即債券的利息）。

（二）債券的性質

第一，債券屬於有價證券。首先，債券反應和代表一定的價值。債券本身有一定的面值，通常是債券投資者投入資金的量化表現。另外，持有債券可按期取得利息，利息也是債券投資者收益的價值表現。其次，債券與其代表的權利聯繫在一起，擁有債券就擁有了債券所代表的權力，轉讓債券也就將債券代表的權利一併轉讓。

第二，債券是一種虛擬資本。債券儘管有面值，代表了一定的財產價值，但債券也只是一種虛擬資本，而非真實資本。因為債券的本質是證明債權債務關係的證書，在債權債務關係建立時所投入的資金已被債務人占用，債券是實際運用的真實資本的證書。債券的流動並不意味著其所代表的實際資本也同樣流動，債券獨立於實際資本之外。

第三，債券是債權關係的表現。債券代表債券投資者的權利，這種權利不是直接支配財產權，也不是以資產所有權的表現，而是一種債權。擁有債券的人是債權人，

債權人不同於公司股東，是公司的外部利益相關者。

二、債券的票面要素

(一) 債券的票面價值

債券的票面價值是債券票面標明的貨幣價值，是債券發行人承諾在債券到期日償還給債券持有人的金額。債券的票面價值要標明的內容主要有幣種和金額。

(二) 債券的到期期限

債券的到期期限是指債券從發行之日起至償清本息之日止的時間，也是債券發行人承諾履行合同義務的全部時間。決定償還期限的主要因素有資金使用方向、市場利率變化、債券變現能力。

(三) 債券的票面利率

債券票面利率也稱名義利率，是債券年利息與債券票面價值的比率，通常年利率用百分數表示。影響票面利率的因素：第一，借貸資金市場利率水平；第二，籌資者的資信；第三，債券期限長短。

(四) 債券的發行者名稱

這一要素指明了該債券的債務主體，既明確了債券發行人應履行對債權人償還本息的義務，也為債權人到期追索本金和利息提供了依據。

需要說明的是，以上四個要素雖然是債券票面的基本要素，但它們並非一定要在債券票面上印製出來。在許多情況下，債券發行者是以公布條例或公告的形式向社會公開宣布某債券的期限與利率。此外，債券票面上有時還包含一些其他要素，如附有贖回選擇權、附有出售選擇權、附有可轉換條款、附有交換條款、附有新股認購條款等。

三、債券的特徵

為了更確切地理解股票和債券的特徵，我們將債券與股票進行對比，詳見表5.1.1。

表5.1.1　　　　　　　　　股票與債券基本特徵對照表

序號	比較項目	股票	債券	說明
1	能否給持有者帶來收益	收益性	收益性	都可以
2	收益是否具有不確定性	風險性	安全性	股票的風險較大，債券的風險相對較小
3	能否流通轉換為現金	流動性	流動性	一般都具有變現性
4	能否在一定期限內還本付息	永久性	償還性	股票一般不允許退股，債券一般都承諾按期還本付息
5	能否參與發行人的管理	參與性	一般不參與管理	股票的持有者具有重大決策參與權，債券的持有者一般不具有此項權利

任務 2　債券的分類

一、按發行主體分類

（一）政府債券

政府債券的發行主體是政府。中央政府發行的債券稱爲國債，其主要用途是解決由政府投資的公共設施或重點建設項目的資金需要和彌補國家財政赤字。有些國家把政府擔保的債券也劃歸爲政府債券體系，稱爲政府保證債券。這種債券由一些與政府有直接關係的公司或金融機構發行，並由政府提供擔保。

（二）金融債券

金融債券的發行主體是銀行或非銀行的金融機構。金融機構一般有雄厚的資金實力，信用度較高，因此金融債券往往也有良好的信譽。金融機構發行債券的目的主要有籌資用於某種特殊用途和改變本身的資產負債結構。金融債券的期限以中期較爲多見。

（三）公司債券

公司債券是公司依照法定程序發行、約定在一定期限還本付息的有價證券。公司發行債券的目的主要是爲了滿足經營需要。公司債券有中長期的，也有短期的，視公司需要而定。

二、按付息方式分類

根據債券發行條款中是否規定在約定期限向債券持有人支付利息，債券可分爲貼現債券、附息債券、息票累積債券三類。

（一）貼現債券

貼現債券又被稱爲「貼水債券」，是指在票面上不規定利率，發行時按某一折扣率，以低於票面金額的價格發行，發行價與票面金額之差額相當於預先支付的利息，到期時按面額償還本金的債券。

（二）附息債券

債券合約中明確規定，在債券存續期內，對持有人定期支付利息（通常每半年或每年支付一次）。按照計息方式的不同，這類債券還可細分爲固定利率債券和浮動利率債券，有些附息債券可以根據合約條款推遲支付定期利率，故稱爲緩息債券。

（三）息票累積債券

與附息債券相似，息票累積債券也規定了票面利率，但是債券持有人必須在債券到期時一次性獲得還本付息，存續期間沒有利息支付。

三、按募集方式分類

（一）公募債券

公募債券是指發行人向不特定的社會公眾投資者公開發行的債券。公募債券的發行量大，持有人數眾多，可以在公開的證券市場上市交易，流動性好。

（二）私募債券

私募債券是指向特定的投資者發行的債券。私募債券的發行對象一般是特定的機構投資者。2011年4月29日，中國銀行間市場交易商協會制定的《銀行間債券市場非金融企業債務融資工具非公開定向發行規則》正式發布實施，中國非金融企業已可以發行私募債券。

四、按擔保性質分類

（一）有擔保債券

1. 抵押債券

抵押債券以不動產作為擔保，又被稱為「不動產抵押債券」，是指以土地、房屋等不動產作抵押品而發行的一種債券。若債券到期不能償還，持券人可依法處理抵押品受償。

2. 質押債券

質押債券以動產或權利作擔保，通常以股票、債券或其他證券為擔保。發行人主要是控股公司，用作質押的證券可以是其持有的子公司的股票或債券、其他公司的股票或債券，也可以是公司自身的股票或債券。質押債券一般應以信託形式過戶給獨立的仲介機構，在約定的條件下，仲介機構代全體債權人行使對質押債券的處置權。

3. 保證債權

保證債券以第三人作為擔保，擔保人或擔保全部本息，或僅擔保利息。擔保人一般是發行人以外的其他人，如政府、信譽好的銀行或舉債公司的母公司等。一般公司債券大多為擔保債券。

（二）無擔保債券

無擔保債券也被稱為「信用債券」，僅憑發行人的信用而發行，是不提供任何抵押品或擔保人而發行的債券。由於無抵押擔保，所以債券的發行主體須具有較好的聲譽，並且必須遵守一系列的規定和限制，以提高債券的可靠性。國債、金融債券、信用良好的公司發行的公司債券，大多為信用債券。

五、按債券形態分類

（一）實物債券

實物債券是一種具有標準格式實物券面的債券。在標準格式的債券券面上，一般印有債券面額、債券利率、債券期限、債券發行人全稱、還本付息方式等各種債券票面要素。有時債券利率、債券期限等要素也可以通過公告向社會公布，而不在債券券

面上註明。此類債券有不記名、不掛失、可上市流通等特點。

(二) 憑證式債券

憑證式債券的形式是債權人認購債券的一種收款憑證，而不是債券發行人制定的標準格式的債券。此類債券有可記名、可掛失、不能上市流通，可以到原購買網點提前兌取等特點。

(三) 記帳式債券

記帳式債券是沒有實物形態的債券，利用證券帳戶通過電腦系統完成債券發行、交易及兌付的全過程。此類債券有可記名、可掛失、安全性較高、發行時間短、發行效率高、交易手續簡便、成本低等特點。

任務3 債券與股票的比較

一、債券與股票的相同點

(一) 兩者都屬於有價證券

債券和股票都是虛擬資本，它們本身雖無價值，但都是真實資本的代表。持有債券和股票，都可能獲取一定的收益，並能行使各自的權利和進行流通轉讓。債券和股票都在證券市場上交易，並構成了證券市場的兩大支柱。

(二) 兩者都是籌措資金的手段

債券和股票都是有關經濟主體為籌資需要而發行的有價證券。經濟主體在社會經濟活動中必然產生對資金的需求，從資金融通角度來看，債券和股票都是籌資手段。與向銀行貸款等間接融資相比，發行債券和股票籌資的數額大、時間長、成本低，且不受貸款銀行的條件限制。

(三) 兩者的收益率相互影響

從單個債券和股票來看，它們的收益率存在一定的差異，而且有時差異還很大。但總體而言，如果市場是有效的，則債券的平均收益率和股票的平均收益率會大體保持相對穩定的關係，其差異反應了兩者風險程度的差別。這是因為在市場規律的作用下，證券市場上一種融資手段收益率的變動，會引起另一種融資手段收益率發生同向變化。

二、債券與股票的區別

(一) 持有人的權利不同

債券是債權憑證持有人可要求按期收回利息，到期收回本金，無權參與公司的經營管理；股票則不同，股票是所有權憑證，除享有公司收益分配權、剩餘財產分配權外，還可通過參加股東大會行使管理參與權。

(二) 發行目的不同

發行債券是公司追加資金的需要，屬於公司的負債，不是資本金；發行股票則是股份公司創立和增加資本的需要，籌措的資金列入公司資本。能夠發行債券的經濟主體有很多，如中央政府、地方政府、金融機構、公司等，但能夠發行股票的經濟主體只有股份有限公司。

(三) 償還期限不同

債券一般有規定償還期限，期滿時債務人必須償還本金，因此債券是一種有期投資。股票通常是不能償還的，一旦投資入股，股東便不能從股份有限公司抽回本金，因此股票是一種無期投資或永久投資。但是，股票持有者可以通過市場轉讓收回投資資金。

(四) 收益不同

債券通常有規定的利率，可獲得固定的利息。股票的股息和紅利不固定，一般視公司的經營情況而定。

(五) 風險不同

股票風險較大，債券風險相對較小。首先，債券利息是公司的固定支出，屬於費用範圍，列入公司的財務費用；股票的股息和紅利是公司利潤的一部分，公司盈利時才予以支付，且支付的序列在稅款和債券利息之後。其次，倘若公司破產，清理資產用餘額償付，債券償付在前，股票償付在後。最後，在二級市場上，債券因其利率固定、期限固定，市場價格也較穩定；而股票無固定期限和利率，受各種宏觀因素和微觀因素的影響，市場價格波動頻繁，漲跌幅度較大。

任務 4　政府債券

一、政府債券概述

(一) 政府債券的定義

政府債券的發行主體是政府，政府債券是指政府財政部門或其他代理機構為籌集資金，以政府名義發行的、承諾在一定時期支付利息和到期還本的債務憑證。中央政府發行的債券稱為中央政府債券或國債，地方政府發行的債券稱為地方政府債券，有時也將二者統稱為公債。

(二) 政府債券的性質

從形式上看，政府債券是一種有價證券，具有債券的一般性質。政府債券本身有面額，投資者投資於政府債券可以取得利息，因此政府債券具備了債券的一般特徵。

從功能上看，政府債券最初僅僅是政府彌補赤字的手段，但在現代商品經濟條件下，政府債券已成為政府籌集資金、擴大公共事業開支的重要手段，並且隨著金融市

場的發展，逐漸具備了金融商品和信用工具的職能，成爲國家實施宏觀經濟政策、進行宏觀調控的工具。

(三) 政府債券的特徵

1. 安全性高

在各類債券中，政府債券的信用等級是最高的，通常被稱爲「金邊債券」。投資者購買政府債券，是一種較安全的投資選擇。

2. 流通性強

由於政府債券的信用好、競爭力強、市場屬性好，因此許多國家政府債券的二級市場十分發達，一般不僅允許在證券交易所上市交易，還允許在場外市場買賣。

3. 收益穩定

政府債券的付息由政府保證，其信用度最高、風險最小，對於投資者來說，投資政府債券的收益是比較穩定的。此外，因爲政府債券的本息大多數固定且有保障，所以交易價格一般不會出現大的波動，二級市場的交易雙方均能得到相對穩定的收益。

4. 免稅待遇

在政府債券與其他證券名義收益率相等的情況下，如果考慮稅收因素，持有政府債券的投資者可以獲得更多的實際投資收益。

二、中央政府債券

中央政府債券也被稱爲「國家債券」或「國債」。國債發行量大、品種多，是政府債券市場上最主要的融資和投資工具。

(一) 國債的分類

1. 按償還期限分類

(1) 短期國債。短期國債一般指償還期限爲 1 年或 1 年以內的國債，在國際上，短期國債的常見形式是國庫券，是由政府發行用於彌補臨時收支差額的一種債券。中國 20 世紀 80 年代以來也曾使用「國庫券」的名稱，但它與發達國家所指的短期國債不同，償還期限大多超過 1 年。

(2) 中期國債。中期國債是指償還期限在 1 年或 10 年以下的國債，政府發行中期國債籌集的資金或用於彌補赤字，或用於投資，不再用於臨時週轉。

(3) 長期國債。長期國債償還期在 10 年或 10 年以上。

2. 按資金用途分類

根據舉借債務對籌集資金使用方向的規定，國債可以分爲赤字國債、建設國債、戰爭國債和特種國債。

赤字國債是指用於彌補政府預算赤字的國債。建設國債是指發債籌措的資金用於建設項目的國債。戰爭國債專指用於彌補戰爭費用的國債。特種國債是指政府爲了實施某種特殊政策而發行的國債。

3. 按流通與否分類

(1) 流通國債。流通國債是指可以在流通市場上交易的國債。這種國債的特徵是

投資者可以自由認購、自由轉讓，通常不記名，轉讓價格取決於對該國債的供給與需求。

（2）非流通國債。非流通國債是指不允許在流通市場上交易的國債。這種國債不能自由轉讓，可以記名，也可以不記名。以個人爲發行對象的非流通國債，一般以吸收個人的小額儲蓄資金爲主，故有時被稱爲儲蓄債券。

4. 按發行本位分類

國債可以分爲實物國債和貨幣國債。

（1）實物國債。實物債券是專指具有實物票券的債券，它與無實物票券的債券（如記帳式債券）相對應。而實物國債是指以某種商品實物爲本位而發行的國債。政府發行實物國債，主要有兩種情況：一是在貨幣經濟不發達時，實物交易占主導地位；二是雖然貨幣經濟已比較發達，但是幣值不穩定，爲維持國債信譽，增強國債吸引力，發行實物國債。

（2）貨幣國債。貨幣國債是指以某種貨幣爲本位而發行的國債。貨幣國債又可以進一步分爲本幣國債和外幣國債。本幣國債以本國貨幣爲面值發行，外幣國債以外國貨幣爲面值而發行。在現代社會，絕大多數的國債屬於貨幣國債，實物國債已非常少見。

（二）中國的國債

1949年新中國成立以后，中國國債發行基本上分爲兩個階段：20世紀50年代是第一階段，20世紀80年代以來是第二階段。

20世紀50年代，中國發行過兩種國債。一種是1950年發行的人民勝利折實公債。當時，一方面新中國剛剛成立，經濟基礎薄弱，財政收入有限；另一方面要繼續支援人民解放戰爭，迅速統一全國，還要恢復和發展經濟，財政支出較大，同時通貨膨脹情況也比較嚴重。於是，中央人民政府決定舉借折實公債，其發行對象是城市工商業者、城鄉殷實富戶和富有的退職人員，其他社會階層人士可自願購買。人民勝利折實公債的募集與還本付息，均以實物爲計算標準，其單位定名爲「分」。每分公債應折合的金額由中國人民銀行每旬公布一次。另一種是1954—1958年發行的國家經濟建設公債。中國進入第一個「五年計劃」建設時期以後，爲了加速國家經濟建設，中央人民政府決定於1954年開始連續發行建設公債，一共發行了5次，發行對象是社會各階層人士。在20世紀60年代和20世紀70年代，中國停止發行國債。

進入20世紀80年代以後，隨著改革開放的不斷深入，中國國民收入分配格局發生了變化，政府財政收入占國民收入的比重逐漸下降，部門、企業和個人收入所占比重上升，同時也爲了更好地利用國債調節經濟，中央政府於1981年恢復發行國債。1981—1994年，面向個人發行的國債只有無記名國庫券一種。1994年，中國面向個人發行的債種從單一型（無記名國庫券）逐步轉向多樣型（憑證式國債和記帳式國債等）。隨著2000年國家發行的最后期實物券（1997年3年期債券）的全面到期，無記名國債宣告退出國債發行市場的舞臺。1997年亞洲金融危機爆發后，中國出現有效需求不足和通貨緊縮的現象，在這種特殊背景下，爲擴大內需，中國政府連續7年實施

積極的財政政策，增發國債。這個時期的國債主要採取憑證式國債形式。2006 年，財政部研究推出新的儲蓄債券品種——儲蓄國債（電子式）

二、地方政府債券

(一) 地方政府債券的發行主體

地方政府債券的發行主體是地方政府，籌集的資金一般用於彌補地方財政資金的不足，或者用於地方興建大型項目。

(二) 地方政府債券的分類

地方政府債券可分爲一般責任債券（普通債券）和專項債券（收入債券）。前者是指地方政府爲緩解資金緊張或解決臨時經費不足而發行的債券，后者是指爲籌集資金建設某項具體工程而發行的債券。

(三) 中國的地方政府債券

中國從 1995 年起實施的《中華人民共和國預算法》規定，地方政府不得發行地方政府債券（除法律和國務院另有規定外）。近幾年，國債發行總規模中有少量中央政府代地方政府發行的債券。中國特色的地方政府債券，即以企業債券的形式發行地方政府債券。

三、政府支持機構債券

爲探索國有金融機構註資改革的新模式，中央匯金投資有限責任公司（簡稱匯金公司）於 2010 年在全國銀行間債券市場成功發行了兩期人民幣債券，共 1,090 億元。匯金債券被命名爲政府支持機構債券。在國外，政府機構債券是由政府支持的公司或金融機構發行，並由政府提供擔保。匯金公司是國家對重點金融機構進行股權投資的金融控股機構，履行國有金融資產出資人的職責，本身並不從事商業活動。匯金公司發行債券是爲了解決在股權投資過程中所需的資金來源，國家對其發行的債券提供某種方式的信用擔保。匯金公司沒有金融業務牌照，不屬於金融機構，在中國按照發行主體性質確定債券名稱的現行制度下，將匯金債券定爲政府支持機構債券。匯金債券的發行，在拓寬匯金公司融資渠道的同時，也增加了債券市場的創新品種，滿足了中長期投資者的投資需求。

任務 5　金融債券與公司債券

一、金融債券

(一) 金融債券的定義

所謂金融債券，是指銀行及非銀行金融機構依照法定程序發行並約定在一定期限內還本付息的有價證券。

(二) 中國的金融債券

中國的金融債券的發行始於北洋政府時期。新中國成立之後的金融債券發行始於 1982 年。該年，中國國際信託投資公司率先在日本東京證券市場發行了外國金融債券。近年來，中國金融債券市場發展較快，金融債券品種不斷增加，主要有以下幾種：

1. 政策性金融債券

政策性金融債券是政策性銀行在銀行間債券市場發行的金融債券。政策性銀行包括國家開發銀行、中國進出口銀行、中國農業發展銀行。金融債券的發行也進行了一些探索性改革，一是探索市場化發行方式，二是力求金融債券品種多樣化。

2. 商業銀行債券

（1）商業銀行金融債券，即金融機構法人在全國銀行間債券市場發行的債券。

（2）商業銀行次級債券，即商業銀行發行的、本金和利息的清償順序列於商業銀行其他負債之後而先於商業銀行股權資本的債券。

（3）混合資本債券。中國的混合資本債券是指商業銀行為補充附屬資本發行的、清償順序位於股權資本之前而列在一般債務和次級債務之後、期限在 15 年以上、發行之日起 10 年內不可贖回的債券。

3. 證券公司債券

證券公司債券是指證券公司依法發行的、約定在一定期限內還本付息的有價證券。2004 年 10 月，中國證監會、中國銀監會和中國人民銀行制定並發布《證券公司短期融資券管理辦法》。證券公司短期融資券是指證券公司以短期融資為目的，在銀行間債券市場發行的約定在一定期限內還本付息的金融債券。

4. 保險公司次級債務

保險公司次級債務是指保險公司經批准定向募集的、期限在 5 年以上（含 5 年）、本金和利息的清償順序列於保單責任和其他負債之後、先於保險公司股權資本的保險公司債務。與商業銀行次級債務不同的是，按照《保險公司次級定期債務管理暫行辦法》的規定，保險公司次級債務的償還只有在確保償還次級債務本息后償付能力充足率不低於 100%的前提下，募集人才能償付本息。募集人在無法按時支付利息或償還本金時，債權人無權向法院申請對募集人實施破產清償。

5. 財務公司債券

2007 年 7 月，中國銀監會下發《企業集團財務公司發行金融債券有關問題的通知》，明確規定企業集團財務公司發行債券的條件和程序，並允許財務公司在銀行間債券市場發行財務公司債券。2005 年 6 月發布的《全國銀行間債券市場金融債券發行管理辦法》，並未將中央銀行票據包括在內，因此出於慣例，一般不將中央銀行票據列在金融債券之列。

但中央銀行票據本質上屬於特殊的金融債券。中央銀行票據簡稱央票，是央行為調節基礎貨幣而向金融機構發行的票據，是一種重要的貨幣政策日常操作工具，期限在 3 個月到 3 年。

6. 證券公司次級債

2010 年 9 月 1 日，中國證監會發布《證券公司借入次級債務規定》。該規定所稱「次級債務」是指證券公司經批准向股東或其他符合條件的機構投資者定向借入的清償順序在普通債務之後，先於證券公司股權資本的債務。次級債務分爲長期次級債務和短期次級債務。證券公司借入期限在 2 年以上（含 2 年）的次級債務爲長期次級債務。長期次級債務可以按一定比例計入淨資本，到期期限在 5 年、4 年、3 年、2 年、1 年以上的，原則上分別按 100%、90%、70%、50%、20% 比例計入淨資本。證券公司爲滿足承銷股票、債券等特定業務的流動性資金需要，借入期限在 3 個月以上（含 3 個月）、2 年以下（不含 2 年）的次級債務爲短期次級債務。短期次級債務不計入淨資本，僅可在公司開展有關特定業務時按規定和要求扣減風險資本準備。

二、公司債券

(一) 公司債券的定義

公司債券是公司依照法定程序發行的、約定在一定期限還本付息的有價證券。公司債券屬於債券體系中的一個品種，反應發行債券的公司和債券投資者之間的債權債務關係。

(二) 公司債券的類型

1. 信用公司債券

信用公司債券是一種不以公司任何資產作擔保而發行的債券，屬於無擔保證券範疇。一般來說，政府債券無須提供擔保，因爲政府掌握國家資源，可以徵稅，所以政府債券安全性最高。金融債券大多數也可免除擔保，因爲金融機構作爲信用機構，本身就具有較高的信用。公司債券不同，一般公司的信用狀況要比政府和金融機構差，因此大多數公司發行債券被要求提供某種形式的擔保。但少數大公司經營良好、信譽卓著，也發行信用公司債券。信用公司債券的發行人實際上是將公司信譽作爲擔保。爲了保護投資者的利益，可要求信用公司債券附有某些限制性條款，如公司債券不得隨意增加、債券未清償之前股東的分紅要有限制等。

2. 不動產抵押公司債券

不動產抵押公司債券是以公司的不動產（如房屋、土地等）作抵押而發行的債券，是抵押證券的一種。公司以這種財產的房契或地契作抵押，如果發生了公司不能償還債務的情況，抵押的財產將被出售，所得款項用來償還債務。另外，用作抵押的財產價值不一定與發生的債務額相等，當某抵押品價值很大時，可以分作若干次抵押，這樣就有第一抵押債券、第二抵押債券等之分。在處理抵押品償債時，要按順序依次償還優先一級的抵押債券。

3. 保證公司債券

保證公司債券是公司發行的由第三者作爲還本付息擔保人的債券，是擔保證券的一種。擔保人是發行人以外的其他人（或被稱爲「第三者」），如政府、信譽好的銀行或舉債公司的母公司。實踐中，保證行爲常見於母子公司之間，如母公司對子公司發

行的公司債券予以保證。

4. 收益公司債券

收益公司債券是一種具有特殊性質的債券，與一般債券相似，有固定到期日，清償時債權排列順序先於股票。收益公司債券又與一般債券不同，其利息只在公司有盈利時才支付，即發行公司的利潤扣除各項固定支出後的餘額用作債券利息的來源。如果餘額不足支付，未付利息可以累加，待公司收益增加後再補發。所有應付利息付清后，公司才可對股東分紅。

5. 可轉換公司債券

可轉換公司債券是指發行人依照法定程序發行、在一定期限內依據約定的條件可以轉換成股份的公司債券。這種債券附加轉換選擇權，在轉換前是公司債券形式，轉換后相當於增發了股票。

6. 附認股權證的公司債券

附認股權證的公司債券是公司發行的一種附有認購該公司股票權利的債券。這種債券的購買者可以按預先規定的條件在公司發行股票時享有優先購買權。按照附新股認股權和債券本身能否分開來劃分，這種債券有兩種類型：一種是可分離型，即債券與認股權可以分開，可獨立轉讓，即可分離交易的附認股權證公司債券；另一種是非分離型，即不能把認股權從債券上分離，認股權不能成為獨立買賣的對象。

7. 可交換債券

可交換債券是指上市公司的股東依法發行、在一定期限內依據約定的條件可以交換成該股東所持有的上市公司股份的公司債券。可交換債券與可轉換債券的相同之處是發行要素與可轉換債券相似，也包括票面利率、期限、換股價格和換股比率、換股期限等；對投資者來說與持有標的上市公司的可轉換債券相同，投資價值與上市公司價值相關，在約定期限內可以以約定的價格交換為標的股票。

三、中國的企業債券與公司債券

（一）企業債券

中國的企業債券是指在中華人民共和國境內具有法人資格的企業在境內依照法定程序發行、約定在一定期限內還本付息的有價證券。但是，金融債券和外幣債券除外。中國企業債券的發展大致經歷了以下四個階段：

（1）萌芽期。1984—1986年是中國企業債券發行的萌芽期。

（2）發展期。1987—1992年是中國企業債券發行的第一個高潮期。

（3）整頓期。1993—1995年是中國企業債券發行的整頓期。

（4）再度發展期。從1996年起，中國企業債券的發行進入了再度發展期。

（二）公司債券

中國的公司債券是指公司依照法定程序發行、約定在1年以上期限內還本付息的有價證券。公司債券的發行人是依照《公司法》在中國境內設立的股份有限公司、有限責任公司。2007年8月，中國證監會正式頒布實施《公司債券發行試點辦法》。

中國的公司債券和企業債券在以下方面有所不同。第一，發行主體的範圍不同。企業債券主要是以大型的企業爲主發行的；公司債券的發行不限於大型公司，一些中小規模公司只要符合一定法規標準，都有發行機會。第二，發行方式以及發行的審核方式不同。企業債券的發行採取審批制或註冊制；公司債券的發行採取核准制，引進發審委制度和保薦制度。第三，擔保要求不同。企業債券較多地採取了擔保的方式，同時又以一定的項目（國家批准或者政府批准）爲主；公司債券募集資金的使用不強制與項目掛鉤，包括可以用於償還銀行貸款、改善財務結構等股東大會核准的用途，也不強制擔保，而是引入了信用評級方式。第四，發行定價方式不同。《企業債券管理條例》規定，企業債券的利率不得高於銀行相同期限居民儲蓄定期存款利率的40%；公司債券的利率或價格由發行人通過市場詢價確定。

《公司債券發行試點辦法》還特別強化了對債券持有人權益的保護：第一，強化發行債券的信息披露。第二，引進債券受託管理人制度。第三，建立債券持有人會議制度。第四，強化參與公司債券市場運行的仲介機構，如保薦機構、信用評級機構、會計師事務所、律師事務所的責任，督促它們真正發揮市場仲介的功能。

可轉換公司債券的推出，爲上市公司股東進行市值管理和債務融資提供了一種可供選擇的渠道和新的流動性管理工具。

(三) 中國公司債券與企業債券的區別

1. 發行主體的範圍不同

企業債券主要是以大型的企業爲主發行的；公司債券的發行不限於大型公司，一些中小規模公司只要符合一定法規標準，都有發行機會。

2. 發行方式以及發行的審核方式不同

企業債券的發行採取審批制或註冊制；公司債券的發行採取核准制，引進發審委制度和保薦制度。

3. 擔保要求不同

企業債券較多地採取了擔保的方式，同時又以一定的項目（國家批准或者政府批准）爲主；公司債券募集資金的使用不強制與項目掛鉤，包括可以用於償還銀行貸款、改善財務結構等股東大會核准的用途，不強制擔保，而是引入了信用評級方式。

4. 發行定價方式不同

根據《企業債券管理條例》的規定，企業債券的利率不得高於銀行相同期限居民儲蓄定期存款利率的40%；公司債券的利率或價格由發行人通過市場詢價確定。

項目 6　證券投資基金

學習要點

◆ 掌握證券投資基金特點和作用。
◆ 瞭解證券投資基金的分類。
◆ 熟悉證券投資基金當事人及其之間的關係。
◆ 掌握證券投資基金的費用、收益和風險。
◆ 熟悉證券投資基金的投資範圍和限制。

任務 1　證券投資基金概述

一、證券投資基金的含義、特點和作用

(一) 證券投資基金的含義

證券投資基金是指通過公開發售基金份額募集資金，由基金託管人託管，由基金管理人管理和運用資金，為基金份額持有人的利益，以資產組合方式進行證券投資的一種利益共享、風險共擔的集合投資方式。

各國對證券投資基金的稱謂不盡相同，如美國稱「共同基金」，英國稱「單位信託基金」，日本則稱「證券投資信託基金」等。

英國於 1868 年由政府出面組建了海外和殖民地政府信託組織，公開向社會發售受益憑證。基金起源於英國，基金產業已經與銀行業、證券業、保險業並駕齊驅，成為現代金融體系的四大支柱。

(二) 證券投資基金的特點

1. 集合投資

基金的特點是將零散的資金匯集起來，交給專業機構投資於各種金融工具，以謀取資產的增值。基金對投資的最低限額要求不高，投資者可以根據自己的經濟能力決定購買數量，有些基金甚至不限制投資額大小。

2. 分散風險

以科學的投資組合降低風險、提高收益是基金的一大特點。

3. 專業理財

將分散的資金集中起來以信託方式交給專業機構進行投資運作，既是證券投資基金的一個重要特點，也是證券投資基金的一個重要功能。

(三) 證券投資基金的作用

1. 基金為中小投資者拓寬了投資渠道

對中小投資者來說，存款或買債券較為穩妥，但收益率較低；投資於股票有可能獲得較高收益，但風險較大。證券投資基金作為一種新型的投資工具，將眾多投資者的小額資金匯集起來進行組合投資，由專家來管理和運作，經營穩定，收益可觀，為中小投資者提供了較為理想的間接投資工具，大大拓寬了中小投資者的投資渠道。

2. 有利於證券市場的穩定和發展

基金的發展有利於證券市場的穩定。基金由專業投資人士經營管理，其投資經驗比較豐富，收集和分析信息的能力較強，投資行為相對理性，客觀上能起到穩定市場的作用。同時，基金一般注重資本的長期增長，多採取長期的投資行為，較少在證券市場上頻繁進出，能減少證券市場的波動。

基金作為一種主要投資於證券市場的金融工具，其出現和發展增加了證券市場的投資品種，擴大了證券市場的交易規模，起到了豐富和活躍證券市場的作用。

二、證券投資基金的分類

(一) 按基金的組織形式不同分類

1. 契約型基金

契約型基金又稱為「單位信託」，是指將投資者、管理人、託管人三者作為信託關係的當事人，通過簽訂基金契約的形式發行受益憑證而設立的一種基金。

2. 公司型基金

公司型基金是依據基金公司章程設立，在法律上具有獨立法人地位的股份投資公司。公司型基金在組織形式上與股份有限公司類似，由股東選舉董事會，由董事會選聘基金管理公司，基金管理公司負責管理基金的投資業務。

(二) 按基金的運作方式不同分類

1. 封閉式基金

封閉式基金是指經核准的基金份額總額在基金合同期限內固定不變，基金份額可以在依法設立的證券交易場所交易，但基金份額持有人不得申請贖回的基金。決定基金期限長短的因素主要有兩個：一個是基金本身投資期限的長短；另一個是宏觀經濟形勢。

2. 開放式基金

開放式基金是指基金份額總額不固定，基金份額可以在基金合同約定的時間和場所申購或者贖回的基金。為了滿足投資者贖回資金、實現變現的要求，開放式基金一般都從所籌資金中撥出一定比例，以現金形式保持這部分資產。這雖然會影響基金的盈利水平，但作為開放式基金來說是必需的。

（三）按投資標的不同分類

1. 債券基金

債券基金是一種以債券爲主要投資對象的證券投資基金。由於債券的年利率固定，因而這類基金的風險較低，適合於穩健型投資者。債券基金的收益會受市場利率的影響，當市場利率下調時，其收益會上升；反之，則收益下降。

在中國，根據《證券投資基金運作管理辦法》的規定，80%以上的基金資產投資於債券的，爲債券基金。

2. 股票基金

股票基金是指以上市股票爲主要投資對象的證券投資基金。股票基金的投資目標側重於追求資本利得和長期資本增值。股票基金是最重要的基金品種。按基金投資的分散化程度，可將股票基金劃分爲一般股票基金和專門化股票基金。前者分散投資於各種普通股票，風險較小；后者專門投資於某一行業、某一地區的股票，風險相對較大。

在中國，根據《證券投資基金運作管理辦法》的規定，60%以上的基金資產投資於股票的，爲股票基金。

3. 貨幣市場基金

貨幣市場基金是以貨幣市場工具爲投資對象的一種基金，其投資對象期限在1年以內，包括銀行短期存款、國庫券、公司短期債券、銀行承兌票據及商業票據等貨幣市場工具。

在中國，根據《證券投資基金運作管理辦法》的規定，僅投資於貨幣市場工具的，爲貨幣市場基金。按照中國證監會發布的《貨幣市場基金管理暫行辦法》以及其他有關規定的要求，目前中國貨幣市場基金能夠進行投資的金融工具主要包括：

（1）現金。

（2）1年以內（含1年）的銀行定期存款、大額存單。

（3）剩餘期限在397天以內（含397天）的債券。

（4）期限在1年以內（含1年）的債券回購。

（5）期限在1年以內（含1年）的中央銀行票據。

（6）剩餘期限在397天以內（含397天）的資產支持證券。

（7）中國證監會、中國人民銀行認可的其他具有良好流動性的貨幣市場工具。

4. 衍生證券投資基金

衍生證券投資基金是一種以衍生證券爲投資對象的基金，包括期貨基金、期權基金、認股權證基金等。這種基金的風險大，因爲衍生證券一般是高風險的投資品種。

（四）按基金的資產配置不同分類

這類基金通常同時投資於股票和債券，但依投資目標不同，將基金資產在股票和債券之間進行配比，統稱混合型基金。

1. 偏股型基金

該基金對股票的配置比例較高，一般爲50%~70%，債券的配置比例爲20%~40%。

2. 債券型基金

該基金對債券的配置比例比較高，對股票的配置比例相對比較低。

3. 股債平衡型基金

該基金對股票和債券的配置較爲均衡，約爲40%~60%。

4. 靈活配置型基金

該基金對股票和債券的配置比例會依市場狀況進行調節。

(五) 按投資理念不同分類

1. 主動型基金

主動型基金是指力圖取得超越基準組合表現的基金。

2. 被動型基金

被動型基金一般選取特定指數作爲追蹤對象，因此通常又被稱爲指數基金。指數基金有費用低廉、風險較小、可獲得市場平均收益率以及可以作爲避險套利的工具等優勢。由於指數基金收益率的穩定性、投資的分散性以及高流動性，特別適合於社保基金等數額較大、風險承受能力較低的資金投資。

(六) 特殊類型的基金

1. ETF

ETF 是英文「ExChange Traded Funds」的簡稱，常被譯爲「交易所交易基金」，上海證券交易所則將其定名爲「交易型開放式指數基金」。ETF 是在交易所上市交易的、基金份額可變的一種基金運作方式。ETF 結合了封閉式基金與開放式基金的運作特點，一方面可以像封閉式基金一樣在交易所二級市場進行買賣，另一方面又可以像開放式基金一樣申購、贖回。不同的是，它的申購是用一籃子股票換取 ETF 份額，贖回時也是換回一籃子股票而不是現金。這種交易方式使該類基金存在一、二級市場之間的套利機制，可有效防止類似封閉式基金的大幅折價現象。

2004 年 12 月 30 日，中國華夏基金管理公司以 3-5E 50 指數爲模板，募集設立了「上證 50 交易型開放式指數證券投資基金」(簡稱「50ETF」)，並於 2005 年 2 月 23 日在上海證券交易所上市交易，採用的是完全複製法。2006 年 2 月 21 日，「易方達深證 100ETF」正式發行，這是深圳證券交易所推出的第一只 ETF。

2. LOF

上市開放式基金（Listed Open-ended Funds，LOF）是一種既可以同時在場外市場進行基金份額申購、贖回，又可以在交易所進行基金份額交易和基金份額申購或贖回，並通過份額轉託管機制將場外市場與場內市場有機地聯繫在一起的一種開放式基金。

儘管同樣是交易所交易的開放式基金，但就產品特性看，深圳證券交易所推出的 LOF 在世界範圍內具有首創性。與 ETF 相區別，LOF 不一定採用指數基金模式，也可以是主動管理型基金；同時，申購和贖回均以現金進行，對申購和贖回沒有規模上的限制，可以在交易所申購、贖回，也可以在代銷網點進行。LOF 所具有的可以在場內外申購、贖回以及在場內外轉託管的制度安排，使 LOF 不會出現封閉式基金大幅度折價交易的現象。

3. 保本基金

保本基金是指通過採用投資組合保險技術，保證投資者在投資到期時至少能夠獲得投資本金或一定回報的證券投資基金。保本基金的投資目標是在鎖定下跌風險的同時力爭有機會獲得潛在的高回報。目前，中國已有保本基金。

4. QDII 基金

QDII 合格的境內機構投資者（Qualified Domestic Institutional Investors，QDII）是指在一國境內設立，經該國有關部門批准從事境外證券市場的股票、債券等有價證券投資的基金。QDII 為國內投資者參與國際市場投資提供了便利。2007 年，中國推出了首批 QDII 基金。

5. 分級基金

分級基金又被稱為結構型基金、可分離交易基金，是指在一只基金內部通過結構化的設計或安排，將普通基金份額拆分為具有不同預期收益與風險的兩類（級）或多類（級）份額並可分離上市交易的一種基金產品。分級基金通常分為低風險收益端（優先份額）和高風險收益端（進取份額）兩類份額。

任務 2　證券投資基金的當事人

一、證券投資基金份額持有人

基金份額持有人，即基金投資者，是基金的出資人、基金資產的所有者和基金投資回報的受益人。基金份額持有人的基本權利包括對基金收益的享有權、對基金份額的轉讓權和在一定程度上對基金經營決策的參與權。基金份額持有人必須承擔一定的義務，比如遵守基金契約、繳納基金認購款項及規定的費用、承擔基金虧損或終止的有限責任等。

二、證券投資基金管理人

基金管理人是負責基金發起設立與經營管理的專業性機構，不僅負責基金的投資管理，而且承擔著產品設計、基金行銷、基金註冊登記、基金估值、會計核算和客戶服務等多方面的職責。根據《中華人民共和國證券投資基金法》（以下簡稱《證券投資基金法》）的規定，基金管理人由依法設立的基金管理公司擔任。

基金管理公司通常由證券公司、信託投資公司或其他機構等發起成立，具有獨立法人地位。基金管理人作為受託人，必須履行「誠信義務」。基金管理人的目標函數是受益人利益的最大化，因而不得出於自身利益的考慮損害基金持有人的利益。

目前，中國基金管理公司的業務主要包括證券投資基金業務、受託資產管理業務和投資諮詢服務。此外，基金管理公司還可以從事社保基金管理和企業年金管理業務、QDII 業務等。

三、證券投資基金託管人

為充分保障基金投資者的權益,防止基金資產被挪作他用,各國的證券投資信託法規都規定必須由某一託管機構,即基金託管人來對基金管理機構的投資操作進行監督和保管基金資產。

基金託管人又稱基金保管人,是根據法律法規的要求,在證券投資基金運作中承擔資產保管、交易監督、信息披露、資金清算與會計核算等相應職責的當事人。基金託管人是基金持有人權益的代表,通常由有實力的商業銀行或信託投資公司擔任。基金託管人與基金管理人簽訂託管協議,在託管協議規定的範圍內履行自己的職責並收取一定的報酬。

四、證券投資基金當事人之間的關係

(一) 持有人與管理人之間的關係

基金份額持有人與基金管理人之間的關係是委託人、受益人與受託人的關係,也是所有者和經營者之間的關係。

(二) 管理人與託管人之間的關係

基金管理人與託管人的關係是相互制衡的關係。基金管理人是基金的組織者和管理者,負責基金資產的經營,是基金營運的核心;託管人由主管機關認可的金融機構擔任,負責基金資產的保管,依據基金管理機構的指令處置基金資產並監督管理人的投資運作是否合法合規。這種相互制衡的運行機制,有利於基金信託財產的安全和基金運用的績效。但是這種機制的作用得以有效發揮的前提是基金託管人與基金管理人必須嚴格分開,由不具有任何關聯關係的不同機構或公司擔任,兩者在財務上、人事上、法律地位上應該完全獨立。

(三) 持有人與託管人之間的關係

基金份額持有人與託管人的關係是委託與受託的關係,也就是說,基金份額持有人將基金資產委託給基金託管人保管。

任務3　證券投資基金的費用、收益和風險

一、證券投資基金的費用

(一) 基金管理費

基金管理費通常按照每個估值日基金淨資產的一定比率(年率)逐日計算,累計至每月月底,按月支付。管理費率的大小通常與基金規模成反比,與風險成正比。基金規模越大,風險越小,管理費率就越低;反之,管理費率就越高。不同的國家及不同種類的基金,管理費率不完全相同。中國基金的年管理費率最初為2.5%,隨著基金

規模的擴大和競爭的加劇，管理費有逐步調低的傾向。目前，中國股票基金大部分按照1.5%的比例計提基金管理費，債券基金的管理費率一般低於1%，貨幣基金的管理費率爲0.33%。管理費通常從基金的股息、利息收益中或從基金資產中扣除，不另向投資者收取。

（二）基金託管費

基金託管費是指基金託管人爲保管和處置基金資產而向基金收取的費用。託管費通常按照基金資產淨值的一定比率提取，逐日計算並累計，按月支付給託管人。託管費從基金資產中提取，費率也會因基金種類不同而異。目前，中國封閉式基金按照0.25%的比例計提基金託管費，開放式基金根據基金合同的規定比例計提基金託管費，比例通常低於0.25%；股票型基金的託管費率要高於債券型基金及貨幣市場基金的託管費率。中國規定，基金託管人可磋商酌情調低基金託管費，經中國證監會核准后公告，無須爲此召開基金持有人大會。

（三）基金交易費

基金交易費是指基金在進行證券買賣交易時所發生的相關交易費用。目前，中國證券投資基金的交易費用主要包括印花稅、交易佣金、過戶費、經手費、證管費。交易佣金由證券公司按成交金額的一定比例向基金收取，印花稅、過戶費、經手費、證管費等則由登記公司或交易所按有關規定收取。參與銀行間債券交易的，還需向中央國債登記結算有限責任公司支付銀行間帳戶服務費，向全國銀行間同業拆借中心支付交易手續費等服務費用。

（四）基金運作費

基金運作費是指爲保證基金正常運作而發生的應由基金承擔的費用，包括審計費、律師費、上市年費、信息披露費、分紅手續費、持有人大會費、開戶費、銀行匯劃手續費等。

按照有關規定，發生的這些費用如果影響基金份額淨值小數點后第5位的，即發生的費用大於基金淨值十萬分之一，應採用預提或待攤的方法計入基金損益。發生的費用如果不影響基金份額淨值小數點后第5位的，即發生的費用小於基金淨值十萬分之一，應於發生時直接計入基金損益。

（五）基金銷售服務費

目前只有貨幣市場基金以及其他經中國證監會核准的基金產品收取基金銷售服務費，基金管理人可以依照相關規定從基金財產中持續計提一定比例的銷售服務費。收取銷售服務費的基金通常不再收取申購費。

二、證券投資基金的收入及利潤分配

（一）證券投資基金的收入來源

證券投資基金的收入是基金資產在運作過程中所產生的各種收入，主要包括利息收入、投資收益及其他收入。基金資產估值引起的資產價值變動作爲公允價值變動損

益計入當期損益。

(二) 證券投資基金的利潤分配

基金利潤（收益）分配通常有兩種方式：一是分配現金，這是最普遍的分配方式；二是分配基金份額，即將應分配的淨利潤折爲等額的新的基金份額送給受益人。

按照《證券投資基金管理辦法》的規定，封閉式基金的收益分配每年不得少於一次，封閉式基金年度收益分配比例不得低於基金年度已實現收益的90%。封閉式基金一般採用現金方式分紅。

開放式基金的基金合同應當約定每年基金利潤分配的最多次數和基金利潤分配的最低比例。開放式基金的分紅方式有現金分紅和分紅再投資轉換爲基金份額兩種。根據規定，基金利潤分配應當採用現金方式。開放式基金的基金份額持有人可以事先選擇將所獲分配的現金利潤按照基金合同有關基金份額申購的約定轉爲基金份額；基金份額持有人事先未做出選擇的，基金管理人應當支付現金。

對貨幣市場基金的利潤分配，中國證監會有專門的規定。

三、證券投資基金的投資風險

(一) 流動性風險

任何一種投資工具都存在流動性風險，也就是說，當投資者需要賣出所投資的品種時，面臨變現困難和不能以適當的、自己滿意的價格變現的風險。

(二) 申購、贖回價格未知風險

開放式基金的申購份額、贖回金額的成交價格是以基金交易日的基金份額淨值加減有關費用來計算的。但是，投資者在當日進行申購、贖回時，用於計算申購份額和贖回金額的則是下一個基金交易日所公布的基金份額淨值（當日的基金份額淨值要等股市閉市后才能計算出來）。因此，投資者在申購、贖回的當時，無法準確預知會以什麼價格成交。這種風險就是開放式基金的申購、贖回價格未知風險。

(三) 基金投資風險

開放式基金的投資風險主要包括市場風險和信用風險。前者是指基金所投資的證券市場價格因各種因素的不確定性的影響產生波動，導致基金收益水平變化的風險；后者是指基金在交易過程中發生交收違約或者基金投資的債券出現違約，拒絕支付到期本息，導致基金資產損失的風險。

(四) 管理風險

管理風險是指基金運作各當事人的管理水平對投資者帶來的風險。

(五) 操作或技術風險

操作或技術風險是指基金管理人（基金管理公司）、基金託管人（商業銀行）、註冊登記機構或代銷機構（商業銀行、證券營業部）等當事人的業務操作或技術系統出現故障問題時，給投資者帶來損失的風險。

(六) 不可抗力風險

不可抗力風險通常是指戰爭、自然災害等不可抗拒因素給投資者帶來損失的風險。

任務 4　證券投資基金的投資

一、證券投資基金的投資範圍

中國《證券投資基金法》規定，基金財產應當用於下列投資：第一，上市交易的股票、債券；第二，國務院證券監督管理機構規定的其他證券品種。因此，證券投資基金的投資範圍爲股票、債券等金融工具。目前中國的基金主要投資於國內依法公開發行上市的股票、非公開發行股票、國債、企業債券和金融債券、公司債券、貨幣市場工具、資產支持證券、權證等。

二、證券投資基金的投資限制

對基金投資進行限制的主要目的，一是引導基金分散投資，降低風險；二是避免基金操縱市場；三是發揮基金引導市場的積極作用。

目前，對證券投資基金的限制主要包括對基金投資範圍的限制、投資比例的限制等方面。按照《證券投資基金法》和其他相關法規的規定，基金財產不得用於下列投資活動：承銷證券；向他人貸款或者提供擔保；從事承擔無限責任的投資；買賣其他基金份額，但是國務院另有規定的除外；向其基金管理人、基金託管人出資或者買賣其基金管理人、基金託管人發行的股票或者債券；買賣與其基金管理人、基金託管人有控股關係的股東或者與其基金管理人、基金託管人有其他重大利害關係的公司發行的證券或者承銷期內承銷的證券；從事內幕交易、操縱證券交易價格及其他不正當的證券交易活動；依照法律、行政法規有關規定，由國務院證券監督管理機構規定禁止的其他活動。

根據《證券投資基金運作管理辦法》及有關規定的要求，基金投資應符合以下有關方面的規定：股票基金應有 60% 以上的資產投資於股票，債券基金應有 80% 以上的資產投資於債券；貨幣市場基金僅投資於貨幣市場工具，不得投資於股票、可轉債、剩餘期限超過 397 天的債券、信用等級在 AAA 級以下的企業債券、國內信用等級在 AAA 級以下的資產支持證券、以定期存款利率爲基準利率的浮動利率債券；基金不得投資於有鎖定期但鎖定期不明確的證券。貨幣市場基金、中短債基金不得投資於流通受限證券。封閉式基金投資於流通受限證券的鎖定期不得超過封閉式基金的剩餘存續期；基金投資的資產支持證券必須在全國銀行間債券交易市場或證券交易所交易。

此外，基金管理人運用基金財產進行證券投資，不得有下列情形：

（1）一只基金持有一家上市公司的股票，其市值超過基金資產淨值的 10%。

（2）同一基金管理人管理的全部基金持有一家公司發行的證券，超過該證券的 10%。

（3）基金財產參與股票發行申購，單只基金所申報的金額超過該基金的總資產，單只基金所申報的股票數量超過擬發行股票公司本次發行股票的總量。

（4）違反基金合同關於投資範圍、投資策略和投資比例等約定。

（5）中國證監會規定禁止的其他情形。

完全按照有關指數的構成比例進行證券投資的基金品種可以不受第(1)、(2)項規定的比例限制。

項目 7　金融衍生工具

學習要點

- ◆ 掌握金融衍生工具的基本特徵和作用。
- ◆ 熟悉金融衍生工具的種類。
- ◆ 掌握金融期貨的特徵和基本功能。
- ◆ 熟悉金融期權與金融期貨的區別。

任務 1　金融衍生工具概述

一、金融衍生工具的概念

金融衍生工具是指建立在基礎產品或基礎變量之上，其價格取決於基礎金融產品價格（或數量）變動的派生金融產品。這裡所說的基礎產品是一個相對的概念，不僅包括現貨金融產品（如債券、股票、銀行定期存款單等），也包括金融衍生工具。作為金融衍生工具基礎的變量種類繁多，主要是各類資產價格、價格指數、利率、匯率、費率、通貨膨脹率以及信用等級等。近些年來，某些自然現象（如氣溫、降雪量、霜凍、颶風）甚至人類行為（如選舉、溫室氣體排放）也逐漸成為金融衍生工具的基礎變量。

二、金融衍生工具的基本特徵

（一）跨期性

金融衍生工具是交易雙方通過對利率、匯率、股價等因素變動趨勢的預測，約定在未來某一時間按照一定條件進行交易或選擇是否交易的合約。

（二）槓桿性（放大效應）

金融衍生工具一般只需要支付少量的保證金或權利金就可簽訂遠期大額合約或互換不同的金融工具。例如，若期貨交易保證金為合約金額的 5%，則期貨交易者可以控制 20 倍於所交易金額的合約資產，實現以小博大的效果。在收益可能成倍放大的同時，交易者所承擔的風險與損失也會成倍放大，基礎工具價格的輕微變動也許就會帶來交易者的大盈大虧。金融衍生工具的槓桿效應一定程度上決定了它的高投機性和高

風險性。

(三) 聯動性

金融衍生工具的價值與基礎產品或基礎變量緊密聯繫、規則變動。通常，金融衍生工具與基礎變量相聯繫的支付特徵由衍生工具合約規定，其聯動關係既可以是簡單的線性關係，也可以表達為非線性函數或者分段函數。

(四) 不確定性或高風險性

金融衍生工具的交易後果取決於交易者對基礎工具（變量）未來價格（數值）的預測和判斷的準確程度。金融衍生工具還伴隨著信用風險、市場風險、流動性風險、結算風險、操作風險以及法律風險等風險。

三、金融衍生工具的作用

(一) 金融衍生工具的積極作用

1. 規避風險

通過金融衍生品與傳統金融工具組合，投資者可以將一個市場的損失由另一個市場的收益來彌補，其實是將匯率、利率以及股票價格等變化鎖定在較小的變化範圍內。

2. 投資獲利

由於金融衍生工具交易存在明顯的槓桿效應，投資者如果判斷正確、操作得當，就可以獲得較高的收益。此外，金融衍生工具交易通常可以採用雙向交易，從而增加了投資者的獲利機會。例如，一般股票市場只有做多才能獲利，股票價格下跌無利可圖，但利用股票價格指數期貨進行做空交易，也可以獲利收益。

3. 價格發現

金融衍生品的場內交易擁有眾多的投資者，通過競價方式進行交易，市場競爭比較充分，能夠在很大程度上反應金融商品價格走勢的預期。金融衍生工具的交易價格一經產生就能通過先進的通信系統傳播到各個角落，成為重要的價格信息。

4. 增強市場流動性

金融衍生品交易，使得金融市場的各類風險能夠被有效轉移，因而提高了資本動作的效率和速度，增強了市場的流動性。

(二) 金融衍生工具的消極作用

金融衍生工具雖然是有效的風險管理工具，但也有可能成為巨大的風險源。金融衍生工具具有較高的槓桿比率，投資者利用較少的資金就可以控制十幾倍、幾十倍的交易，基礎價格的輕微變動便會導致金融衍生工具交易帳戶的巨大變動。此外，金融衍生工具推出時並不一定完善，有可能導致投資者難以理解和掌握，甚至操作失誤從而造成損失。有時，金融衍生品推出，但相關法律法規還沒有出抬，容易引起法律糾紛。

任務 2　金融衍生工具的種類

一、按照產品形態分類

（一）獨立衍生工具

獨立衍生工具就是常見的衍生合同。獨立衍生工具包括遠期合同、期貨合同、互換和期權以及具有遠期合同、期貨合同、互換和期權中一種或一種以上特徵的工具。

（二）嵌入式衍生工具

嵌入式衍生工具是指嵌入到非衍生工具（主合同）中，使混合工具的全部或部分現金流量隨基礎變量而變動的衍生工具。嵌入式衍生工具與主合同構成混合工具，如可轉換公司債券、公司債券條款中的贖回條款、返售條款、轉股條款、重設條款等。

二、按照交易場所分類

（一）交易所交易的衍生工具

交易所交易的衍生工具是指在有組織的交易所上市交易的衍生工具。例如，在股票交易所交易的股票期權產品，在期貨交易所和專門的期權交易所交易的各類期貨合約、期權合約等。

（二）OTC 交易的衍生工具

OTC 交易的衍生工具是指通過各種通信方式，不通過集中的交易所，實行分散的、一對一交易的衍生工具。例如，金融機構之間、金融機構與大規模交易者之間進行的各類互換交易和信用衍生品交易。

三、按照基礎工具種類分類

（一）股權類產品的衍生工具

股權類產品的衍生工具是指以股票或股票指數爲基礎工具的金融衍生工具，主要包括股票期貨、股票期權、股票指數期貨、股票指數期權以及上述合約的混合交易合約。

（二）貨幣衍生工具

貨幣衍生工具是指以各種貨幣作爲基礎工具的金融衍生工具，主要包括遠期外匯合約、貨幣期貨、貨幣期權、貨幣互換以及上述合約的混合交易合約。

（三）利率衍生工具

利率衍生工具是指以利率或利率的載體爲基礎工具的金融衍生工具，主要包括遠期利率協議、利率期貨、利率期權、利率互換以及上述合約的混合交易合約。

（四）信用衍生工具

信用衍生工具是以基礎產品所蘊含的信用風險或違約風險爲基礎變量的金融衍生

工具，用於轉移或防範信用風險，是 20 世紀 90 年代以來發展最爲迅速的一類衍生產品，主要包括信用互換、信用聯結票據等。

(五) 其他衍生工具

例如，用於管理氣溫變化風險的天氣期貨、管理政治風險的政治期貨、管理巨災風險的巨災衍生產品等。

四、按照金融衍生工具自身交易的方法及特點分類

(一) 金融遠期合約

金融遠期合約是指交易雙方在場外市場上通過協商，按約定價格（被稱爲「遠期價格」）在約定的未來日期（交割日）買賣某種標的金融資產（或金融變量）的合約。金融遠期合約規定了將來交割的資產、交割的日期、交割的價格和數量，合約條款根據雙方需求協商確定。金融遠期合約主要包括遠期利率協議、遠期外匯合約和遠期股票合約。

(二) 金融期貨

金融期貨是指交易雙方在集中的交易場所以公開競價方式進行的標準化金融期貨合約的交易，主要包括貨幣期貨、利率期貨、股票指數期貨和股票期貨四種。

(三) 金融期權

金融期權是指合約買方向賣方支付一定費用（被稱爲「期權費」或「期權價格」），在約定日期內（或約定日期）享有按事先確定的價格向合約賣方買賣某種金融工具的權利的契約，包括現貨期權和期貨期權兩大類。

(四) 金融互換

金融互換是指兩個或兩個以上的當事人按共同商定的條件，在約定的時間內定期交換現金流的金融交易，可分爲貨幣互換、利率互換、股權互換、信用違約互換等類別。

(五) 結構化金融衍工具

前述四種常見的金融衍生工具通常也被稱作「建構模塊工具」，它們是最簡單和最基礎的金融衍生工具，而利用其結構化特性，通過相互結合或者與基礎金融工具相結合，能夠開發設計出更多具有複雜特性的金融衍生產品。結構化金融衍生工具簡稱爲「結構化產品」。例如，在股票交易所交易的各類結構化票據以及目前中國各家商業銀行推廣的掛勾不同標的資產的理財產品等都是其典型代表。

任務3　金融期貨與金融期權

一、金融期貨的定義、特徵和基本功能

（一）金融期貨的定義和特徵

金融期貨是期貨交易的一種。期貨交易是指交易雙方在集中的交易所市場以公開競價方式所進行的標準化期貨合約的交易。而期貨合約則是由交易雙方訂立的、約定在未來某日期按成交時約定的價格交割一定數量的某種商品的標準化協議。金融期貨合約的基礎工具是各種金融工具（或金融變量），如外匯、債券、股票、股價指數等。換言之，金融期貨是以金融工具（或金融變量）為基礎工具的期貨交易。

（二）金融期貨的基本功能

1. 套期保值功能

套期保值是指企業為規避外匯風險、利率風險、商品價格風險、股票價格風險、信用風險等，指定一項或一項以上套期工具，使套期工具的公允價值或現金流量變動，預期抵消被套期項目全部或部分公允價值或現金流量變動。

利用金融期貨進行套期保值，就是通過在現貨市場與期貨市場建立相反的頭寸，從而鎖定未來現金流或公允價值的交易行為。

2. 價格發現功能

價格發現功能是指在一個公開、公平、高效、競爭的期貨市場中，通過集中競價形成期貨價格的功能。期貨價格具有預期性、連續性和權威性的特點，能夠比較準確地反應出未來商品價格的變動趨勢。期貨市場之所以具有價格發現功能，是因為期貨市場將眾多影響供求關係的因素集中於交易所內，通過買賣雙方公開競價，集中轉化為一個統一的交易價格。

3. 投機功能

與所有有價證券交易相同，期貨市場上的投機者也會利用對未來期貨價格走勢的預期進行投機交易，預計價格上漲的投機者會建立期貨多頭，反之則建立空頭。期貨市場具有T+0、可以進行日內投機和高風險的特徵。

4. 套利功能

套利的理論基礎在於經濟學中的一價定律，即忽略交易費用的差異，同一商品只能有一個價格。

二、金融期權及其與金融期貨的區別

期權又稱選擇權，是指其持有者能在規定的期限內按交易雙方商定的價格購買或出售一定數量的基礎工具的權利。金融期權是以期權為基礎的金融衍生產品，指以金融商品或金融期貨合約為標的物的期權交易。

期權交易實際上是一種權利的單方面有償讓渡。期權的買方以支付一定數量的期

權費爲代價而擁有了這種權利，但不承擔必須買進或賣出的義務；期權的賣方則在收取了一定數量的期權費後，在一定期限內必須無條件服從買方的選擇並履行成交時的允諾。金融期權與金融期貨的區別如下：

(一) 基礎資產不同

凡可用作期貨交易的金融工具都可用作期權交易。可用作期權交易的金融工具卻未必可用作期貨交易。只有金融期貨期權，而沒有金融期權期貨。一般而言，金融期權的基礎資產多於金融期貨的基礎資產。

(二) 交易者權利與義務的對稱性不同

金融期貨交易雙方的權利與義務對稱。金融期權交易雙方的權利與義務存在著明顯的不對稱性。對於期權的買方只有權利沒有義務，對於期權的賣方只有義務沒有權利。

(三) 履約保證不同

金融期貨交易雙方均需開立保證金帳戶，並按規定繳納履約保證金。在金融期權交易中，只有期權出售者，尤其是無擔保期權的出售者才需開立保證金帳戶，並按規定繳納保證金，因爲其有義務沒有權利。而作爲期權的買方只有權利沒有義務，其不需要繳納保證金，其虧損最多就是期權費，而期權費其已付出。

(四) 現金流轉不同

金融期貨交易雙方在成交時不發生現金收付關係，但在成交后，由於實行逐日結算制度，交易雙方將因價格的變動而發生現金流轉。而在金融期權交易中，在成交時，期權購買者爲取得期權合約所賦予的權利，必須向期權出售者支付一定的期權費，但在成交后，除了到期履約外，交易雙方將不發生任何現金流轉。

(五) 盈虧特點不同

金融期貨交易雙方都無權違約、也無權要求提前交割或推遲交割，而只能在到期前的任一時間通過反向交易實現對沖或到期進行實物交割。其盈利或虧損的程度決定於價格變動的幅度。因此，金融期貨交易中購銷雙方潛在的盈利和虧損是無限的。在金融期權交易中，期權的購買者與出售者在權利和義務上不對稱，金融期權買方的損失僅限於其所支付的期權費，而其可能取得的盈利卻是無限的；相反，期權出售者在交易中所取得的盈利是有限的，僅限於其所收取的期權費，損失是無限的。

(六) 套期保值的作用和效果不同

利用金融期權進行套期保值，若價格發生不利變動，套期保值者可通過執行期權來避免損失；若價格發生有利變動，套期保值者又可通過放棄期權來保護利益。而利用金融期貨進行套期保值，在避免價格不利變動造成損失的同時也必須放棄若價格有利變動可能獲得的利益。這並不是說金融期權比金融期貨更爲有利。從保值角度來說，金融期貨通常比金融期權更爲有效，也更爲便宜，而且要在金融期權交易中真正做到既保值又獲利，事實上也並非易事。

金融期權與金融期貨可謂各有所長，各有所短。在現實的交易活動中，人們往往將兩者結合起來，通過一定的組合或搭配來實現某一特定目標。

復習思考題

1. 股票的特徵是什麼？
2. 影響股價變動的基本因素有哪些？
3. 普通股和優先股有什麼區別？
4. A 股、B 股和 H 股是什麼意思？
5. ST 股和 *ST 股是什麼意思？
6. 債券的票面要素有哪些？
7. 債券有什麼特徵？
8. 債券與股票有哪些相同點和不同點？
9. 政府債券有什麼特徵？
10. 證券投資基金有什麼特點和作用？
11. 證券投資基金當事人之間的關係怎麼樣？
12. 證券投資基金有哪些風險？
13. 金融衍生工具的基本特徵是什麼？
14. 金融衍生工具有什麼作用？
15. 金融期貨有哪些特徵？
16. 金融期貨的基本功能是什麼？
17. 金融期權與金融期貨有什麼區別？

模塊 3
證券市場運行

項目 8　股票的發行與交易

學習要點

- ◆ 熟悉股份公司公開發行股票的條件。
- ◆ 瞭解股票發行與承銷準備。
- ◆ 掌握影響股票發行價格的主要因素。
- ◆ 掌握個人開戶步驟。
- ◆ 掌握委託指令的基本要素。
- ◆ 熟悉股票的發行方式。
- ◆ 熟悉競價原則。
- ◆ 瞭解清算和交割的聯繫與區別。
- ◆ 熟悉證券交易費用。

任務 1　股票的發行與承銷

一、股份公司公開發行股票的條件

(一) 首次公開發行股票的條件

首次公開發行（IPO）是擬上市公司首次在證券市場公開發行股票募集資金並上市的行為。根據中國證監會 2006 年 5 月 17 日發布實施的《首次公開發行股票並上市管理辦法》的規定，首次公開發行股票的公司除在主體資格、獨立性、規範運作和財務會計方面符合要求外，還應滿足以下要求：

（1）最近 3 個會計年度淨利潤均為正數且累計超過人民幣 3,000 萬元，淨利潤以扣除非經常性損益后較低者為計算依據。

（2）最近 3 個會計年度經營活動產生的現金流量淨額累計超過人民幣 5,000 萬元；或者最近 3 個會計年度營業收入累計超過人民幣 3 億元。

（3）發行前股本總額不少於人民幣 3,000 萬元。

（4）最近 1 期期末無形資產（扣除土地使用權、水面養殖權和採礦權等后）占淨資產的比例不高於 20%。

（5）最近 1 期期末不存在未彌補虧損。

(二) 增發新股的條件

根據《公司法》的有關規定，上市公司申請增發新股，應符合以下條件：

(1) 前一次發行的股份已募足，並間隔一年以上。

(2) 公司在最近 3 年內連續盈利，並可向股東支付股利（公司以當年利潤分派新股，不受此項限制）。

(3) 公司在最近 3 年內財務文件無虛假記載。

(4) 公司預期利潤率可達同期銀行存款利率。

(三) 配股的條件

配股是上市公司根據公司發展需要，依照有關法律規定和相應的程序，向原股東進一步發行新股、籌集資金的行爲。投資者在執行配股繳款前需清楚地瞭解上市公司發布的配股說明書。

根據證監會 2001 年出抬的《關於做好上市公司新股發行工作的通知》，上市公司申請配股，除了具備新股發行的必備條件外，還特別要求：

(1) 經註冊會計師核驗，公司最近 3 個會計年度加權平均淨資產收益率平均不低於 6%；扣除非經常性損益后的淨利潤與扣除前的淨利潤相比，以低者作爲加權平均淨資產收益率的計算依據；設立不滿 3 個會計年度的，按設立後的會計年度計算。

(2) 公司一次配股發行股份總數，原則上不超過前次發行並募足股份後股本總額的 30%；如公司具有實際控制權的股東全額認購所配售的股份，可不受上述比例的限制。

(3) 本次配股距前次發行的時間間隔不少於 1 個會計年度。

上市公司原股東享有配股優先權，可自由選擇是否參與配股。若選擇參與，則必須在上市公司發布配股公告中配股繳款期內參加配股，若過期不操作，即爲放棄配股權利，不能補繳配股款參與配股。

二、股票發行與承銷準備

(一) 承銷前的盡職調查

承銷商的盡職調查是指承銷商在股票承銷時，以本行業公認的業務標準和道德規範，對股票發行人及市場有關情況及有關文件的真實性、準確性、完整性進行的核查和驗證等專業調查。承銷前的盡職調查主要由主承銷商擔任，主承銷商應對發行募股的招股說明書中將要披露的全部內容進行全面審查。其主要調查範圍有：

1. 發行人

主承銷商對發行人的審查內容至少應當包括發行人的一般情況，主要固定資產狀況，安全與環保，發行人的主要產品與業務，發行人的主營收入構成，主要原材料供應，發行人擬進行投資的項目和技術情況，發行人公司章程，發行人的董事、監事和高級管理人員情況，發行人過去 3 年的經營業績，股本及其變動，發行人的負債及主要合同承諾，資產評估情況等。

2. 市場

爲了維護自己的利益，保證發行成功，降低承銷風險，同時也爲了維護投資者的利益，主承銷商應當對股票一級市場和二級市場的情況作必要的調查。

3. 產業政策

爲了保證發行的成功，承銷商也應對國家關於發行人主營業務的產業政策做必要的瞭解。

(二) 股票發行與上市輔導

1. 輔導的目的

對公開發行股票的公司進行輔導，目的是爲了保證公開發行股票的公司按照《公司法》和《證券法》的規定，建立規範的組織制度和運行機制，促進上市公司轉換經營機制，發揮現代企業制度功能，提高上市公司質量。

2. 輔導的時間

擬公開發行股票（A 股、B 股）的股份有限公司（以下稱擬發行公司）應符合《公司法》的各項規定，在向中國證監會提出股票發行申請前，均須具有主承銷資格的證券公司（以下稱輔導機構）輔導，輔導期限爲一年。

3. 輔導的內容

輔導的內容主要包括股份有限公司設立及其歷次演變的合法性、有效性；股份有限公司人事、財務、資產及供、產、銷系統獨立完整性；對公司董事、監事、高級管理人員及持有 5% 以上（含 5%）股份的股東（或其法定代表人）進行《公司法》《證券法》等有關法律法規的培訓；建立健全股東大會、董事會、監事會等組織機構，並實現規範運行；依照股份公司會計制度建立健全公司財務會計制度；建立健全公司決策制度和內部控制制度，實現有效運作；建立健全符合上市公司要求的信息披露制度；規範股份公司和控股股東及其他關聯方的關係；公司董事、監事、高級管理人員及持有 5% 以上（含 5%）股份的股東持股變動情況是否合規等方面內容。

(三) 募股文件的準備

股票發行準備階段的實質性工作是由發行參與人準備招股說明書以及作爲其根據和附件的專業人員的結論性審查意見。這些文件統稱爲募股文件。募股文件最主要包括招股（配股）說明書、招股說明書概要、資產評估報告、審計報告、盈利預測的審核函、法律意見書和律師工作報告、驗證筆錄和輔導報告。

(四) 股票發行的申報與審核

股票公開發行在中國有一套嚴格的核准程序。發行人必須向國務院證券監督管理機構提交《公司法》規定的申請文件和國務院證券監督管理機構規定的有關文件，所有申請文件必須真實、準確、完整。

1. 股票發行的申報

申請公開發行股票的股份有限公司（包括經批准擬設立的股份有限公司）須向地方政府或中央企業主管部門上報有關材料，經批准后，再向中國證監會報送有關材料。申請人必須符合法定的公開發行股票的條件才能得到批准。

2. 股票發行審核的工作程序

根據《證券法》的有關規定，中國股票發行核准程序（人民幣普通股發行審核程序）包括人民幣普通股（A股）發行審核的預選和審批兩個階段。

三、股票發行與承銷實施

（一）發行方式與承銷方式

1. 發行方式

上海證券交易所系統經常提供的發行方式有：

（1）上網定價發行方式。上網定價發行方式是指主承銷商利用證券交易所的電腦交易系統，由主承銷商作爲股票的唯一「賣方」，投資者在指定的時間內，按規定發行價格委託買入股票的方式進行股票認購。

上網定價發行方式是一種價定、量定的發行方式。申購結束后，由證券交易所交易系統主機統計有效申購總量和有效申購戶數，並根據發行數量、有效申購總量和有效申購戶數確定申購者的認購股數。上網定價發行方式的具體程序（也是投資者打新股的申購程序）如下：

①投資者申購。申購當日（T+0日），投資者在申購時間內通過與上海證券交易所聯網的證券營業部，根據發行人發行公告規定的發行價格和申購數量繳足申購款進行申購委託。上網申購期內，投資者按委託買入股票的方式，以發行價格填寫委託單，一經申報，不得撤單。投資者多次申購的，除第一次申購外均視作無效申購。

每一帳戶申購委託不少於1,000股，超過1,000股的必須是1,000股的整數倍（深圳證券交易所是500股或500股的整數倍）。每一股票帳戶申購股票數量上限爲當次社會公眾股發行數量的1‰。

②資金凍結。申購后的第一天（T+1日），由中國結算上海分公司將申購資金凍結。

③驗資及配號。申購日后的第二天（T+2日），中國結算上海分公司配合上海證券交易所指定的具備資格的會計事務所對申購資金進行驗資，並由會計師事務所出具驗資報告，以實際到位資金（包括按規定提供中國人民銀行已劃款憑證部分）作爲有效申購進行連續配號。證券交易所將配號傳送至各證券營業部，並通過交易網路公布中簽率。

④搖號抽簽。主承銷商於申購日后的第三天（T+3日）公布中簽率，並根據總配號量和中簽率組織搖號抽簽，於次日宣布中簽結果。

⑤中簽處理。中國結算上海分公司於申購日后的第三天（T+3日）根據中簽結果進行新股認購中簽清算並於當日收市后向各參與申購的證券公司發送中簽數據。

⑥資金解凍。申購日后的第四天（T+4日），對未中簽部分的申購款予以解凍。

⑦發行結束。申購日后的第四天（T+4日）后，主承銷商在收到中國結算上海分公司劃轉的認購資金，依據承銷協議將該款項扣除承銷費用后，劃轉到發行人指定的銀行帳戶。

（2）上網詢價發行方式。這是一種量定、價不定的發行方式，其發行方式類似於

股票上網定價發行。區別在於發行當日（申購日），主承銷商只給出股票的發行價格區間，而非一固定的發行價格。投資者在申購價格區間進行申購委託（區間之外的申購為無效申購），申購結束后，主承銷商根據申購結果按照一定的超額認購倍數（如5倍）確定發行價格，高於或等於該發行價格的申購為有效申購，再由證券交易所交易系統主機統計有效申購總量和有效申購戶數，並根據發行數量、有效申購總量和有效申購戶數確定申購者的認購股數。

（3）向二級市場投資者配售定價發行方式。這是指在公開發行新股時，將一定比例或全部新股向二級市場投資者配售，投資者根據其持有的上市流通股票的市值和折算的申購限量自願申購新股的發行方式。由於有可能僅將一定比例的新股向二級市場投資者配售，因此可採取向二級市場投資者配售與上網定價發行相結合或將向二級市場投資者配售與向機構投資者配售相結合的方式。

（4）網上、網下累計投標詢價發行。網上、網下累計投標詢價發行方式是一種價不定、量不定的發行方式。股票發行日，主承銷商給出申購價格區間以及網上、網下的預計發行數量，最終的發行數量和發行價格需根據網上、網下申購結果而定。

發行價格的確定方式：網上、網下申購結束后，主承銷商根據網上、網下的申購數據，按照報價由高至低的順序計算每個價位及該價位以上的累計申購總量，並協商按照一定的認購倍數確定發行價格。

發行數量的確定方式為：網上、網下申購結束后，視實際申購情況，主承銷商在網上、網下進行回撥。若網上有效申購不足，網下超額認購，則網上剩餘部分向網下回撥；若網下有效申購不足，網上超額認購，則網下剩餘部分向網上回撥；若網上、網下均超額認購，則通過回撥機制，使網上其他公眾投資者和網下機構投資者的配售比例相等。

2. 承銷方式

承銷方式有包銷和代銷兩種。

（1）證券包銷。證券包銷是指證券承銷商將發行人的證券按照協議全部購入，或者在承銷期結束時將售后剩餘證券全部自行購入的承銷方式。包銷可分為全額包銷和餘額包銷兩種。

（2）證券代銷。證券代銷是指承銷代理發售證券，並於發售期結束后，將未出售證券全部退還給發行人的承銷方式。

(二) 股票的發行價格

1. 股票發行價格的種類

股票發行價格指股份有限公司將股票公開發售給特定或非特定投資者所採用的價格。根據中國《公司法》的規定，股票不得折價發行（股票發行價格低於票面金額）。根據中國《公司法》的規定，股票採取溢價發行的，其發行價格由發行人與承銷的證券公司協商確定，報國務院證券監督管理機構核准。

2. 影響股票發行價格的主要因素

（1）本體因素。本體因素就是發行人內部經營管理對發行價格制定的影響因素。

一般而言，發行價格隨發行人的實質經營狀況而定。這些因素包括公司現在的盈利水平及未來的盈利前景、財務狀況、生產技術水平、成本控制、員工素質、管理水平等，其中最爲關鍵的是利潤水平。在正常狀況下，發行價格是盈利水平的線性函數，承銷商在確定發行價格時，應以利潤爲核心，並從主營業務入手對利潤進行分析和預測。主營業務的利潤及其增長率是反應企業的實際盈利狀況及其對投資者提供報酬水平的基礎，利潤水平與投資意願有著正相關的關係，而發行價格則與投資意願有著負相關的關係。在其他條件既定時，利潤水平越高，發行價格越高，而此時投資者也有較強的投資購買慾望。當然，未來的利潤增長預期也具有至關重要的影響，因爲買股票就是買未來。

（2）環境因素。

①股票流通市場的狀況及變化趨勢。股票流通市場直接關係到一級市場的發行價格。在結合發行市場來考慮發行價格時，主要應考慮：第一，制定的發行價格要使股票上市后價格有一定的上升空間。第二，在股市處於通常所說的牛市階段時，發行價格可以適當偏高，因爲在這種情況下，投資者一般有資本利得，價格若低的話，就會降低發行人和承銷機構的收益。第三，若股市處於通常所說的熊市時，價格宜偏低，因爲此時價格較高，會拒投資者於門外，而相對增加發行困難和承銷機構的風險，甚至有可能導致整個發行人籌資計劃的失敗。

②發行人所處行業的發展狀況、經濟區位狀況。發行人所處的行業和經濟區位條件對發行人的盈利能力和水平有直接的影響。

③政策因素。政策因素涉及面較廣，一般而言，不同的經濟政策對發行人的影響是不同的。政策因素最主要的是兩大經濟政策因素，即稅負水平和利息率。

稅負水平直接影響發行人的盈利水平，因而是直接決定發行價格的因素。一般而言，享有較低稅負水平的發行人。其股票的發行價格可以相對較高；反之，則可以相對較低。

利潤水平一般同股票價格水平成正比，當利息率水平降低時，每股的利潤水平提高，從而股票的發行價格就可以相應提高；反之，則相反。在這裡，有一個基本的原則，就是由發行價格決定的預期收益率水平不能低於同期的利息率水平。

除了以上兩個因素外，國家有關的扶持與抑制政策對發行價格也是一個重要的影響因素。在現代市場經濟發展過程中，國家一般都對經濟活動進行干預。特別在經濟政策方面，國家往往採取對某些行業與企業的發展進行扶持，對某些行業與企業的發展進行抑制等通常所說的產業政策。這樣，在制定股票發行價格時，對這些政策因素也應加以考慮。

任務2　股票的交易流程——開戶與委託買賣

任務2和任務3僅以A股爲例來說明股票委託買賣的流程，主要包括開設帳戶、委託買賣、競價成交和結算與過戶四個階段。

一、開設帳戶

(一) 個人開設帳戶步驟

1. 開戶時須準備的證件和文件

(1) 本人的身分證原件。

(2) 本人的銀行卡。

2. 新開戶流程

(1) 開立證券帳戶。投資者本人前往證券公司營業部，填寫並提交申請表，繳納開戶費和出示證件，經審核確認合格的，投資者即可獲得申請開立的證券帳戶，並得到相應的證券帳戶卡。

(2) 開立資金帳戶。投資者本人前往證券公司營業部，填寫並提交開戶文本、出示證件和證券帳戶卡，經審核確認合格后，給予投資者開立資金帳戶，並爲投資者辦理上海證券交易所帳戶的指定交易手續。

(3) 辦理 A 股資金第三方存管業務。

第一步：投資者本人到證券公司營業部，填寫並提交資金第三方存管業務三方協議、出示證件（本人身分證原件、本人銀行存折、證券帳戶卡），經審核確認合格后，給予投資者辦理第三方存管帳戶預指定手續。

第二步：投資者本人到預指定銀行櫃臺，提交協議和出示證件（本人身分證原件、本人銀行存折、證券帳戶卡），經銀行審核確認合格后，給予確認開通第三方存管業務。

(4) 投資交易。投資者辦理完成以上手續后就可以通過交易系統（電話委託、網上委託）將資金從自己的銀行存折轉入自己的證券公司資金帳戶，下載該證券公司交易軟件，進行證券交易。

(二) 網上委託開設帳戶操作流程

1. 客戶開設帳戶申請

客戶在開立個人資金帳戶后，閱讀「網上證券委託交易協議書」（一式兩份）並簽字，填寫「開戶申請表」各兩份。如未開立資金帳戶須先行開立資金帳戶（見前文開戶操作流程）。

2. 驗證

客戶需提供本人的證券帳戶、身分證原件及複印件各一份。如有委託代理的，委託代理人還必須提供身分證原件及複印件。

3. 開戶處理

對符合開戶規定的客戶，櫃臺開戶人員向客戶發放網上交易的 CA 證書（客戶應注意及時修改證書使用密碼），請客戶在「客戶開戶回單」上簽字。

二、委託買賣

委託買賣是指證券經紀商接受投資者委託，代理投資者買賣證券，從中收取佣金

的交易行爲。投資者開立了股票帳戶和資金帳戶后就可以在證券營業部辦理委託買賣。其整個過程是：投資人報單給證券商→證券商通過其在場內交易員將委託人的指令輸入計算機終端→各證券商的場內交易員根據發出的指令輸入交易所計算機主機，由主機撮合成交→成交后由證券商代理投資人辦理清單、交割和過戶手續。

（一）委託指令

1. 委託指令的基本要素

投資者辦理委託買賣證券時，必須向證券經紀商下達委託指令。委託指令的內容有多項，如證券帳戶號碼、證券代碼、買賣方向、委託數量、委託價格等。正確填寫委託單或輸入委託指令是投資決策得以實施和保護投資者權益的重要環節。以委託單爲例，委託指令的基本要素包括：

（1）證券帳號。投資者在買賣上海證券交易所或深圳證券交易所上市的證券時，必須填寫在中國結算上海分公司或深圳分公司開設的證券帳戶號碼。

（2）日期。日期是指投資者委託買賣的日期，填寫年、月、日。

（3）品種。品種是指投資者委託買賣證券的名稱，也是填寫委託單的第一要點。填寫證券名稱的方法有全稱、簡稱和代碼三種（有些證券品種沒有全稱和簡稱的區別，僅有一個名稱）。通常的做法是填寫代碼及簡稱，這種方法比較方便快捷，並且不容易出錯。

（4）買賣方向。投資者在委託指令中必須明確表明委託買賣的方向，即是買進證券還是賣出證券。

（5）數量。數量是指買賣證券的數量，可分爲整數委託和零數委託。整數委託是指委託買賣證券的數量爲1個交易單位或交易單位的整數倍。1個交易單位俗稱「1手」。A股以100股、基金以100基金、債券以1,000元面值爲一手（一個交易單位）。零數委託是指投資者委託證券經紀商買賣證券時，買進或賣出的證券不足證券交易所規定的1個交易單位。在中國，只在賣出證券時才有零數委託。

（6）價格。價格是指委託買賣證券的價格，是委託能否成交和盈虧的關鍵。

（7）時間。時間是指投資者填寫委託單的具體時點，也可由證券經紀商填寫委託時點，即上午×時×分或下午×時×分。這是檢查證券經紀商是否執行時間優先原則的依據。

（8）有效期。有效期是指委託指令的有效期間。一般有當日有效、約定日有效和撤銷前有效三種。目前中國採用當日有效，未填明「當日有效」的都視爲當日有效。

（9）簽名。投資者簽名以示對所做的委託負責。若預留印鑒，則應蓋章。

（10）其他內容。其他內容涉及委託人的身分證號碼、資金帳號等。

2. 委託價格指令

委託價格指令一般分爲市價委託和限價委託。

（1）市價委託。市價委託是指投資者向證券經紀商發出買賣某種證券的委託指令時，要求證券經紀商按證券交易所內當時的市場價格買進或賣出證券。

市價委託的優點是沒有價格上的限制，證券經紀商執行委託指令比較容易，成交

迅速且成交率高。

市價委託的缺點是只有在委託執行后才知道實際的執行價格。儘管場內交易員有義務以最有利的價格為投資者買進或賣出證券，但成交價格有時會不盡如人意，尤其是當市場價格變動較快時。

（2）限價委託。限價委託是指投資者要求證券經紀商在執行委託指令時，必須按限定的價格或比限定價格更有利的價格買賣證券，即必須以限價或低於限價買進證券，以限價或高於限價賣出證券。

限價委託方式的優點是證券可以投資者預期的價格或更有利的價格成交，有利於投資者實現預期投資計劃，謀求最大利益。但是，採用限價委託時，由於限價與市價之間可能有一定的距離。故必須等市價與限價一致時才有可能成交。此時，如果有市價委託出現，市價委託將優先成交。因此，限價委託成交速度慢，有時甚至無法成交。在證券價格變動較大時，投資者採用限價委託容易坐失良機，遭受損失。

《上海證券交易所交易規則》和《深圳證券交易所交易規則》都規定，客戶可以採用限價委託或市價委託的方式委託會員買賣證券。

《上海證券交易所交易規則》還規定，上海證券交易所接受會員的限價申報和市價申報。根據市場需要，上海證券交易所可以接受最優五檔即時成交剩餘撤銷申報、最優五檔即時成交剩餘轉限價申報和上海證券交易所規定的其他方式等市價申報。《深圳證券交易所交易規則》同樣規定，接受會員的限價申報和市價申報。深圳證券交易所根據市場需要，接受對手方最優價格申報、本方最優價格申報、最優5檔即時成交剩餘撤銷申報、即時成交剩餘撤銷申報、全額成交或撤銷申報和深圳證券交易所規定的其他方式等市價申報。

(二) 委託形式

投資者發出委託指令的形式有櫃臺委託和非櫃臺委託兩大類。

1. 櫃臺委託

櫃臺委託是指委託人親自或由其代理人到證券營業部交易櫃臺，根據委託程序和必需的證件採用書面方式表達委託意向，由本人填寫委託單並簽章的形式。

2. 非櫃臺委託

非櫃臺委託主要有電話委託、傳真委託和函電委託、自助終端委託、網上委託（即互聯網委託）等形式。另外，如果投資者的委託指令是直接輸入證券經紀商電腦系統並申報進場，而不通過證券經紀商人工環節申報，就可以稱為「投資者自助委託」。

根據《上海證券交易所交易規則》和《深圳證券交易所交易規則》的規定，投資者可以通過書面或電話、自助終端、互聯網等自助委託方式委託會員買賣證券。

(三) 委託授理

證券商受理委託包括審查、申報與輸入三個基本環節。目前除這種傳統的三個環節方式外，還有兩種方式：一是審查、申報、輸入三個環節一氣呵成，客戶採用自動委託方式輸入電腦，電腦進行審查確認后，直接進入滬深交易所內計算機主機；二是證券商接受委託審查后，直接進行電腦輸入。

（四）撮合成交

現代證券市場的運作以交易的自動化和股份結算與證券往來的無紙化爲特徵。電腦撮合集中交易作業程序是證券商的買賣申報由終端機輸入，每一筆委託由委託序號（即委託時的合同序號）、買賣區分（輸入時分別用 0、1 表示）、證券代碼（輸入時用指定的 4 位或 6 位數字，而回顯時用漢字列出證券名稱）、委託手續、委託限價、有效天數等幾項信息組成。電腦根據輸入的信息進行競價處理，按「價格優先，時間優先」原則自動撮合成交。

任務 3　股票的交易流程——競價成交和結算與過戶

一、競價成交

（一）競價原則

證券交易按價格優先和時間優先原則進行競價成交。

1. 價格優先原則

價格較高的買進申報優先於價格較低的買進申報；價格較低的賣出申報優先於價格較高的賣出申報。

2. 時間優先原則

買賣方向、價格相同的，先申報者優先於后申報者。先後順序按交易主機接受申報的時間確定。

（二）競價方式

目前，證券交易一般採用兩種競價方式：集合競價和連續競價。這兩種方式存在於不同的交易時段。集合競價在每個交易日開始用於產生第一筆交易，第一筆交易的價格稱爲開盤價，之后的正常交易就採用連續競價方式進行。

1. 集合競價

集合競價就是在當天還沒有成交價的時候，根據前一天的收盤價和對當日股市的預測來輸入股票價格，而在這段時間裡輸入計算機主機的所有價格都是平等的，不需要按照時間優先和價格優先的原則交易，而是按最大成交量的原則來定出股票的價位，這個價位被稱爲集合競價的價位，而這個過程被稱爲集合競價。

（1）集合競價時間。開盤集合競價時間，上海證券交易所和深圳證券交易所都是 9：15~9：25；深圳證券交易所收盤集合競價時間爲 14：57~15：00。

（2）集合競價申報規定。每個交易日 9：15~9：25（深圳證券交易所包括 14：57~15：00）證券交易所交易主機接受參與競價交易的申報。每個交易日 9：25~9：30，交易主機只接受申報，但不對買賣申報或撤銷申報進行處理。交易所認爲必要時，可以調整接受申報時間。

（3）集合競價階段撤單規定。滬深兩市每個交易日 9：25~9：30 的開盤集合競價階

段，兩個交易所交易主機都不接受撤單申報。

不過在接受交易申報的其他時間內，兩個交易所規定有所不同。上海證券交易所未成交申報在其接受交易申報的時間內可以撤銷，具體為每個交易日 9：15～9：25、9：30～11：30、13：00～15：00；而深圳證券交易所規定 14：57～15：00，交易主機也不接受參與競價交易的撤銷申報，在其接受申報的其他時間裡，未成交申報可以撤銷。

2. 連續競價

連續競價是指對申報的每一筆買賣委託，由電腦交易系統按照以下兩種情況產生成交價：最高買進申報與最低賣出申報相同，則該價格即為成交價格；買入申報高於賣出申報時，申報在先的價格即為成交價格。在正常交易時間，即每週一到周五，上海證券交易所為 9：30～11：30、13：00～15：00；深圳證券交易所為 9：30～11：30、13：00～14：57 是連續競價時間；14：57～15：00 為收盤集合競價時間，大宗交易時間延長至 15：30。

（三）競價原則

將買單和賣單分別排隊，買單以價格從高到低排列，同價的，按進入系統的先后排列。系統根據競價規則自動確定集合競價的成交價，所有成交的最終競價均以此價格成交；集合競價的成交價確定原則是以此價格成交，能夠得到最大成交量。

（四）成交方案

系統按順序將排在前面的買單與賣單配對成交，即按「價格優先，同等價格下時間優先」的順序依次成交，直到不能成交為止，未成交的委託排隊等待成交。9：30 開盤之後，按連續競價撮合成交。所有超過限價（即漲跌停限制範圍）的買單和賣單均視為無效委託。

二、結算與過戶

（一）清算、交割和交收的含義

證券清算業務是指在每一營業日中每個證券公司成交的證券數量與價款分別予以軋抵，對證券和資金的應收或應付淨額進行計算的處理過程。

在證券交易過程中，當買賣雙方達成交易后，應根據證券清算的結果，在事先約定的時間內履行合約。買方需交付一定款項獲得所購證券，賣方需交付一定證券獲得相應價款。在這一錢貨兩清的過程中，證券的收付稱為交割，資金的收付稱為交收。股票的清算、交割和交收統稱為證券結算。

（二）證券結算方式

證券結算的方式一般分為逐筆交收和淨額交收兩種。

逐筆交收是指買賣雙方在每一筆交易成交後對應收應付的證券和資金進行一次交收，它可以通過結算機構進行，也可以由買賣雙方直接進行，比較適合以大宗交易為主、成交筆數較少的證券市場和交易方式。歐美一些證券結算機構，如著名的 CEDEL 國際清算中心就主要採用這種結算方式。

淨額交收是指買賣雙方在約定的交收期限內，以買賣雙方進行證券交易后計算出

的證券和資金的淨額進行交收，它必須通過結算機構進行，比較適合於投資者較爲分散、成交筆數較多、每筆成交的數量較少的證券市場和交易方式。淨額交收通常需要經過兩級結算完成，即首先由交易所與證券商之間進行結算（一級結算），然後由證券商與投資者之間進行結算（二級結算）。

中國上海證券交易所、深圳證券交易所的證券結算採用淨額交收方式，但又有著各自不同的特點。在上海證券交易所，兩級結算實際上是由上海證券中央登記結算公司集中一次性進行的，結算公司直接完成證券在投資者之間的轉移；而在深圳證券交易所，在由深圳證券結算公司集中進行證券結算的同時，由證券商進行與投資者之間的結算，還是通過兩級結算來完成證券在投資者之間轉移的。

關於清算交割日，中國的 A 股、基金和債券都是在交易日的次日（T+1 日）交割，中國的 B 股是在交易日起第 4 天（T+3 日）交割。

(三) 清算和交割的聯繫與區別

1. 清算與交割的聯繫

（1）從時間發生及運作的次序來看，先清算后交割，清算是交割的基礎和保證，交割是清算的后續與完成。

（2）從內容上看，清算與交割都分爲證券與價款兩項。

（3）從處理方式來看，證券經營機構都是以交易所或清算機構（如結算公司）爲對手辦理清算與交割，即結算公司作爲所有買方的賣方和所有賣方的買方，與之進行清算交割。

2. 清算與交割的區別

（1）清算與交割最根本的區別在於清算是對應收應付證券及價款的軋抵計算，其結果是確定應收應付淨額，而並不發生財產實際轉移；交割是對應收應付淨額（包括證券與價款）的交收，發生財產實際轉移（雖然有時不是實物形式）。

（2）從處理單位來看，清算一般以同一清算期內證券經營機構的每一個交易席位作爲一個清算單位，即每個營業日對證券經營機構的每一個交易席位作一次清算；如果該證券經營機構擁有多個席位，則由證券經營機構再將相應席位清算數據匯總後同結算公司集中辦理交割事宜。

三、交易費用

投資者在委託買賣證券時應支付各種費用和稅收，通常包括印花稅、佣金、過戶費等。

(一) 印花稅

印花稅是根據國家稅法的規定，在股票（包括 A 股和 B 股）成交后對買賣雙方投資者按照規定的稅率分別徵收的稅金。印花稅的繳納是由證券經營機構在同投資者交割中代爲扣收，然后在證券經營機構同證券交易所或登記結算機構的清算交割中集中結算，最后由登記結算機構統一向徵稅機關繳納成交金額的 1‰，賣方單邊徵收。上海證券交易所及深圳證券交易所均按實際成交金額的 1‰ 支付，此稅收由券商代扣后由交

易所統一代繳。

(二) 佣金

佣金是指投資者在委託買賣證券成交之后按成交金額的一定比例支付給券商的費用。此項費用一般由券商的經紀佣金、證券交易所交易經手費及管理機構的監管費等構成。最高爲成交金額的 3‰，最低萬分之幾，具體要看投資者與券商談判，最低 5 元起，單筆交易佣金不滿 5 元按 5 元收取。

(三) 過戶費

過戶費是指投資者委託買賣的股票、基金成交后買賣雙方爲變更股權登記所支付的費用。這筆收入屬於證券登記清算機構的收入，由證券經營機構在同投資者清算交割時代爲扣收。2012 年 9 月 1 日起最新過戶費的收費標準爲：上海證券交易所 A 股、基金交易的過戶費爲成交股票數量（以每股爲單位）0.6‰，無最低收費標準；深圳證券交易所免收 A 股、基金、債券的交易過戶費。

(四) 其他費用

其他費用是指投資者在委託買賣證券時，向證券營業部繳納的委託費（通信費）、撤單費、查詢費、開戶費、磁卡費以及電話委託或自助委託的刷卡費、超時費等。這些費用主要用於通信、設備、單證製作等方面的開支。其中，委託費在一般情況下，投資者在上海、深圳本地買賣上海證券交易所、深圳證券交易所的證券時，向證券營業部繳納 1 元委託費，異地繳納 5 元委託費。其他費用由券商根據需要酌情收取，一般沒有明確的收費標準，只要其收費得到當地物價部門批准即可。目前有相當多的證券經營機構出於競爭的考慮而減免部分或全部此類費用。

項目 9　債券的發行與交易

學習要點

- ◆ 瞭解債券的發行條件和發行方式。
- ◆ 熟悉中國債券的發行與承銷。
- ◆ 掌握上市債券交易規則。
- ◆ 熟悉債券交易操作流程。

任務 1　債券的發行與承銷

一、債券的發行

債券的發行是發行人以借貸資金為目的，依照法律規定的程序向投資人要約發行代表一定債權和兌付條件的債券的法律行為，債券發行是證券發行的重要形式之一。

(一) 債券發行條件和發行方式

1. 債券發行條件

債券發行條件是指債券發行者發行債券籌集資金時所必須考慮的有關因素，具體包括發行額、面值、期限、償還方式、票面利率、付息方式、發行價格、發行費用、有無擔保等。這裡主要介紹公司債券的發行條件。

公司債券發行的主體限於股份有限公司、國有獨資公司和兩個以上的國有企業或者其他兩個以上的國有投資主體設立的有限責任公司。這些公司發行債券的條件和所受限制包括：

(1) 股份有限公司的淨資產不低於人民幣 3,000 萬元，有限責任公司的淨資產不低於人民幣 6,000 萬元。

(2) 本次發行后累計公司債券余額不超過最近一期期末淨資產額的 40%；金融類公司的累計公司債券余額按金融企業的有關規定計算。

(3) 公司的生產經營符合法律、行政法規和公司章程的規定，募集的資金投向符合國家產業政策。

(4) 最近 3 個會計年度實現的年均可分配利潤不少於公司債券 1 年的利息。

(5) 債券的利率不超過國務院規定的利率水平。

（6）國務院規定的其他條件。

2. 債券發行方式

按照債券的發行對象不同，債券發行方式可分爲私募發行和公募發行兩種方式。

（1）私募發行。私募發行是指面向少數特定的投資者發行債券，一般以少數關係密切的單位和個人爲發行對象，不對所有的投資者公開出售。具體發行對象有兩類：一類是機構投資者，如大的金融機構或是與發行者有密切業務往來的企業等；另一類是個人投資者，如發行單位自己的職工，或是使用發行單位產品的用戶等。私募發行一般多採取直接銷售的方式，不經過證券發行仲介機構，不必向證券管理機關辦理發行註冊手續，可以節省承銷費用和註冊費用，手續比較簡便。但是私募債券不能公開上市，流動性差，利率比公募債券高，發行數額一般不大。

（2）公募發行。公募發行是指公開向廣泛不特定的投資者發行債券。公募債券發行者必須向證券管理機關辦理發行註冊手續。由於發行數額一般較大，通常要委託證券公司等仲介機構承銷。公募債券信用度高，可以上市轉讓，因而發行利率一般比私募債券利率低。

公募債券採取間接銷售的具體方式又可分爲以下三種：

①代銷。發行者和承銷者簽訂協議，由承銷者代爲向社會銷售債券。承銷者按規定的發行條件盡力推銷，如果在約定期限內未能按照原定發行數額全部銷售出去，債券剩餘部分可退還給發行者，承銷者不承擔發行風險。採用代銷方式發行債券，手續費一般較低。

②余額包銷。承銷者按照規定的發行數額和發行條件，代爲向社會推銷債券，在約定期限內推銷債券如果有剩余，須由承銷者負責認購。採用這種方式銷售債券，承銷者承擔部分發行風險，能夠保證發行者籌資計劃的實現，但承銷費用高於代銷費用。

③全額包銷。先由承銷者按照約定條件將債券全部承購下來，並且立即向發行者支付全部債券價款，再由承銷者向投資者分次推銷。採用全額包銷方式銷售債券，承銷者承擔了全部發行風險，可以保證發行者及時籌集到所需要的資金，因而包銷費用也較余額包銷費用高。

(二) 債券信用評級

債券信用評級是指信用評級機構對債券籌集資金的合理性和按期如約償還債券本息的能力及風險程度所進行的綜合評價。債券評級的目的是將發行人的信譽和償債的可靠程度公諸投資者，以保護投資者的利益，使之免遭由於情報不準或判斷失誤而造成的損失。

目前國際上公認的最具權威性的信用評級機構，主要有美國標準・普爾公司和穆迪投資服務公司。上述兩家公司負責評級的債券很廣泛，包括地方政府債券、公司債券、外國債券等，由於其佔有詳盡的資料，採用先進科學的分析技術，又有豐富的實踐經驗和大量專門人才，因此其做出的信用評級具有很高的權威性。標準・普爾公司信用等級標準從高到低可劃分爲 AAA 級、AA 級、A 級、BBB 級、BB 級、B 級、CCC 級、CC 級、C 級和 D 級。穆迪投資服務公司信用等級標準從高到低可劃分爲：Aaa 級，

Aa 級、A 級、Baa 級、Ba 級、B 級、Caa 級、Ca 級、C 級和 D 級。兩家機構信用等級劃分大同小異。前四個級別債券信譽高、風險小，是「投資級債券」；第五級開始的債券信譽低，是「投機級債券」。

二、中國債券的發行與承銷

(一) 國債的發行方式

目前，中國國債包括記帳式國債、憑證式國債和儲蓄國債三類。憑證式國債發行完全採用承購報銷方式，儲蓄國債發行可採用報銷或代銷方式，記帳式國債發行完全採用公開招標方式。

1. 公開招標方式

公開招標方式，即通過投標人的直接競價來確定發行價格（或利率）水平，發行人將投標人的標價自高價向低價排列，或自低利率排到高利率，發行人從高價（或低利率）選起，直到達到需要發行的數額為止。

2. 承購包銷方式

承購包銷方式，即由發行人和承銷商簽訂承購包銷合同，合同中的有關條款是通過雙方協商確定的。對於事先已確定發行條款的國債，中國仍採取承購包銷方式，目前主要運用於不可上市流通的憑證式國債的發行。

(二) 國債的承銷程序

1. 記帳式國債的承銷程序

（1）招標發行。記帳式國債是一種無紙化國債，通過銀行間債券市場向具備全國銀行間債券市場國債承購包銷團資格的商業銀行、證券公司、保險公司、信託投資公司等機構以及通過證券交易所的交易系統向具備交易所國債承購包銷團資格的證券公司、保險公司和信託投資公司及其他投資者發行。

（2）分銷。分銷是指在規定的分銷期內，國債承銷團成員將中標的全部或部分國債債權額度銷售給非國債承銷團成員的行為。分銷有場內掛牌分銷、場外簽訂分銷合同和試點商業銀行櫃臺銷售的方式。國債承銷團成員間不得分銷，通過分銷獲得的國債債權額度在分銷期內不得轉讓，自定價格分銷。分銷包括交易所市場發行國債的分銷（承銷商可選擇場內掛牌分銷或場外分銷兩種方式）和銀行間債券市場發行國債的分銷。

2. 憑證式國債的承銷程序

憑證式國債是一種不可上市流通的儲蓄國債，由具備憑證式國債承銷團資格的機構承銷。財政部和中國人民銀行一般每年確定一次憑證式國債承銷團資格，各類商業銀行、國家郵政局郵政儲匯局具有資格申請加入。財政部一般委託中國人民銀行分配承銷數額。承銷商在分得所承銷的國債後，通過各自的代理網點發售。憑證式國債的發行期限為 1 個月。

任務 2　債券上市程序和交易流程

債券上市是指證券交易所承認並接納某種債券在交易所市場上交易。

一、債券上市的一般程序

債券上市的一般程序如下：發行公司提出上市申請→證券交易所初審→證券管理委員會核定→訂立上市契約→發行公司繳納上市費用→確定上市日期→掛牌買賣。在債券上市後，證券交易所一旦發現該上市債券違背基準規定，有權停止該債券上市，該債券必須轉為「整頓階段」一定時間後完全停止上市。

《證券法》第六十二條規定：「對證券交易所做出的不予上市、暫停上市、終止上市決定不服的，可以向證券交易所設立的復核機構申請復核。」證券交易所的復核機構應當按照法定的條件和程序重新審核。

二、債券上市的審批條件

根據滬深兩市證券交易所交易市場業務的相關規則，公司申請公司債券上市交易，應當符合下列條件：

（1）公司債券的期限為 1 年以上。
（2）公司債券實際發行額不少於人民幣 5,000 萬元。
（3）公司申請債券上市時應符合法定的公司債券發行條件。

公司債券上市交易申請經證券交易所審核同意後，簽訂上市協議的公司應當在規定的期限內公告公司債券上市文件，並將其申請文件置備於指定場所供公眾查閱。

三、上市債券交易規則

（一）交易時間和原則

上市債券的交易時間、原則與 A 股相同，在此不再贅述。

（二）報價單位

以「張」（面值 100 元）為報價單位，即「每百元面值的價格」，價格是指每 100 元面值國債的價格。

（三）委託買賣

1. 單位

以「張」為單位（以人民幣 100 元面額為 1 張），債券賣出最小申報數量單位為 1 張，債券買入最小申報數量單位、債券回購買賣最小申報數量單位為 10 張。

2. 價格最小變化單位

債券的申報價格最小變動單位為 0.01 元人民幣。

3. 漲跌幅限制

不設漲跌限制。

4. 申報撮合方式

正式實施國債淨價交易后，將實行淨價申報和淨價撮合成交的方式，並以成交價格和應計利息額之和作爲結算價格。

5. 行情報價

報價系統同時顯示國債全價、淨價及應計利息額。

6. 申報上限

單筆申報最大數量應當低於1萬手（含1萬手）。

7. 交易方式

國債現貨交易允許實行回轉交易，即當天買進的債券當天可以賣出，當天賣出的債券當天可以買進。

8. 競價方式

與A股相同。

9. 上市首日申報競價規定

深圳證券交易所上市國債上市首日集合競價申報價格的有效範圍爲前收盤價（發行價）上下各150元（即15,000個價格升降單位），進入連續競價後申報價格的有效範圍爲最后成交價上下各15元（即1,500個價格升降單位）。

10. 申報價格限制

上市首日后，每次買賣競價申報價格的有效範圍爲最近成交價上下各5元（即500個價格升降單位）。

（四）證券代碼

深圳證券交易所國債現貨的證券編碼爲「1019+年號(1位數)+當年國債發行上市期數(1位數)」，證券簡稱爲「國債+相應證券編碼的后三位數」。自2001年十五期國債開始，深市國債現貨證券編碼爲10××××，中間2位數字爲該期國債的發行年份，后2位數字爲其順序編號。

（五）注意事項

記帳式國債的交易方式與股票交易相同，成交後債權的增減均相應記錄在其「證券帳戶」或「基金帳戶」內；無記名國債在賣出交易前，投資者必須將無記名國債拿到指定的證券商處辦理託管手續，然后在其所指定的證券商處進行交易。買入無記名國債后，投資者需要時，可通過在指定的證券商處辦理提取實物券手續。

國債現貨計價單位爲每百元面額。

國債現貨交易實行「T+1」資金清算，投資者與所指定的證券商在成交後的第二個營業日辦理交割手續。

四、債券交易操作流程

(一) 債券場內交易操作流程

（1）投資者委託證券商買賣債券，簽訂開戶契約，填寫開戶有關內容，明確經紀商與委託人之間的權利和義務。

（2）證券商立即通過其在證券交易所內的代表人或代理人，按照委託條件實施債券買賣業務。

（3）辦理成交后的手續。成交后，經紀人應於成交的當日，填製買賣報告書，通知委託人（投資人）按時將交割的款項或交割的債券交付委託經紀商。

（4）經紀商核對交易記錄辦理清算交割手續。委託經紀商於營業終了時按債券類別與交易所記錄核對無誤后，就受託成交的同種債券買賣雙方數額進行抵消，抵消后的差額與證券交易所辦理清算交割手續。隨后受託經紀商再與委託人辦理交割債券過戶。

(二) 債券櫃臺交易市場的交易

債券櫃臺交易市場又稱櫃臺記帳式債券交易業務，是指銀行通過營業網點（含電子銀行系統）與投資人繼續債券買賣，並辦理相關託管與結算等業務的行爲。商業銀行根據每天全國銀行間債券市場交易的行情，在營業網點櫃臺掛出國債買入和賣出價格，以保證個人和企業投資者及時買賣國債，商業銀行的資金和債券余缺則通過銀行間債券市場買賣加以平衡。櫃臺交易市場的交易分爲自營買賣和代理買賣兩種業務。

1. 自營買賣

自營買賣是指證券公司作爲交易商爲自己買賣債券，賺取價差。基本程序是證券公司以批發價格從其他證券公司買進債券，然后再以零售價格將債券出售給客戶；或者證券公司以零售價格向客戶買進債券，然后再以較高的價格批發給其他證券公司。

2. 代理買賣

代理買賣是指證券公司作爲經紀人，根據客戶的委託，代理客戶買賣債券，賺取佣金。其程序與交易所交易委託類似。

項目 10　證券投資基金的募集、交易與登記

學習要點

- ◆ 瞭解封閉式基金的募集。
- ◆ 瞭解開放式基金的募集。
- ◆ 掌握開放式基金的認購步驟。
- ◆ 掌握開放式基金的申購、贖回。
- ◆ 熟悉開放式基金收費模式與申購份額、贖回金額的確定。
- ◆ 掌握 ETF 份額的申購與贖回。

任務 1　封閉式基金的募集與交易

一、封閉式基金的募集

（一）募集程序

封閉式基金的募集又稱封閉式基金的發售，是指基金管理公司根據有關規定向中國證監會提交募集文件、發售基金份額、募集基金的行爲，封閉式基金的募集一般要經過申請、核准、發售、備案、公告五個步驟。

（二）封閉式基金募集申請文件

中國基金管理人進行封閉式基金的募集，必須依據《證券投資基金法》的有關規定向中國證監會提交相關文件。申請募集封閉式基金應提交的主要文件包括基金申請報告、基金合同草案、基金託管協議草案、招募說明書草案等。

（三）募集申請的核准

根據《證券投資基金法》的要求，中國證監會應當自受理封閉式基金募集申請之日起 6 個月內做出核准或者不予核准的決定。封閉式基金募集申請經中國證監會核准后方可發售基金份額。

（四）封閉式基金份額的發售

基金管理人應當自收到核准文件之日起 6 個月內進行封閉式基金份額的發售。封

閉式基金的募集不得超過中國證監會核准的基金募集期限。封閉式基金的募集期限自基金份額發售之日起計算。目前，中國封閉式基金的募集期限一般為3個月。

在發售方式上，主要有網上發售與網下發售兩種方式。網上發售是指通過與證券交易所的交易系統聯網的全國各地的證券營業部，向公眾發售基金份額的發行方式。網下發售方式是指通過基金管理人指定的營業網點和承銷商的指定帳戶，向機構或個人投資者發售基金份額的方式。

(五) 封閉式基金的合同生效

封閉式基金的合同生效應具備三個條件：封閉式基金募集期限屆滿，基金份額總額達到核准規模的80%以上；基金份額持有人人數達到200人以上；基金管理人應當自募集期限屆滿之日起10日內聘請法定驗資機構驗資。

自收到驗資報告之日起10日內，基金管理人向中國證監會提交備案申請和驗資報告，辦理基金備案手續，刊登基金合同生效公告。基金募集失敗，基金管理人應承擔責任，固有財產承擔因募集行為而產生的債務和費用；在基金募集期限屆滿後30日內返還投資者已繳納的款項，並加計銀行同期存款利息。

二、封閉式基金的交易

(一) 上市交易核准與上市交易條件

封閉式基金的基金份額經基金管理人申請，國務院證券監督管理機構核准，可以在證券交易所上市交易。國務院證券監督管理機構可以授權證券交易所依照法定條件和程序核准基金份額上市。

基金份額上市交易，應符合下列條件：

(1) 基金份額總額達到核准規模的80%以上。
(2) 基金合同期限為5年以上。
(3) 基金募集金額不低於2億元人民幣。
(4) 基金份額持有人不少於1,000人。
(5) 基金份額上市交易規則規定的其他條件。

(二) 交易帳戶的開立

基金帳戶只能用於基金、國債及其他債券的認購交易。買賣封閉式基金必須開立滬深證券帳戶或滬深基金帳戶。如果已經有了股票帳戶，就不需要另外再開立帳戶了，原有的股票帳戶是可以用於買賣封閉式基金的。

每個有效證件只允許開設1個基金帳戶，已開設證券帳戶的不能再重複開設基金帳戶。每位投資者只能開設和使用1個資金帳戶，並只能對應1個股票帳戶或基金帳戶。

(三) 交易規則

封閉式基金的交易時間、交易原則、競價方式以及漲跌幅限制等與股票交易基本相同。

封閉式基金的報價單位為每份基金價格。基金的申報價格最小變動單位為0.001

元人民幣。買入與賣出封閉式基金份額，申報數量應當爲1手即100份或其整數倍。基金單筆最大數量爲100萬份或1萬手。

（四）交易費用

目前，中國基金交易佣金爲成交金額的0.25%，不足5元的按5元收取。除此之外，上海證券交易所還按成交面值的0.05%收取登記過戶費，由證券商向投資者收取。該項費用由證券登記公司與證券公司平分。在上海證券交易所、深圳證券交易所上市的封閉式基金不收取印花稅。

（五）基金指數

爲反應封閉式基金二級市場的綜合變動情況，上海證券交易所和深圳證券交易所均以現行的證券投資基金編製基金指數。

上證基金指數選樣範圍爲在上海證券交易所上市的封閉式基金，在計算方法上採用派許指數計算公式，以基金份額總額爲權數。上證基金指數以2000年5月8日爲基日，以該日所有證券投資基金市價總值爲基值，基日指數爲1,000點，自2000年6月9日起正式發布。

深證基金指數選樣範圍爲在深圳證券交易所上市的封閉式基金，在計算方法上同樣採用派許指數計算公式，以基金份額總額爲權數。該基金指數的基日爲2000年6月30日，基日指數爲1,000點。自2000年7月3日起正式發布。

（六）折（溢）價率

投資者常常使用折（溢）價率反應封閉式基金份額淨值與其二級市場價格之間的關係。折價率的內涵是以基金淨值爲參照，基金價格相對於基金淨值的一種折損，因此分母應該是淨值，而非價格。實際折價和溢價的公式是一樣的：

溢（折）價率＝（交易價格－基金單位淨值）÷基金單位淨值×100%

如果是負的，就是折價率；如果是正的，就是溢價率。

封閉式基金因在交易所上市，其買賣價格受市場供求關係影響較大。當市場供小於求時，基金單位買賣價格可能高於每份基金單位資產淨值，這時投資者擁有的基金資產就會增加，即產生溢價；當市場供大於求時，基金價格則可能低於每份基金單位資產淨值，即產生折價。現在封閉式基金折價率仍較高，大多在20%~40%，其中到期時間較短的中小盤基金折價率低些。對同一只基金來說，當然是在折價率高時買入要好，但挑選基金不能只看折價率，而是要挑選一些折價率適中，到期時間較短的中小盤基金。

按國內和國外的經驗來看，封閉式基金交易的價格存在著折價是一種很正常的情況。折價幅度的大小會影響到封閉式基金的投資價值。除了投資目標和管理水平外，折價率是評估封閉式基金的一個重要因素，對投資者來說高折價率存在一定的投資機會。

由於封閉式基金運行到期後是要按淨值償付的或清算的，所以折價率越高的封閉式基金，潛在的投資價值就越大。

任務 2　開放式基金的募集與認購

一、開放式基金的募集

（一）募集程序

開放式基金的募集是指基金管理公司根據有關規定，向中國證監會提交募集文件，首次發售基金份額募集基金的行為。開放式基金的募集程序與封閉式基金的募集程序相似，也要經過申請、核准、發售、備案、公告 5 個步驟。

（二）申請募集文件

基金管理人募集開放式基金應當按照《證券投資基金法》和中國證監會的規定提交申請材料。開放式基金應提交的申請募集文件項目與封閉式基金基本相同，但開放式基金在一些文件的具體內容上與封閉式基金有所不同。例如，在開放式基金的基金合同草案中應包含基金份額的申購程序、贖回程序、時間、地點、費用計算方式以及給付贖回款項的時間和方式等內容。

（三）募集申請的核准

與封閉式基金一樣，根據《證券投資基金法》及其配套法規的要求，中國證監會應當自受理開放式基金募集申請之日起 6 個月內做出核准或者不予核准的決定。開放式基金募集申請經中國證監會核准後方可發售基金份額。

（四）開放式基金的募集期

與封閉式基金一樣，基金管理人應當自收到核准文件之日起 6 個月內進行開放式基金的募集。開放式基金的募集不得超過中國證監會核准的基金募集期限。開放式基金的募集期限自基金份額發售之日起計算，不得超過 3 個月。

（五）開放式基金份額的發售

開放式基金份額的發售由基金管理人負責辦理。基金管理人可以委託商業銀行、證券公司等經國務院證券監督管理機構認定的其他機構代理基金份額的發售。基金管理人應當在基金份額發售的 3 日前公布招募說明書、基金合同及其他有關文件。開放式基金在基金募集期間募集的資金應當存入專門帳戶，在基金募集行為結束前任何人不得動用。

（六）開放式基金的基金合同生效

基金募集期限屆滿，募集的基金份額總額符合《證券投資基金法》第四十四條的規定，並具備下列條件的，基金管理人應當按照規定辦理驗資和基金備案手續：基金募集份額總額不少於 2 億份，基金募集金額不少於 2 億元人民幣；基金份額持有人的人數不少於 200 人。

中國證監會自收到基金管理人驗資報告和基金備案材料之日起 3 個工作日內予以

書面確認。自中國證監會書面確認之日起,基金備案手續辦理完畢,基金合同生效。基金管理人應當在收到中國證監會確認文件的次日予以公告。

基金募集期限屆滿,基金不滿足有關募集要求的,基金募集失敗,基金管理人應承擔下列責任:以固有財產承擔因募集行爲而產生的債務和費用;在基金募集期限屆滿后30日內返還投資者已繳納的款項,並加計銀行同期存款利息。

二、開放式基金的認購

(一) 認購渠道

在基金募集期內購買基金份額的行爲通常被稱爲基金的「認購」。基金銷售由基金管理人負責辦理。基金管理人可以委託取得基金代銷業務資格的其他機構代爲辦理。目前,中國可以辦理開放式基金認購業務的機構主要包括商業銀行、證券公司、證券投資諮詢機構、專業基金銷售機構以及中國證監會規定的其他具備基金代銷業務資格的機構。

(二) 認購步驟

投資者參與認購開放式基金,分開戶、認購、確認三個步驟。不同的開放式基金在開戶、認購、確認的具體要求上有所不同,具體要求以基金份額發售公告爲準。

1. 基金帳戶的開立

基金帳戶是基金登記人爲基金投資者開立的、用於記錄其持有的基金份額余額和變動情況的帳戶。投資者認購開放式基金必須擁有基金登記人爲投資者開立的基金帳戶。基金帳戶可通過基金代理銷售機構辦理。目前,中國開放式基金主要通過基金管理人的直銷中心、商業銀行、證券公司、證券投資諮詢機構、專業基金銷售機構以及中國證監會規定的其他具備基金代銷業務資格的機構進行銷售。

基金投資者主要分爲個人投資者和機構投資者。基金帳戶的開戶手續會因投資者身分以及認購地點的不同而有所不同。個人投資者申請開立基金帳戶,一般需提供下列資料:

(1) 本人法定身分證件(身分證、軍官證、士兵證、武警證、護照等)。
(2) 委託他人代爲開戶的,代辦人須攜帶授權委託書、代辦人有效身分證件。
(3) 在基金代銷銀行或證券公司開設的資金帳戶。
(4) 開戶申請表。

機構投資者申請開立開放式基金帳戶需指定經辦人辦理,並需提供法人營業執照副本或民政部門、其他主管部門頒發的註冊登記證書原件、授權委託書等資料。

2. 資金帳戶的開立

資金帳戶是投資者在基金代銷銀行、證券公司開立的用於基金業務的結算帳戶。投資者認購、申購、贖回基金份額以及分紅、無效認(申)購的資金退款等資金結算均通過該帳戶進行。

3. 認購確認

個人投資者辦理開放式基金認購申請時,需在資金帳戶中存入足夠的現金,填寫基金認購申請表進行基金的認購。個人投資者除可親自到基金銷售網點認購基金外,

還可以通過電話、網上交易、傳真等方式提交認購申請。機構投資者辦理開放式基金認購申請時，需先在資金帳戶中存入足夠的現金，填寫加蓋機構公章和法定代表人章的認購申請表進行基金的認購。一般情況下，基金認購申請一經提交，不得撤銷。

投資者 T 日提交認購申請后，一般可於 T+2 日后到辦理認購的網點查詢認購申請的受理情況。投資者在提交認購申請后應及時到原認購網點打印認購成交確認情況。銷售網點（包括代銷網點和直銷網點）對認購申請的受理並不表示對認購申請的成功確認，而僅代表銷售網點確實接受了認購申請。申請的成功確認應以基金登記人的確認登記爲準。基金合同生效后，基金登記人將向基金投資者郵寄基金認購確認單。認購申請被確認無效的，認購資金將會退還給投資者。

(三) 認購方式與認購費率

1. 認購方式

開放式基金的認購採取金額認購的方式，即投資者在辦理認購申請時，不是直接以認購數量提出申請，而是以金額申請。在扣除相應費用后，再以基金面值爲基準換算爲認購數量。

2. 前端收費模式與后端收費模式

在基金份額認購上存在兩種收費模式：前端收費模式和后端收費模式。前端收費模式是指在認購基金份額時就支付認購費用的付費模式；后端收費模式是指在認購基金份額時不收費，在贖回基金時才支付認購費用的收費模式。后端收費模式設計的目的是爲鼓勵投資者能夠長期持有基金，因爲后端收費的認購費率一般會隨著投資時間的延長而遞減，甚至不再收取認購費用。

3. 認購費用與認購份額

爲統一規範基金認（申）購費用及認（申）購份額的計算方法，更好地保護基金投資人的合法權益，中國證監會於 2007 年 3 月對認（申）購費用及認（申）購份額計算方法進行了統一規定。根據規定，基金認購費率將統一按淨認購金額爲基礎收取，相應的基金認購費用與認購份額的計算公式爲：

認購費用＝淨認購金額×認購費率

淨認購金額＝認購金額/(1+認購費率)

認購份額＝(淨認購金額+認購利息)/基金份額面值

(四) 不同基金類型的認購費率

根據《證券投資基金銷售管理辦法》的規定，開放式基金的認購費率不得超過認購金額的 5%。在具體實踐中，基金管理人會針對不同類型的開放式基金、不同認購金額設置不同的認購費率。目前，中國股票型基金的認購費率大多在 1%～1.5%，債券型基金的認購費率通常在 1%以下，貨幣型基金認購費一般爲 0。

(五) 最低認購金額與追加認購金額

一些開放式基金在認購時會設定最低認購金額。目前，中國開放式基金的最低認購金額一般爲 1,000 元人民幣。一些基金對追加認購金額有最低金額要求，而另一些基金則沒有此類要求。

任務 3　開放式基金的申購、贖回

一、開放式基金申購、贖回的概念

投資者在開放式基金合同生效后，申請購買基金份額的行爲通常被稱爲基金的申購。在基金募集期內認購基金份額，一般會享受到一定的費率優惠。除此之外，基金申購與基金認購沒有本質區別。

開放式基金的贖回是指基金份額持有人要求基金管理人購回其所持有的開放式基金份額的行爲。開放式基金的基金合同生效后，可有一段短暫的封閉期。根據《證券投資基金運作管理辦法》規定，開放式基金的基金合同生效后，可以在基金合同和招募說明書規定的期限內不辦理贖回，但該期限最長不得超過 3 個月。封閉期結束后，開放式基金將進入日常申購、贖回期。基金管理人應當在每個工作日辦理基金份額的申購、贖回業務。基金合同另有約定的，按照其約定。

二、開放式基金申購、贖回場所

開放式基金份額的申購、贖回場所與認購渠道一樣，可以通過基金管理人的直銷中心與基金銷售代理人的代銷網點進行。投資者也可通過基金管理人或其指定的基金銷售代理人以電話、傳真或互聯網等形式進行申購、贖回。

三、開放式基金申購、贖回時間

基金管理人應在申購、贖回開放日前 3 個工作日在至少一種中國證監會指定的媒體上刊登公告。申購和贖回的工作日爲證券交易所交易日，工作日的具體業務辦理時間爲上海證券交易所、深圳證券交易所交易日的交易時間。目前，上海證券交易所、深圳證券交易所的交易時間爲交易日 9:30~11:30、13:00~15:00。

四、開放式基金申購、贖回原則

（一）股票基金、債券基金的申購、贖回原則

1. 未知價交易原則

投資者在申購或贖回股票基金、債券基金時並不能即時獲知買賣的成交價格。申購、贖回價格只能以申購、贖回日交易時間結束后基金管理人公布的基金份額淨值爲基準進行計算。這與股票、封閉式基金等大多數金融產品按已知價原則進行買賣不同。

2. 金額申購、份額贖回原則

股票基金、債券基金申購以金額申請，贖回以份額申請。這是適應未知價格情況下的一種最爲簡便、安全的交易方式。在這種交易方式下，確切的購買數量和贖回金額在買賣當時是無法確定的，只有在交易次日或更晚一些時間才能獲知。

(二) 貨幣市場基金的申購、贖回原則

1. 確定價原則

貨幣市場基金申購、贖回基金份額價格以1元人民幣為基準進行計算。

2. 金額申購、份額贖回原則

貨幣市場基金申購以金額申請，贖回以份額申請。

五、開放式基金收費模式與申購份額、贖回金額的確定

(一) 收費模式與申購費率

基金管理人辦理開放式基金份額的申購，可以收取申購費，但申購費率不得超過申購金額的5%。認購費和申購費可以在基金份額發售或者申購時收取，也可以在贖回時從贖回金額中扣除。

基金管理人辦理開放式基金份額的贖回，應當收取贖回費，但中國證監會另有規定的除外。贖回費率不得超過基金份額贖回金額的5%。贖回費在扣除手續費後，余額不得低於贖回費總額的25%，並應當歸入基金財產。基金管理人可以根據投資者的認購金額、申購金額的數量適用不同的認購、申購費率標準。基金管理人可以對選擇在贖回時繳納認購費或者申購費的基金份額持有人，根據其持有基金份額的期限適用不同的認購、申購費率標準。基金管理人可以根據基金份額持有人持有基金份額的期限適用不同的贖回費率標準。基金管理人可以從開放式基金財產中計提銷售服務費，用於基金的持續銷售和給基金份額持有人提供服務。具體管理辦法由中國證監會另行規定。

與認購基金類似，申購基金同樣可分為前端收費模式與后端收費模式。前端收費模式下，申購費率以淨申購金額為基礎計算。申購費用與申購份額的計算公式為：

淨申購金額＝申購金額/(1＋申購費率)

申購費用＝申購金額－淨申購金額

申購份額＝淨申購金額/申購日基金單位淨值

基金份額份數以四捨五入的方法保留小數點后兩位以上，由此產生誤差的損失由基金資產承擔，產生的收益歸基金資產所有。

(二) 贖回金額的確定

贖回金額、贖回總額、贖回費用的計算公式為：

贖回金額＝贖回總額－贖回費用

贖回總額＝贖回數量×贖回日基金份額淨值

贖回費用＝贖回總額×贖回費率

贖回費率一般按持有時間的長短分級設置。持有時間越長，適用的贖回費率越低。

實行后端收費模式的基金，還應扣除后端認購或申購費，才是投資者最終得到的贖回金額。

贖回金額＝贖回總額－贖回費用－后端收費金額

（三）貨幣市場基金的手續費

貨幣市場基金費用較低，通常申購、贖回費率爲0。一般地，貨幣型基金從基金財產中計提比例不高於0.25%的銷售服務費，用於基金的持續銷售和給基金份額持有人提供服務。

六、開放式基金申購、贖回款項的支付

申購採用全額交款方式。若資金在規定時間內未全額到帳，則申購不成功。申購不成功或無效，款項將退回投資者帳戶。

投資者贖回申請成交后，基金管理人應通過銷售機構按規定向投資者支付贖回款項。對一般基金而言，基金管理人應當自受理基金投資者有效贖回申請之日起7個工作日內支付贖回款項。對QDII基金而言，贖回申請成功后，基金管理人將在T+10日（包括該日）內支付贖回款項。在發生巨額贖回時，款項的支付辦法按基金合同有關規定處理。

七、開放式基金申購、贖回的登記

一般而言，投資者申購基金成功后，登記機構會在T+1日爲投資者辦理增加權益的登記手續；投資者自T+2日起有權贖回該部分基金份額。投資者贖回基金份額成功后，登記機構一般在T+1日爲投資者辦理扣除權益的登記手續。

QDII基金有一定的特殊性。一般情況下，基金管理公司會在T+2日內對該申請的有效性進行確認。T日提交的有效申請，投資者應在T+3日到銷售網點櫃臺或以銷售機構規定的其他方式查詢申請的確認情況。

基金管理人可以在法律法規允許的範圍內，對登記辦理時間進行調整，並最遲於開始實施前3個工作日內在至少一種中國證監會指定的信息披露媒體公告。

八、開放式基金巨額贖回的認定及處理方式

（一）巨額贖回的認定

單個開放日基金淨贖回申請超過基金總份額的10%時，爲巨額贖回。單個開放日的淨贖回申請是指該基金的贖回申請加上基金轉換中該基金的轉出申請之和，扣除當日發生的該基金申購申請及基金轉換中該基金的轉入申請之和後得到的余額。

（二）巨額贖回的處理方式

出現巨額贖回時，基金管理人可以根據基金當時的資產組合狀況決定接受全額贖回或部分延期贖回。

1. 接受全額贖回

當基金管理人認爲有能力兌付投資者的全額贖回申請時，按正常贖回程序執行。

2. 部分延期贖回

當基金管理人認爲兌付投資者的贖回申請有困難，或認爲兌付投資者的贖回申請進行的資產變現可能使基金份額淨值發生較大波動時，基金管理人可以在當日接受贖

回比例不低於上一日基金總份額 10%的前提下，對其余贖回申請延期辦理。對單個基金份額持有人的贖回申請，應當按照其申請贖回份額占申請贖回總份額的比例確定該單個基金份額持有人當日辦理的贖回份額。未受理部分除投資者在提交贖回申請時選擇將當日未獲受理部分予以撤銷外，延遲至下一開放日辦理。轉入下一開放日的贖回申請不享有贖回優先權，並將以下一個開放日的基金份額淨值爲基準計算贖回金額。以此類推，直到全部贖回爲止。

當發生巨額贖回及部分延期贖回時，基金管理人應立即向中國證監會備案，並在 3 個工作日內在至少一種中國證監會指定的信息披露媒體公告，並說明有關處理方法。

基金連續 2 個開放日以上發生巨額贖回，如基金管理人認爲有必要，可暫停接受贖回申請；已經接受的贖回申請可以延緩支付贖回款項，但不得超過正常支付時間 20 個工作日，並應當在至少一種中國證監會指定的信息披露媒體公告。

任務 4　交易型開放式指數基金(ETF)的募集與交易

一、交易型開放式指數基金（ETF）份額的發售

（一）認購方式

在交易型開放式指數基金（ETF，下同）的募集期內，根據投資者認購渠道的不同，可分爲場內認購和場外認購。

場內認購是指投資者通過基金管理人指定的基金發售代理機構，使用證券交易所的交易網路系統進行的認購。場外認購是指投資者通過基金管理人或其指定的發售代理機構進行的認購。按交易所相關規則的規定，中國的投資者在 ETF 募集期間，認購 ETF 的方式有場內現金認購、場外現金認購、網上組合證券認購和網下組合證券認購。

（二）認購費用（佣金）及認購份額的計算

基金管理人及基金發售代理機構在 ETF 份額發售時一般會收取一定的認購費用或認購佣金。認購費用或認購佣金由投資者承擔。中國 ETF 在發售時一般按 1 元/份計價。

辦理場外現金認購的投資者，認購以 ETF 份額申請。認購費用和認購金額的計算公式爲：

認購費用＝認購價格×認購份額×認購費率

認購金額＝認購價格×認購份額×(1+認購費率)

認購費用由基金管理人在投資者認購確認時收取，投資者需以現金方式繳納認購費用。

辦理場內現金認購的投資者，認購以 ETF 份額申請。認購佣金和認購金額的計算公式爲：

認購佣金＝認購價格×認購份額×佣金比率

認購金額＝認購價格×認購份額×(1+佣金比率)

認購佣金由發售代理機構在投資者認購確認時收取，投資者需以現金方式繳納認購佣金。

通過發售代理機構進行組合證券認購的投資者，認購以單只股票股數申請。認購份額和認購佣金的計算公式爲：

認購份額＝∑(第×只股票在網下認購日的均價×有效認購數量)/1.00

認購佣金＝認購價格×認購份額×佣金比率

認購佣金由發售代理機構在投資者認購確認時收取。在發售代理機構允許的條件下，投資者可選擇以現金或 ETF 份額的方式支付認購佣金。如投資者選擇以 ETF 份額支付佣金，則：

淨認購份額＝認購份額－(認購佣金/認購價格)

認購費用、認購佣金及認購份額的計算應在招募說明書及發售公告中做出明確規定。

二、ETF 份額折算與變更登記

(一) ETF 份額折算的時間

基金合同生效后，基金管理人應逐步調整實際組合直至達到跟蹤指數要求，此過程爲 ETF 建倉階段。ETF 建倉期不超過 3 個月。

基金建倉期結束后，爲方便投資者跟蹤基金份額淨值變化，基金管理人通常會以某一選定日期作爲基金份額折算日，以標的指數的 1‰（或 1%）作爲份額淨值，對原來的基金份額進行折算。

(二) ETF 份額折算的原則

ETF 基金份額折算由基金管理人辦理，並由登記結算機構進行基金份額的變更登記。

基金份額折算后，基金份額總額與基金份額持有人持有的基金份額將發生調整，但調整后的基金份額持有人持有的基金份額占基金份額總額的比例不發生變化。基金份額折算對基金份額持有人的收益無實質性影響。基金份額折算后，基金份額持有人將按照折算后的基金份額享有權利並承擔義務。

(三) ETF 基金份額折算的方法

假設基金管理人確定基金份額折算日（T 日）。T 日收市后，基金管理人計算當日的基金資產淨值 X 和基金份額總額 Y。

T 日標的指數收盤值爲 I，若以標的指數的 1‰作爲基金份額淨值進行基金份額的折算，則 T 日的目標基金份額淨值爲 $I/1,000$，基金份額折算比例的計算公式爲：

折算比例＝$(X/Y)/(I/1,000)$

折算后的份額＝原持有份額×折算比例

以四舍五入的方法保留小數點后 8 位。

例如，假設某投資者在基金募集期內認購了 5,000 份 ETF，基金份額折算日的基金資產淨值爲 3,127,000,230.95 元，折算前的基金份額總額爲 3,013,057,000 份，當日

標的指數收盤值爲 966.45 元。

(1) 折算比例 = (3,127,000,230.95 ÷ 3,013,057,000) ÷ (966.45 ÷ 1,000)
           = 1.073,843,95
(2) 該投資者折算后的基金份額 = 5,000 × 1.073,843,95 = 5,369（份）

三、ETF 份額的交易規則

基金合同生效后，基金管理人可向證券交易所申請上市。ETF 上市后二級市場的交易與封閉式基金類似，要遵循下列交易規則：基金上市首日的開盤參考價爲前一工作日基金份額淨值；基金實行價格漲跌幅限制，漲跌幅比例爲 10%，自上市首日起實行；基金買入申報數量爲 100 份或其整數倍，不足 100 份的部分可以賣出；基金申報價格最小變動單位爲 0.001 元。

基金管理人在每一交易日開市前需向證券交易所提供當日的申購、贖回清單。證券交易所在開市后根據申購、贖回清單和組合證券內各只證券的即時成交數據，計算並每 15 秒發布一次基金份額參考淨值，供投資者交易、申購、贖回基金份額時參考。

四、ETF 份額的申購與贖回

（一）申購和贖回的場所

基金管理人將在開始申購、贖回業務前公告申購、贖回代理證券公司的名單。投資者應當在代辦證券公司辦理基金申購、贖回業務的營業場所或按代理證券公司（深圳證券交易所稱爲「代辦證券公司」）提供的其他方式辦理基金的申購和贖回。部分 ETF 基金管理人還提供場外申購和贖回模式，投資者可以採用現金方式，通過場外申購和贖回代理機構辦理申購和贖回業務。

（二）申購和贖回的時間

1. 申購和贖回的開始時間

基金在基金份額折算日之後可開始辦理申購。基金自基金合同生效日後不超過 3 個月的時間起開始辦理贖回。

基金管理人應於申購開始日、贖回開始日前至少 3 個工作日在至少一種中國證監會指定的信息披露媒體公告。

2. 開放日及開放時間

投資者可辦理申購、贖回等業務的開放日爲證券交易所的交易日，開放時間爲 9:30~11:30 和 13:00~15:00，除此時間之外不辦理基金份額的申購、贖回。

（三）申購和贖回的數額限制

投資者申購、贖回的基金份額需爲最小申購、贖回單位的整數倍。目前，中國 ETF 的最小申購、贖回單位一般爲 50 萬份或 100 萬份。

（四）申購和贖回的原則

場內申購和贖回 ETF 採用份額申購、份額贖回的方式，即申購和贖回均以份額申請。場外申購和贖回採用金額申購、份額贖回的方式，即申購以金額申請，贖回以份

額申請。

場外申購和贖回 ETF 的申購對價、贖回對價包括組合證券、現金替代、現金差額及其他對價。場外申購和贖回 ETF 時，申購對價、贖回對價爲現金。

申購和贖回申請提交后不得撤銷。

（五）申購和贖回的程序

1. 申購和贖回申請的提出

投資者須按申購、贖回代理證券公司規定的手續，在開放日的開放時間提出申購、贖回的申請。投資者申購基金時需根據申購、贖回清單備足相應數量的股票和現金。投資者提交贖回申請時必須持有足夠的基金份額余額和現金。

2. 申購和贖回申請的確認與通知

基金投資者申購、贖回申請在受理當日進行確認。如投資者未能提供符合要求的申購對價，則申購申請失敗。如投資者持有的、符合要求的基金份額不足，或未能根據要求準備足額的現金，或基金投資組合內不具備足額的、符合要求的贖回對價，則贖回申請失敗。投資者可在申請當日通過其辦理申購、贖回的銷售網點查詢確認情況。

3. 申購和贖回的清算交收與登記

投資者 T 日申購、贖回成功后，登記結算機構在 T 日收市后爲投資者辦理基金份額與組合證券的清算交收以及現金替代等的清算；在 T+1 日辦理現金替代等的交收以及現金差額的清算；在 T+2 日辦理現金差額的交收，並將結果發送給申購和贖回代理證券公司、基金管理人和基金託管人。如果登記結算機構在清算交收時發現不能正常履約的情形，則依據《中國證券登記結算有限責任公司交易型開放式指數基金登記結算業務實施細則》的有關規定進行處理。

登記結算機構可在法律法規允許的範圍內，對清算交收和登記的辦理時間、方式進行調整，並最遲於開始實施前 3 個工作日在至少一種由中國證監會指定的信息披露媒體公告。

（六）申購和贖回的對價、費用及價格

場內申購和贖回時，申購對價是指投資者申購基金份額時應交付的組合證券、現金替代、現金差額及其他對價。贖回對價是指投資者贖回基金份額時，基金管理人應交付給贖回人的組合證券、現金替代、現金差額及其他對價。申購對價、贖回對價根據申購、贖回清單和投資者申購、贖回的基金份額確定。

場外申購和贖回時，申購對價、贖回對價爲現金。投資者在申購和贖回基金份額時，申購和贖回代理證券公司可按照 0.5% 的標準收取佣金，其中包含證券交易所、登記結算機構等收取的相關費用。

T 日的基金份額淨值在當天收市后計算，並在 T+1 日公告，計算公式爲計算日基金資產淨值除以計算日發售在外的基金份額總數。T 日的申購、贖回清單在當日上海證券交易所開市前公告。如遇特殊情況，可以適當延遲計算或公告，並報中國證監會備案。

項目 11　證券價格指數

學習要點

◆ 瞭解股票價格指數的計算。
◆ 熟悉股票價格指數的編製步驟。
◆ 掌握國內主要的股票價格指數。
◆ 熟悉國際主要的股票價格指數。

證券價格指數包括股票價格指數、債券價格指數以及股票—債券複合指數等。這裡主要介紹股票價格指數。

股票價格指數，簡稱爲股價指數，是用以反應整個股票市場上各種股票市場價格的總體水平及其變動情況的指標。股票價格指數是由證券交易所或金融服務機構編製的表明股票行市變動的一種供參考的指示數字。由於股票價格起伏無常，投資者必然面臨市場價格風險。

任務 1　股票價格指數的計算

一、股票價格平均數

股票價格平均數反應一定時點上市股票的絕對水平，它可分爲簡單算術股價平均數、加權股價平均數和修正股價平均數三類。人們通過對不同時點股價平均數的比較，可以看出股票價格的變動情況及趨勢。

(一) 簡單算術股價平均數

簡單算術股價平均數是將樣本股票每日收盤價之和除以樣本數得出的。簡單算術股價平均數的優點是計算簡便，但也存在兩個缺點：第一，發生樣本股送（配）股、拆股和更換時會使股價平均數失去真實性、連續性和時間數列上的可比性；第二，在計算時沒有考慮權數，即忽略了發行量或成交量不同的股票對股票市場有不同影響這一重要因素。

(二) 加權股價平均數

加權股價平均數也稱加權平均股價，是將各樣本股票的發行量或成交量作爲權數

計算出來的股價平均數。

(三) 修正股價平均數

修正股價平均數是在簡單算術平均數的基礎上，當發生送股、拆股、增發、配股時，通過變動除數，使股價平均數不受影響。目前在國際上影響最大、歷史最悠久的道·瓊斯股價平均數就採用修正股價平均數法來計算股價平均數，每當股票分割、送股或增發、配股數超過原股份10%時，就對除數進行相應的修正。

二、股票價格指數的編製步驟

股票價格指數是將計算期的股價與某一基準日期的股價相比較的相對變化指數，可以反應市場股票價格的相對水平。平均股價雖然能在一定程度上反應股票市場的價格水平，但它不能反應市場股票價格的變化。因此，在計算平均股價的基礎上，還要進一步編製股票價格指數。股票價格指數的編製分為以下四步：

第一步，選擇樣本股。樣本股選擇沒有統一規定，可以選擇全部上市股票，也可以選擇部分上市股票。樣本股的選擇主要考慮兩條標準：一是樣本股的市價總值要占在交易所上市的全部股票市價總值的大部分；二是樣本股票價格變動趨勢必須能反應股票市場價格變動的總趨勢。

第二步，選定某基期，並以一定方法計算基期平均股價或市值。通常選擇某一有代表性的且股價相對穩定的日期作為基期，然後計算這一天的樣本平均股價或市價總值。

第三步，計算計算期平均股價或市值，並進行必要的修正。在計算樣本股平均股價或市價總值時，經常會遇到拆股、除權等情況，為了保持計算的可靠性、連續性和可比性，需要對計算結果進行修正。

第四步，指數化。指數化是指將計算期的樣本股平均股價或市價總值除以基期的樣本股平均股價或市價總值，然後乘以某一固定乘數（固定乘數通常為 100 或 1,000，表示基期為 100 點或 1,000 點），這樣就把以貨幣單位表示的平均股價或市價總值化成以點為單位的股票價格指數。

任務 2　證券價格指數簡介

一、國內主要的證券價格指數

(一) 股票價格指數

1. 上證綜合指數

上證綜合指數是由上海證券交易所編製的，以 1990 年 12 月 19 日為基期，基點為 100 點，以上海證券交易所掛牌上市全部股票為樣本，以股票發行量為權數，按加權平均法計算的股票價格指數。遇新股上市、退市或上市公司增資擴股時，採用「除數修正法」修正原固定除數。

上證綜合指數系列還包括 A 股指數、B 股指數及工業類指數、商業類指數、地產類指數、公用事業類指數、綜合類指數、中型綜指等。

2007 年 1 月，上海證券交易所宣布，新股於上市第 11 個交易日開始計入上證綜指、新綜指及相應上證 A 股、上證 B 股、上證分類指數。

2. 上證成分股指數

上證成分股指數簡稱上證 180 指數，是上海證券交易所對原上證 30 指數進行調整和更名產生的指數，基點爲 2002 年 6 月 28 日上證 30 指數的收盤指數 3,299.05 點，2002 年 7 月 1 日正式發布。上證成分股指數的樣本股共有 180 只股票，選擇樣本股的標準是遵循規模（總市值、流通市值），流動性（成交金額、換手率）和行業代表性三項指標，即選取規模較大、流動性較好且具有行業代表性的股票作爲樣本，建立一個反應上海證券市場的概貌和運行狀況、能夠作爲投資評價尺度及金融衍生產品基礎的基準指數。

3. 深證成分股指數

深證成分股指數簡稱深證成指，是由深圳證券交易所編製，通過對所有在深圳證券交易所上市的公司進行考查，按一定標準選出 40 家有代表性的上市公司作爲成分股，以成分股的可流通股數爲權數，採用加權平均法編製而成。保證成分股指數以 1994 年 7 月 20 日爲基日，基日指數爲 1,000 點，起始計算日爲 1995 年 1 月 23 日，綜合反應深圳證券交易所上市 A 股、B 股的股價走勢。

4. 中小板綜合指數

中小板綜合指數以在深圳證券交易所中小企業板上市的全部股票爲樣本。中小板綜合指數以可流通股本數爲權數，進行加權逐日連鎖計算。中小板綜合指數以 2005 年 6 月 7 日爲基日，基日指數爲 1,000 點，2005 年 12 月 1 日發布。

5. 創業板綜合指數

創業板綜合指數以在深圳證券交易所創業板上市的全部股票爲樣本。創業板綜合指數以可流通股本數爲權數，進行加權逐日連鎖計算。創業板綜合指數以 2010 年 5 月 31 日爲基日，基日指數爲 1,000 點，2010 年 8 月 20 日發布。

6. 滬深 300 指數

滬深 300 指數簡稱滬深 300，由上海證券交易所和深圳證券交易所聯合編製，滬深兩市選取 300 只規模大、流動性好的 A 股作爲樣本，指數基日爲 2004 年 12 月 31 日，基點爲 1,000 點。滬深 300 指數按規定定期進行調整。原則上指數成分股每半年進行一次調整，一般爲 1 月初和 7 月初實施調整，調整方案提前兩週公布。每次調整的比例不超過 10%。樣本調整設置緩衝區，排名在 240 名之內的新樣本優先進入，排名在 360 名之前的老樣本優先保留。最近一次財務報告虧損的股票原則上不進入新選樣本，除非該股票影響指數的代表性。

7. 香港恒生指數

恒生指數是由香港恒生銀行與 1969 年 11 月 24 日起編製公布，系統反應香港股票市場行情變動最有代表性和影響最大的指數。恒生指數挑選了 33 種有代表性的上市股票爲成分股，用加權平均法計算。

(二) 債券指數

1. 上證國債指數

上海證券交易所自 2003 年 1 月 2 日起發布上證國債指數。上證國債指數以在上海證券交易所上市的、剩餘期限在 1 年以上的固定利率國債和一次還本付息國債爲樣本，按照國債發行量加權，基日爲 2002 年 12 月 31 日，基點爲 100 點。

2. 中證全債指數

中證指數有限公司於 2007 年 12 月 17 日發布中證全債指數。該指數的樣本債券種類是在上海證券交易所、深圳證券交易所及銀行間市場上市的國債、金融債及企業債。債券的信用級別爲投資級以上，債券的幣種爲人民幣，債券的剩餘期限爲 1 年以上，付息方式爲固定利率付息和一次還本付息。中證全債指數的基日爲 2002 年 12 月 31 日，基點爲 100 點。

中證指數有限公司於 2008 年 1 月 28 日正式發布中證國債指數、中證金融債指數、中證企業債指數 3 只中證分類債券指數。3 只中證全債指數以中證全債指數樣本券爲選樣空間，分別挑選國債、金融債及企業債組成樣本券。3 只中證全債指數的基日均爲 2002 年 12 月 31 日，基點均爲 100 點。

3. 中國債券指數

2002 年 12 月 31 日，中央登記公司開始發布中國債券指數系列，該指數體系包括國債指數、企業債指數、政策性銀行金融債指數、交易所債券指數、銀行間債券指數、中短期債券指數和長期國債指數等，覆蓋了交易所市場和銀行間市場所有發行額在 50 億元人民幣以上、待償期限在 1 年以上的債券，指數樣本債券每月調整一次。該指數系列以 2001 年 12 月 31 日爲基日，基期指數爲 100 點，每個工作日計算一次。樣本債券價格選取日終全價。

(三) 基金指數

1. 上證基金指數

上證基金指數選樣範圍爲在上海證券交易所上市的證券投資基金，上證基金指數同現有各指數一樣通過行情庫即時發布。上證基金指數在行情庫中的代碼爲 000011，簡稱爲「基金指數」。上證基金指數以 2000 年 5 月 8 日爲基日，以該日所有證券投資基金市價總值爲基期，基日指數爲 1,000 點，於 2000 年 5 月 9 日正式發布。

2. 深證基金指數

深證基金指數的選樣範圍爲在深圳證券交易所上市的所有證券投資基金。深證基金指數的編製採用派氏加權綜合指數法計算，權數爲各證券投資基金的總發行規模。深證基金指數以 2000 年 6 月 30 日爲基日，以該日所有證券投資基金市價總值爲基期，基日指數爲 1,000 點。

二、國際主要的股票價格指數簡介

(一) 道·瓊斯指數

道·瓊斯指數是世界上歷史最爲悠久的股票指數，其全稱爲道·瓊斯股票價格平

均指數。道·瓊斯指數最早是在1884年由道·瓊斯公司的創始人查爾斯·亨利·道開始編製的，是一種算術平均股價指數。道·瓊斯指數以1928年10月1日爲基期，基期指數爲100點。道·瓊斯指數的編製方法原爲簡單算術平均法，由於這一方法的不足，從1928年起採用除數修正的簡單平均法，使平均數能連續、真實地反應股價變動情況。

道·瓊斯股票價格平均指數是世界上最有影響、使用範圍最廣的股價指數。它以在紐約證券交易所掛牌上市的一部分有代表性的公司股票作爲編製對象，由四種股價平均指數構成，即道·瓊斯工業股價平均指數、道·瓊斯運輸業股價平均指數、道·瓊斯公用事業股價平均指數、道·瓊斯股價綜合平均指數。在四種道·瓊斯股價指數中，以道·瓊斯工業股價平均指數最爲著名，其被大眾傳媒廣泛地報導，並作爲道·瓊斯指數的代表加以引用。道·瓊斯指數由美國報業集團——道·瓊斯公司負責編製並發布，登載在其屬下的《華爾街日報》上。

(二) 標準·普爾股票價格指數

標準·普爾股票價格指數是由美國最大的證券研究機構，即標準·普爾公司編製的股票價格指數。該公司於1923年開始編製發表股票價格指數，最初採選了230種股票，編製兩種股票價格指數。到1957年，這一股票價格指數的範圍擴大到500種股票，分成95種組合。其中，最重要的四種組合是工業股票組、鐵路股票組、公用事業股票組和500種股票混合組。標準·普爾500指數是以500種採樣股票通過加權平均綜合計算得出的指數，在開市時間每半小時公布一次，發表在標準·普爾公司主辦的《展望》期刊上。許多報紙每天登載標準·普爾500指數的最高、最低及收盤價指數。美國著名的《商業周刊》雜誌每期公布標準·普爾混合指數。

(三) 納斯達克綜合指數

納斯達克（NASDAQ）是美國全國證券交易商協會於1968年著手創建的自動報價系統名稱的簡稱。納斯達克的特點是收集和發布場外交易非上市股票的證券商報價。納斯達克現已成爲全球最大的證券交易市場。目前的上市公司有5,200多家。納斯達克又是全世界第一個採用電子交易的股市，在55個國家和地區設有26萬多個計算機銷售終端。

納斯達克指數是反應納斯達克證券市場行情變化的股票價格平均指數，基本指數爲100點。納斯達克的上市公司涵蓋所有新技術行業，包括軟件和計算機、電信、生物技術、零售和批發貿易等，主要由美國的數百家發展最快的先進技術、電信和生物公司組成，包括微軟、英特爾、美國在線這些家喻戶曉的高科技公司，因而成爲美國「新經濟」的代名詞。世人矚目的微軟公司便是通過納斯達克上市並獲得成功的。納斯達克綜合指數是代表各工業門類的市場價值變化的「晴雨表」。因此，納斯達克綜合指數相比標準·普爾500指數、道·瓊斯工業股價平均指數（它僅包括30個大公司）更具有綜合性。目前，納斯達克綜合指數包括5,000多家公司，超過其他任何單一證券市場。因爲納斯達克綜合指數有如此廣泛的基礎，所以它已成爲最有影響力的證券市場指數之一。

(四)《金融時報》證券交易所指數（FTSE100）

《金融時報》證券交易所指數（也譯為「富時指數」）是英國最具權威性的股價指數，原由《金融時報》編製和公布，現由《金融時報》和倫敦證券交易所共同擁有的富時集團編製。這一指數包括3種：一是《金融時報》工業股票指數，又稱30種股票指數。該指數包括30種最優良的工業股票價格。它以1935年7月1日為基期，基期指數為100點。二是100種股票交易指數，又稱FT-100指數。該指數自1984年1月3日起編製並公布。這一指數挑選了100家有代表性的大公司股票，該指數基值定為1,000點。三是綜合精算股票指數。該指數從倫敦股市上精選700多種股票作為樣本股加以計算。它自1962年4月10日起編製和公布，並以這一天為基期，基數為100點。

(五) 日經225股價指數

日經225股價指數是日本經濟新聞社編製和公布的反應日本股票市場價格變動的股價指數。該指數從1950年9月開始編製，1975年5月1日日本經濟新聞社向道·瓊斯公司買進商標，採用道·瓊斯修正指數法計算，指數也改稱為日經道式平均股價指標。1985年5月合同期滿，經協商，更名為日經股價指數。

日經股價指數按其計算對象的採樣數目不同，現分為兩種：日經225股價指數，它是從1950年9月開始編製的；二是日經500種平均股價指數，它是從1982年1月開始編製的。

項目 12　證券投資的收益與風險

學習要點

- ◆ 掌握股票收益的構成。
- ◆ 熟悉債券收益的來源。
- ◆ 掌握影響債券收益的因素。
- ◆ 掌握證券投資風險。
- ◆ 熟悉風險與收益的關係。

任務 1　證券投資收益

投資者總是既希望迴避風險，又希望獲得較高的收益。但是，收益和風險是並存的，通常收益越高，風險越大。投資者只能在收益和風險之間加以權衡，即在風險相同的證券中選擇收益較高的，或在收益相同的證券中選擇風險較小的進行投資。

一、股票收益

股票收益是指投資者從購入股票開始到出售股票為止整個持有股票期間的收入。股票收入由股息收入、資本利得和公積金轉增股本三部分構成。

（一）股息收入

股份有限公司在會計年度結算后，將一部分淨利潤作為股息分配給股東。其中，優先股股東按照規定的固定股息率優先取得固定股息，普通股股東則根據余下的利潤分取股息。股東在取得固定的股息以後又從股份有限公司領取的收益，稱為紅利。

股息的具體形式有：第一，現金股息，即以貨幣形式支付的股息和紅利，這是最普通、最基本的股息形式。第二，股票股息，即以股票的方式派發的股息，通常由公司用新增發的股票或一部分庫存股票作為股息代替現金分派給股東。第三，財產股息，即公司用現金以外的其他財產向股東分派股息。最常見的是公司持有的其他公司或子公司的股票、債券，也可以是實物。負債股息，即公司通過建立一種負債，用債券或應付票據作為股息分派給股東。建業股息又稱建設股息，是指經營鐵路、港口、水電、機場等業務的股份公司，由於其建設週期長，不可能在短期內開展業務並獲得盈利，

爲了籌集所需資金，在公司章程中明確規定並獲得批准後，公司可以將一部分股本作爲股息派發給股東。

（二）資本利得

資本利得是指股票持有者持股票到市場上進行交易，當股票的市場價格高於買入價格時，賣出股票就可以賺取差價收益，這種差價收益稱爲資本利得。

（三）公積金轉增股本

資本公積金轉增股本通俗地講，就是用資本公積金向股東轉送股票。資本公積金是在公司的生產經營之外，由資本、資產本身及其他原因形成的股東權益收入。股份公司的資本公積金主要來源於的股票發行的溢價收入、接受的贈與、資產增值、因合併而接受其他公司資產淨額等。其中，股票發行溢價是上市公司最常見、也是最主要的資本公積金來源。

二、債券收益

（一）債券收益的來源

債券收益是指債券投資人進行債券投資所獲得的收益。債券收益包括利息收益、資本利得和再投資收益三個方面。

1. 利息收益

債券的利息收益取決於債券的票面利率和付息方式。票面利率的高低直接影響著債券發行人的籌資成本和投資者的投資收益，一般由債券發行人根據債券本身的性質和對市場條件的分析決定。首先，要考慮投資者的接受程度。其次，債券的信用級別是影響債券票面利率的重要因素。再次，利息的支付方式和計息方式也是決定票面利率的因素。最後，還要考慮證券主管部門的管理和指導。一般把債券利息的支付分爲一次性付息和分期付息兩大類。

2. 資本利得

資本利得，即債券買入價與賣出價或買入價與到期償還額之間的差額。當賣出價或償還額大於買入價時，爲資本收益；當賣出價或償還額小於買入價時，爲資本損失。

3. 再投資收益

再投資收益是投資債券所獲現金流量再投資的利息收入。

（二）影響債券收益的因素

債券收益的大小，主要取決於以下幾個因素：

1. 債券票面利率

票面利率越高，債券收益越多，反之則越少。形成利率差的主要因素是基準利率水平、殘存期限、發行者的信用度和市場流通性等。

2. 債券市場價格

債券購買價格越低，賣出價格越高，投資者所得差額越多，其收益就越多。

3. 利益支付頻率

在債券有效期內，利息支付頻率越高，債券複利收益就越多，反之則越少。

4. 債券持有期限

在其他條件下一定的情況下，投資者持有債券的期限越長，收益越多，反之則越少。

任務 2　證券投資風險

證券投資是一種風險性投資。一般而言，風險是指對投資者預期收益的背離，或者說是證券收益的不確定性。證券投資的風險是指證券預期收益變動的可能性及變動的幅度。與證券投資相關的所有風險被稱爲「總風險」，總風險可分爲系統風險和非系統風險兩大類。

一、系統風險

系統風險是指由於某種全局性的共同因素引起的投資收益的可能變動。這些因素來自企業外部，是單一證券無法抗拒和迴避的，因此又叫不可迴避風險。這些共同的因素會對所有企業產生不同程度的影響，不能通過多樣化投資而分散，因此又稱爲不可分散的風險。系統風險包括政策風險、經濟週期波動風險、利率風險、購買力風險等。

（一）政策風險

政策風險是指政府有關證券市場的政策發生重大變化或是有重要的法規、舉措出台，引起證券市場的波動，從而給投資者帶來的風險。

（二）經濟週期波動風險

經濟週期波動風險是指證券市場行情週期性變動而引起的風險。這種行情變動不是指證券價格的日常波動，而是指證券行情長期趨勢的改變。

證券行情隨經濟週期的循環而起伏變化，總的趨勢可分爲看漲市場（或稱多頭市場、牛市）和看跌市場（或稱空頭市場、熊市）兩大類型。

在這兩個變動趨勢中，一個重要的特徵是在整個看漲行市中，幾乎所有的股票價格都會上漲；在整個看跌行市中，幾乎所有的股票價格都不可避免地有所下跌，只是漲跌程度不同而已。

（三）利率風險

利率風險是指市場利率變動引起證券投資收益變動的可能性。利率與證券價格呈反方向變化。市場利率的變化會引起證券價格的變動，並進一步影響證券收益的確定性。利率從兩方面影響證券價格：一是改變資金流向，當市場利率提高時，會吸引一部分資金流向銀行儲蓄、商業票據等其他金融資產，減少對證券的需求，使證券價格下降；當市場利率下降時，一部分資金流回證券市場，增加對證券的需求，刺激證券價格上漲。二是影響公司的盈利，利率提高，公司融資成本提高，在其他條件不變的情況下淨盈利下降，股息減少，股票價格下降；利率下降，融資成本下降，淨盈利和

股息相應增加，股票價格上漲。

利率風險對不同證券的影響是不相同的。首先，利率風險是固定收益證券，特別是債券的主要風險；其次，利率風險是政府債券的主要風險；再次，利率風險對長期債券的影響大於短期債券；最后，普通股票和優先股票也受利率風險影響，優先股票因其股息率固定受利率風險影響較大。

(四) 購買力風險

購買力風險又稱通貨膨脹風險，是由於通貨膨脹、貨幣貶值給投資者帶來實際收益水平下降的風險。在通貨膨脹情況下，物價普遍上漲，社會經濟運行秩序混亂，企業生產經營的外部條件惡化，證券市場也難免深受其害，因此購買力風險是難以迴避的。

實際收益率＝名義收益率－通貨膨脹率

只有當名義收益率大於通貨膨脹率時，投資者才有實際收益。

購買力風險對不同證券的影響是不相同的，最容易受其損害的是固定收益證券，如優先股票、債券。因為它們的名義收益率是固定的，當通貨膨脹率升高時，其實際收益率就會明顯下降，所以固定利息率和股息率的證券購買力風險較大。同樣是債券，長期債券的購買力風險又比短期債券大。相比之下，浮動利率債券或保值貼補債券的購買力風險較小。

二、非系統風險

非系統風險是指只對某個行業或個別公司的證券產生影響的風險，通常由某一特殊因素引起，與整個證券市場的價格不存在系統、全面的聯繫，而只對個別或少數證券的收益產生影響。非系統風險包括信用風險、經營風險和財務風險等。

(一) 信用風險

信用風險又稱違約風險，是指證券發行人在證券到期時無法還本付息而使投資者遭受損失的風險。信用風險主要受證券發行人的經營能力、盈利水平、事業穩定程度及規模大小等因素影響。信用風險是債券的主要風險。

政府債券的信用風險最低，一般認為中央政府債券幾乎沒有信用風險，其他債券的信用風險依次從低到高排列為地方政府債券、金融債券、公司債券。但是，大金融機構或跨國公司債券的信用風險有時會低於某些政局不穩的國家的政府債券。

(二) 經營風險

經營風險是指公司的決策人員與管理人員在經營管理過程中出現失誤而導致公司盈利水平變化，從而使投資者預期收益下降的可能。

經營風險來自內部因素和外部因素兩個方面。內部因素包括項目投資決策失誤、不注意技術更新、不注意市場調查、銷售決策失誤。外部因素包括公司以外的客觀因素，如政府產業政策的調整、競爭對手的實力變化等。但經營風險主要還是來自公司內部的決策失誤或管理不善。

公司的經營狀況最終表現為盈利水平的變化和資產價值的變化，經營風險主要通

過盈利變化產生影響，對不同證券的影響程度也有所不同。經營風險是普通股票的主要風險，公司盈利的變化既會影響股息收入，又會影響股票價格。當公司盈利增加時，股息增加，股價上漲；當公司盈利減少時，股息減少，股價下跌。

(三) 財務風險

財務風險是指公司財務結構不合理、融資不當而導致投資者預期收益下降的風險。

實際上，公司融資產生的財務槓桿作用猶如一把「雙刃劍」，當融資產生的利潤大於債券利率時，給股東帶來的是收益增長的效應；反之，就是收益減少的財務風險。對股票投資來說，財務風險中最大的風險當屬公司虧損風險。

三、風險與收益的關係

(一) 收益與風險不可分割

證券投資者要想獲取一定收益就必須承擔一定的風險。風險與收益同在，收益以風險爲代價，風險用收益來補償，二者在證券投資中總是形影相隨。投資者投資的目的是爲了得到收益，與此同時，又不可避免地面臨著風險。證券投資的理論和實踐技巧都圍繞著如何處理這兩者的關係而展開。

(二) 收益與風險相對應

收益與風險的基本關係是收益與風險相對應。也就是說，風險較大的證券，其要求的收益率相對較高；反之，收益率較低的投資對象，風險相對較小。但是，絕不能因爲風險與收益有著這樣的基本關係，就盲目地認爲風險越大，收益就一定越高。風險與收益相對應的原理只是揭示風險與收益的這種內在本質關係：風險與收益共生共存，承擔風險是獲取收益的前提；收益是風險的成本和報酬。風險和收益的上述本質聯繫可以表述爲下面的公式：

預期收益率＝無風險利率＋風險補償

預期收益率是投資者承受各種風險應得的補償。在短期國庫券無風險利率的基礎上，我們可以發現以下幾個規律：

第一，同一種類型的債券，長期債券利率比短期債券高，這是對利率風險的補償。例如，同是政府債券，都沒有信用風險和財務風險，但長期債券的利率要高於短期債券，這是因爲短期債券沒有利率風險，而長期債券卻可能受到利率變動的影響，兩者之間利率的差額就是對利率風險的補償。

第二，不同債券的利率不同，這是對信用風險的補償。通常在期限相同的情況下，政府債券的利率最低，地方政府債券利率稍高，其他依次是金融債券和企業債券。在企業債券中，信用級別高的債券利率較低，信用級別低的債券利率較高，這是因爲它們的信用風險不同。

第三，在通貨膨脹嚴重的情況下，債券的票面利率會提高或是會發行浮動利率債券，這是對購買力風險的補償。

第四，股票的收益率一般高於債券，這是因爲股票面臨的經營風險、財務風險和經濟週期波動風險比債券大得多，必須給投資者相應的補償。在同一市場上，許多面

值相同的股票也有迥然不同的價格，這是因為不同股票的經營風險、財務風險相差甚遠，經濟週期波動風險也有差別。投資者以出價和要價來評價不同股票的風險，調節不同股票的實際收益，使風險大的股票市場價格相對較低，風險小的股票市場價格相對較高。

當然，風險與收益的關係並非如此簡單。證券投資除以上幾種主要風險以外，還有其他次要風險，引起風險的因素以及風險的大小程度也在不斷變化之中，影響證券投資收益的因素也很多。因此，這種收益率對風險的替代只能粗略地、近似地反應兩者之間的關係，更進一步說，只有加上證券價格的變化才能更好地反應兩者的動態替代關係。

復習思考題

1. 首次公開發行股票的條件是什麼？
2. 影響股票發行價格的主要因素有哪些？
3. 股票個人開戶有哪些步驟？
4. 委託指令的基本要素有哪些？
5. 股票有哪些發行方式？
6. 股票交易競價原則有哪些？
7. 清算和交割有什麼關係？
8. 證券有哪些交易費用？
9. 債券發行條件是什麼？
10. 債券發行有哪些方式？
11. 上市債券交易有什麼規則？
12. 開放式基金的認購有哪些步驟？
13. 股票價格指數的編製有哪些步驟？
14. 國內有哪些主要的股票價格指數？
15. 國際有哪些主要的股票價格指數？
16. 股票收益構成有哪幾個方面？
17. 影響債券收益的因素有哪些？
18. 證券投資有哪些風險？
19. 證券投資風險與收益的關係怎麼樣？

模塊 4
證券投資基本分析

項目 13　宏觀經濟形勢分析

學習要點

- ◆ 熟悉宏觀經濟分析的意義。
- ◆ 掌握宏觀分析資料的收集方法。
- ◆ 掌握宏觀經濟與證券市場的關係。
- ◆ 掌握貨幣政策與股市的關係。
- ◆ 掌握財政政策與股市的關係。

任務 1　證券投資分析基礎知識

證券投資分析有三個基本要素：信息、步驟和方法。其中，分析的方法直接決定了證券投資分析的質量。

目前採用的分析方法主要有三大類：第一，基本分析法，即主要根據經濟學、金融學、投資學等基本原理推導出結論的分析方法；第二，技術分析法，即主要根據市場自身變化規律得出結果的分析方法；第三，證券組合分析法。以多元化投資來有效降低非系統性風險是該方法的出發點，數量化分析成爲該方法的最大特點。

任務 2　基本分析的主要內容

一、宏觀經濟分析

（一）宏觀經濟分析的意義和基本方法

1. 宏觀經濟分析的意義

（1）把握證券市場總體變動趨勢。只有把握宏觀經濟大方向，才能把握證券市場的總體變動趨勢。

股市投資必須按照經濟規律行事，正如社會發展也有自身的規律。

密切關注宏觀經濟因素，尤其是財政貨幣政策變化，才能抓住證券投資時機。例如，2008 年 11 月 4 日，國務院宣布中央政府 4 萬億元投資計劃，標志著擴張性財政政

策的開始，也意味著必然有擴張性的貨幣政策與之配套。而也就在當天，上海證券市場綜合指數達到了最低點 1,664.93，這充分表明偶然性中有必然性，必然性通過偶然性開拓道路的哲學思想。

（2）判斷整個市場的投資價值。整個證券市場的投資價值就是整個國民經濟增長質量與速度的反應，而宏觀經濟是個體經濟的總和，因而是判斷的關鍵所在。

例如，在 2012 年年初，中國 A 股市場平均市盈率不到 13 倍，眾多專家多次指出這是入市良機，到 5 月底，金融、地產等板塊就實現高達 20% 多的收益。

（3）掌握宏觀經濟政策對證券市場的影響力度和方向。國家通過財政政策和貨幣政策來調控經濟，必然會影響經濟增長速度和企業經濟效益，進而對證券市場產生影響。

例如，在 2001 年的國有股減持是當年牛市的「終結者」，由於多達 90% 的非流通國有股減持，證券市場在需求相對不變的同時增加了大量供給，因而出現股價暴跌。最后國務院國資委宣布暫停國有股減持。之後，股市持續低迷到 2005 年 7 月 21 日的最低點 998.23 點。2011 年開始的「十二五」規劃，也是影響中國當前股市走向非常重要的因素，並直接影響到行業板塊和具體公司的選擇。

（4）轉型背景下的宏觀經濟對股市的影響不同。中國證券市場具有新興加轉軌的特點，國有成分大、行政干預多、階段性波動大、投機性偏高，因而既要看到國內外證券市場的共性，也要看到國內股市的特殊性。

2. 宏觀經濟分析的基本方法

（1）總量分析法。總量分析法是對影響宏觀經濟運行總量指標的因素及其變動規律進行分析，如國內生產總值、消費、投資、信貸、物價等，進而說明整個經濟的狀態或全貌。總量分析主要是一種動態分析，主要研究總量指標的變化規律。同時，總量分析法也包括靜態分析，如同一時間內投資、消費和國內生產總值等總量指標的相互關係。

總量分析法的分析前提是把制度因素及其變動的原因、后果和個量都看成是不變的或已知的，因而常常忽視了個量對總量的影響，這也成爲總量分析法的主要缺點。

（2）結構分析法。結構分析法是對經濟系統中各個組成部分及其對比關係變動規律的分析。結構分析主要是一種靜態分析，即對一定時間內經濟系統中各組成部分變動規律的分析，也包括對不同時期內經濟結構變動進行的動態分析。

3. 宏觀分析資料的收集

（1）收集內容：政府重點經濟政策與措施、一般生產資料統計、金融物價統計資料、貿易統計資料、每年國民收入統計與景氣動向、突發性非經濟因素等。

（2）資料來源：公共媒體、政府及其經濟管理部門、各主管公司與行業管理部門、預測（情報和諮詢）機構、各級領導講話。

（二）宏觀經濟與證券市場的關係

評價宏觀經濟形勢的基本指標包括國內生產總值、通貨膨脹、宏觀經濟運行景氣指標、國際收支、投資指標、消費指標、金融指標以及財政指標等內容。

1. 國內生產總值

國內生產總值（GDP，下同）是指一個國家或地區在某一段時期（通常爲一年）內所生產的所有最終產品和服務的價值總和。國內生產總值是衡量一個國家或地區經濟運行規模的最重要指標。

20世紀早期的著名經濟學家羅杰・沃德・巴布森在其1910年出版的《累積財富用經濟晴雨表》一書中，第一個提出了股市是經濟「晴雨表」的理論——「巴布森晴雨表」。此后該觀點被眾多經濟學家廣泛接受。股市與經濟的關係開始被人們研究。經濟學家們普遍認爲：股市與經濟是密切相關的，股市總是會提前反應經濟狀況，會預測經濟的走勢。當經濟還是一片蕭條的時候，股市如果開始上行，則可能意味著一輪新的景氣週期即將到來；當經濟一片繁榮，人人都陷入對未來美好憧憬的時候，股市如果開始下行，則可能意味著一輪新的衰退期即將到來。

但是，「股市是經濟的晴雨表」這一規律在中國卻似乎失靈了，或者說至少在2005年之前是失靈的。從1995—2014年中國GDP增長率與上證綜合指數情況如圖13.2.1所示。

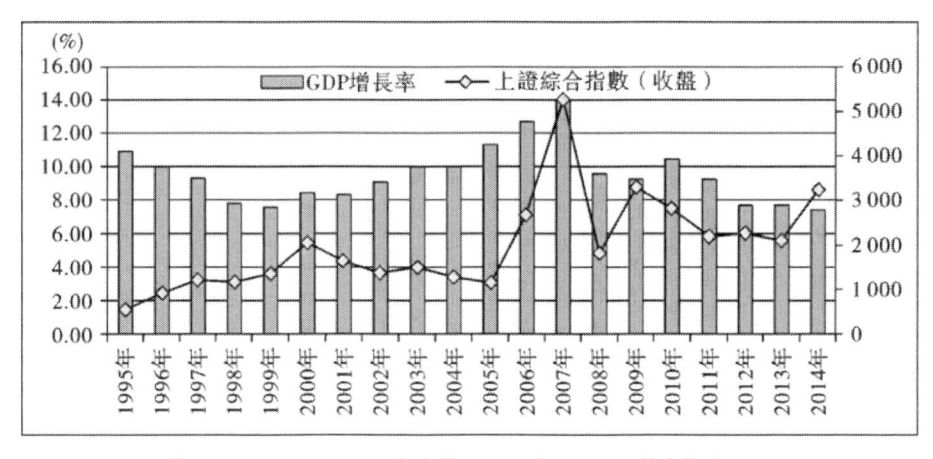

圖13.2.1　1995—2014年中國GDP增長率與上證綜合指數對照

數據來源：國家統計局。

從圖13.2.1可以知道，從1995—2004年，中國GDP增長率與上證綜合指數呈現較爲明顯的「翹翹板」走勢。當GDP的增長速度走低的時候，上證綜合指數卻走高；當GDP的增長速度走高的時候，上證綜合指數卻走低。從2005—2009年，上證綜合指數與GDP的增長率走勢基本一致。當GDP增長速度走高的時候，上證綜合指數會隨之走高；當GDP增長速度走低的時候，上證綜合指數會隨之走低。有人可能會說從2008—2009年，GDP增長速度是向下走的，上證綜合指數爲何反而會走高呢？其實，這恰恰反應了股市就是經濟的晴雨表，股市往往會提前反應經濟情況。

2. 通貨膨脹

通貨膨脹是指用某種價格指數衡量的物價水平的持續、普遍、明顯地上漲。通貨膨脹的衡量指標有消費者物價指數（CPI）、生產者物價指數（PPI）、國內生產總值平

減指數三個指數。其中，CPI 主要衡量消費者爲購買消費品而付出的價格的變動情況；PPI 主要衡量工業企業出廠價格變動趨勢和變動程度；GDP 平減指數是按照當年不變價格計算的國內生產總值的比例。

從理論上講，CPI 與股市漲跌不存在函數關係。一般說來當 CPI 大於 3%時，便稱爲通貨膨脹；而當 CPI 大於 5%時，便爲嚴重的通貨膨脹。溫和、穩定的通貨膨脹對股價影響小；嚴重的通貨膨脹往往導致證券價格下跌，因爲搶購將引起資金流出，並使得企業資金短缺、成本暴漲、利潤大跌。

當通貨膨脹處於溫和可控範圍（CPI 在 5%以下），能對經濟增長和企業盈利起到正面刺激作用，股市則可享受「通脹紅利」推動股價上漲；當溫和的通貨膨脹演化爲惡性的通貨膨脹（CPI 超 5%）時，「通脹紅利」就會逐漸變爲「通脹猛虎」（即「通脹貼水」），傷害經濟增長，蠶食企業盈利，「通脹無牛市」的說法就會變爲現實。

通貨緊縮與通貨膨脹相反，是指在現行物價水平下，一般商品和勞務的供給量超過需求量，貨幣數量比商品和勞務少，物價水平下降。通貨緊縮通常與經濟衰退相伴，表現爲投資機會減少、投資收益下降、信貸增長乏力、企業開工不足、消費需求減少、居民收入增加速度緩慢等。

3. 宏觀經濟運行景氣指標

宏觀經濟運行景氣指標（PMI）是指採購經理指數，即根據企業採購與供應經理的問卷調查數據而編製的月度公布指數。PMI 的分類主要有製造業 PMI、服務業 PMI、建築業 PMI。中國將 PMI 分爲製造業 PMI 和非製造業 PMI，製造業 PMI 從 2012 年 2 月起以中物聯和國家統計局服務業調查中心的名義發布。

PMI 高於 50%表示製造業經濟擴張，PMI 低於 50%表示製造業經濟衰退。PMI 與 GDP 高度相關，其轉折點往往領先於 GDP 幾個月。在過去 40 年中，美國製造業 PMI 峰值領先於經濟峰值 6~18 個月，低值領先於經濟谷底 2~16 個月。

4. 國際收支

國際收支是一國居民在一定時期內與非本國居民在政治、經濟、軍事、文化等往來中所產生的全部交易的系統記錄。其內容包括經常項目和資本項目。其中，經常項目包括貿易收支、勞務收支和單方面轉移，是最具綜合性的指標；資本項目包括長期資本和短期資本。進出口是國際收支最主要的部分。

近年來，中國國際收支連續多年出現經常項目和資本項目下的雙順差，直接導致了外匯儲備的迅速飆升和人民幣巨大的升值壓力。

5. 投資指標

投資指標是指固定資產投資額，是以貨幣表示的建造和購置固定資產活動的工作量，是反應一定時期內固定資產投資規模、速度、比例關係和投資方向的綜合性指標。按照管理渠道不同，全社會固定資產投資總額分爲基礎建設投資、更新改造投資、房地產開發投資和其他固定資產投資四個部分。

6. 消費指標

消費指標可以從城鄉居民儲蓄存款餘額和居民可支配收入兩個方面來衡量。居民可支配收入增加或消費支出減少，都會導致居民儲蓄存款餘額增加和信貸規模與投資

需求擴大。居民可支配收入增加能促進經濟景氣程度和證券需求的上升。

7. 金融指標

金融指標主要從數量指標和價格指標兩個指標來反應。

(1) 數量指標。

①貨幣供應量。貨幣供應量是最重要的金融指標之一。中國中央銀行從1994年開始對貨幣量劃分層次，目前中國貨幣劃分為三個層次：M0＝流通中的現金；M1＝M0＋可開支票的活期存款；M2＝M1＋企業單位定期存款＋城鄉居民儲蓄存款＋證券公司的客戶保證金存款＋其他存款。

例如，在2011年，中國M2層次貨幣供應量增長率確定為16%，但控制住貨幣卻不能控制住整個社會的流動性，因而中國人民銀行又提出了社會融資總量的概念。又如，美聯儲在次貸危機後提出的兩次量化寬鬆貨幣政策（QE1、QE2）對全球經濟和金融造成了巨大影響。

②金融機構各項存貸款餘額。金融機構各項存貸款餘額是某一時點金融機構的存款金額與金融機構的貸款金額。在中國，信貸規模控制是歷史延續下來的貨幣調控手段，因而也是宏觀經濟分析中一個非常有用的指標。例如，該指標在2010年和2011年就分別達到7.95萬億元和6.5萬億元之多。

③私人家庭金融資產總量。私人家庭金融資產總量是手持現金、銀行存款、有價證券、保險等資產的總和，其多樣化是社會融資方式變化發展的標誌。

④社會融資總量。社會融資總量為一定時期內（每月、每季或每年）實體經濟從金融體系中獲得的全部資金總額，這裡的金融體系是指各類金融機構和金融市場的總和。

社會融資總量的公式為：

社會融資總量＝人民幣各項貸款＋外幣各項貸款＋委託貸款＋信託貸款＋銀行承兌匯票＋企業債券＋非金融企業股票＋保險公司賠償＋保險公司投資性房地產＋其他

社會融資總量的快速擴張表明金融對經濟的支持力度明顯加大。

例如，從2011年以來，中國人民銀行開始頻頻提及社會融資總量這個概念，將其作為新時期的貨幣政策與宏觀調控目標之一。這主要是由於隨著資本市場發展與貨幣脫媒演化，傳統貨幣政策的仲介目標（M2）已越來越不適應央行調控的需要，「控制住M2（包括信貸規模）並不能控制住貨幣」早就成為業界和學術界的共識。

⑤外匯儲備。外匯儲備是一國對外債權的總和，包括黃金儲備、特別提款權、在國際貨幣基金組織的儲備頭寸，用於外債償還和支付進口。除了儲備外匯外，還有一部分非儲備外匯。

截至2016年5月底，中國外匯儲備餘額達到3.19萬億美元之多，主要原因是由於人民幣升值導致的熱錢流入和國際收支雙順差，因此也在一定程度上造成了中國最近幾年來的物價尤其是房價的持續上漲。

⑥外匯占款。外匯占款是指本國中央銀行收購外匯資產而相應投放的本國貨幣。其含義可以從兩方面來說明：一是中央銀行在銀行間外匯市場中收購外匯形成的人民幣投放；二是統一考慮銀行櫃臺市場與銀行間外匯市場兩個市場構成的整個銀行體系

（包括中央銀行和商業銀行）收購外匯形成的向實體經濟投放的人民幣資金。

外匯占款的影響機制爲：央行購匯—形成央行所持有的外匯儲備—投放基礎貨幣；整個銀行體系購匯—形成全社會的外匯儲備—形成社會資金投放。

外匯占款是多年來理論界在研究貨幣供給時著力關注的問題。實際上，最近 10 年來，外匯占款一直是中國貨幣投放的主要渠道之一，而且在最近幾年日益成爲最主要的渠道。

（2）價格指標。

①利率。利率反應市場資金供求變動狀況，反過來又影響人們的儲蓄投資行爲和居民金融資產選擇與證券持有結構。利率包括貼現利率與再貼現利率、同業拆借利率（LIBOR、Shibor）、回購利率（央行票據、國債、政策性金融債）、各項存貸款利率，其中再貼現利率和同業拆借利率是基準利率，是央行貨幣政策的工具。

2010 年以來，中國央行連續五次加息，其主要目的就是抑制房地產泡沫膨脹，並且避免銀行存款實際利率負得太多。此外，央行票據成爲中國人民銀行進行公開市場操作的、特殊的貨幣政策工具，也因此成爲中國人民銀行調節存貸款利率或存款準備金率的「風向標」。

②匯率。匯率是指外匯市場上一國貨幣與他國貨幣相互兌換的比率，由一國貨幣的實際社會購買力平價和自由市場的供求關係決定，綜合反應了國際市場商品和外匯供求關係。匯率會因該國國際收支、通貨膨脹率、利率、經濟增長率等的變化而波動，匯率又影響一國進出口額和資本流動，並進而影響一國的經濟發展。

從 2005 年 7 月 21 日匯率體制改革以來，美元兌人民幣匯率已經從 1：8.27 到 2012 年 5 月 9 日的 1：6.29，人民幣累計升值幅度已經將近 25%。

③中國貨幣政策傳導機制。

貨幣政策傳導機制，即用一定的政策工具引導社會經濟運行狀態的變化，最終實現貨幣政策預期目標的作用過程。

貨幣政策傳導機制的內容：一是從中央銀行到金融機構和金融市場，即中央銀行主要是通過各種貨幣政策工具，直接或間接調節各金融機構的超額準備金、金融市場的融資條件，以控制各金融機構的貸款能力和金融市場的資金融通；二是從各金融機構和金融市場至企業和個人的投資與消費，即各金融機構和企業、個人在中央銀行的貨幣政策壓力下，調整自己的決策行爲，從而使社會的投資、消費、儲蓄等活動發生變動；三是從企業和個人的投資和消費至產出、物價、就業、國際收支的變動，即隨著投資、消費的變動，產量、物價、就業、國際收支也發生變動。

貨幣政策傳導機制的關鍵在於金融市場。中央銀行主要通過市場實施貨幣政策工具，商業銀行等金融機構通過市場感應中央銀行貨幣政策的調控旨意；企業、個人等非金融部門經濟主體通過市場利率的變化，接受金融機構對資金供應的調節進而影響投資與消費行爲；社會各經濟變量也通過市場反饋信息，影響中央銀行、各金融機構的行爲，進而引起貨幣供應的變化。

8. 財政指標

（1）財政收入。財政收入是國家財政參與社會產品分配所取得的收入，是實現國

家職能的財力保證。其內容包括各項稅收，如增值稅、消費稅、所得稅等；專項收入，如排污費、城市水資源費和教育費附加等；其他收入，如基建貸款歸還、基本建設收入、捐贈收入等；政策補貼，如國有企業計劃虧損補貼等。歷史證明，證券交易印花稅對中國股票市場具有重大影響。

(2) 財政支出。財政支出是國家財政將籌集起來的資金進行分配使用，滿足經濟建設和各項事業需要。其內容包括經常性支出，如政府的日常性支出、公共消費產品購買、經常性轉移等；資本性支出，即政府的公共性支出，包括政府在基礎設施上的投資、環境改善方面的投資以及政府儲備物資的購買等。

(3) 赤字或盈餘。赤字或盈餘是指財政收入與財政支出的差額。財政赤字過大將會引起社會總需求的膨脹和社會總供求的失衡。可以通過發行國債或者向銀行借款來彌補赤字，而是否引起總需求增加關鍵在於是否由此增加貨幣發行量。但問題在於這種影響往往是間接的，即使沒有財政透支，也會間接引起物價上漲與通貨膨脹，因為財政政策常常需要貨幣政策配合。

(4) 主權債務。主權債務是指一國以自己的主權為擔保向外（不管是向國際貨幣基金組織、世界銀行還是向其他國家）借來的債務。適度舉債可以促進本國經濟發展，過度舉債會引起主權債務危機。

預警指標：國債負擔率=國債累積餘額/GDP。發達國家上限為60%，發展中國家上限為45%。債務依存度=債務收入/財政支出。一般的警戒線是20%，發展中國家是25%，危險線是30%，超過25%時容易發生債務危機。在歐盟，赤字率不得超過3%，國債負擔率不得超過60%。

二、宏觀經濟政策分析

國家政策對股市的影響是很大的。長久以來，一直有關於中國股市是不是「政策市」的爭論。通過中國股市20多年的發展歷程，可以知道，現在中國的股市已越來越不是一個「政策市」，國家政策對股市只能起到控制漲跌速度的作用，很難產生根本性影響。

隨著中國從計劃經濟向市場經濟的轉變，政府的態度也在發生變化。過去政府直接通過行政命令干預經濟運行，現在卻更多地採用各種政策來進行宏觀調控。當經濟增長速度過快時，政府就採用各種政策使速度慢下來；當經濟增長速度過慢時，政府又採用各種方法使速度快起來。經濟增長速度過快過慢都不符合國家的利益，保持經濟平穩發展才是政府宏觀經濟政策的目標。

對於股市，政府的態度也是一樣。當股市上漲過多的時候，政府會出抬一些政策，讓上漲速度慢下來；當股市下跌過多的時候，政府又會出抬一些政策，希望股市漲起來。在中國股市發展的初期，股市規模偏小，同時政府對股市的調控水平也非常有限，所以往往一個政策出抬，股市就會發生方向的改變。股市的大方向本來是上漲，限制性的政策一出抬股市就變成了下跌；股市的大方向本來是下跌，鼓勵性的政策一出抬股市就變成了上漲。這就造成了中國股市是「政策市」的說法。

在中國股市已經發展了20多年的今天，隨著股市規模的日益擴大和政府對股市調

控水平的逐步提高，國家政策的出抬已越來越難以從根本上改變股市的運動的大方向。現在，國家政策的出抬只能改變使股市的運動速度由快變慢或由慢變快，而不能使股市運動的大方向由漲變跌或由跌變漲。政府旨在讓股市運行平穩，既不漲得太多，也不跌得太多，既不漲得太快，也不跌得太快。讓股市保持平穩發展，是目前政府對股市進行宏觀調控的根本目的。

(一) 貨幣政策與股市

貨幣政策的三大工具是存款準備金率、再貼現率和公開市場業務。貨幣政策是金融政策的核心，但並不是金融政策的全部。由於中國習慣上用貨幣政策來指代金融政策，貨幣政策還包括利率、匯率和信用管制。

1. 利率與股市

利率是一定時期內利息與本金的比率。對於普通股民來說，最主要的利率是銀行存款利率和銀行貸款利率。

一般情況下，利率的升降與股價的變化呈反向運動關係。利率的上升不僅會增加公司的借款成本，而且還會使公司難以獲得必需的資金，這樣公司就不得不消減生產規模，而生產規模的縮小又勢必會減少公司的未來利潤。一部分資金從投向股市轉向銀行儲蓄和購買債券，會減少市場上的股票需求，使股票價格出現下跌。反之，股票價格就會上漲。

利率水平是可以衡量股票市盈率的。市盈率是對股票的一種估值，一般反比於銀行一年期定期存款利率。如果一年期定期利率水平為3%，對應市盈率合理範圍就是33倍上下5倍，即28~38倍，如果利率提高到5%，那麼對應市盈率合理範圍就是15~25倍。

從2002年2月到2015年3月中國歷次調整存貸款利率對股市影響情況如表13.2.1所示。

2. 存款準備金與股市

商業銀行利潤的主要來源是存貸款利率的差額。但是，銀行並不能把所有的存款都放貸出去，否則就不能保證存款客戶正常取款需要。於是，中國人民銀行要求中國工商銀行、中國農業銀行、中國建設銀行等商業銀行在所有存款中提取一部分，放到中國人民銀行作為存款準備金，存款準備金占存款總額的比例就是存款準備金率。

對於股市來說，存款準備金率提高，意味著銀行可供貸款的資金數量減少，整個市場上總的資金流量會下降，相應地，流入股市的資金也有可能因此而減少。從2007年1月到2015年2月中國歷次調整存款準備金率對股市的影響情況如表13.2.2所示。

存款準備金率的上調，會使整個市場上的資金量減少，按理來說股市應該下跌；存款準備金率的下調，會使整個市場上的資金量增多，按理來說股市應該上漲。但是，從中國調整存款準備金率的情況來看，存款準備金率對市場有一定短期影響。其調整很難改變市場的根本趨勢，無論是上調還是下調，調整前是牛市，調整后基本還是牛市；調整前是熊市，調整后基本還是熊市。存款準備金率上調和下調的區別就是上調的時候，會使熊市裡的跌幅更大一些；下調的時候，會使牛市裡的漲幅更大一些。

雖然存款準備金率的調整對股市的影響不大，但是存款準備金率調整的轉折點對股市的影響卻很大。例如，存款準備金率的變化趨勢從增加改爲減少，從減少改爲增加，或者調整的頻率開始變大，這些關鍵點的變化都有可能引起股市的巨大波動。其原因在於，貨幣政策往往是配套使用的。因此，通過存款準備金率的變化往往能提前預知利率的變化。

表 13.2.1　從 2002 年 2 月到 2015 年 3 月中國歷次調整存貸款利率對股市影響情況　　單位：%

時間	存款 調整幅度	貸款 調整幅度	消息公布后上證指數漲跌幅 首個交易日	一個月	三個月
2002 年 2 月 21 日	-0.27	-0.54	1.57	11.84	5.41
2004 年 10 月 29 日	0.27	0.27	-1.58	-0.32	-9.55
2006 年 4 月 28 日	0.00	0.27	1.66	13.92	17.31
2006 年 8 月 19 日	0.27	0.27	0.20	8.59	23.39
2007 年 3 月 18 日	0.27	0.27	2.87	23.27	45.14
2007 年 5 月 19 日	0.27	0.18	1.04	5.94	15.54
2007 年 7 月 21 日	0.27	0.27	3.81	22.08	43.34
2007 年 8 月 22 日	0.27	0.18	0.50	10.08	0.58
2007 年 9 月 15 日	0.27	0.27	2.06	13.51	-5.73
2007 年 12 月 21 日	0.27	0.27	1.15	-2.56	-24.72
2008 年 9 月 16 日	0.00	-0.27	-4.47	-8.16	-5.03
2008 年 10 月 9 日	-0.27	-0.27	-0.84	-16.47	-8.96
2008 年 10 月 30 日	-0.27	-0.27	2.55	6.10	12.87
2008 年 11 月 27 日	-1.08	-1.08	1.05	-2.44	9.75
2008 年 12 月 23 日	-0.27	-0.27	-4.55	0.15	16.99
2010 年 10 月 20 日	0.25	0.25	0.07	-3.91	-10.80
2010 年 12 月 26 日	0.25	0.25	-1.90	-4.46	5.25
2011 年 2 月 9 日	0.25	0.25	-0.89	7.26	2.63
2011 年 4 月 6 日	0.25	0.25	0.22	-3.49	-5.29
2011 年 7 月 7 日	0.25	0.25	-0.58	-10.09	-16.57
2012 年 6 月 8 日	-0.25	-0.25	-0.51	-5.33	-6.90
2012 年 7 月 6 日	-0.25	-0.31	1.01	-2.11	-5.77
2014 年 11 月 24 日	-0.25	-0.40	1.85	19.53	29.84
2015 年 3 月 1 日	-0.25	-0.25	0.78	13.20	35.54

數據來源：由中國人民銀行網站和中航證券至誠版軟件數據整理而得。

表 12.3.2　從 2007 年 1 月到 2015 年 2 月中國歷次調整存款準備金率對股市的影響情況

單位:%

公布日	大型金融機構 調整前	大型金融機構 調整后	幅度	中小金融機構 調整前	中小金融機構 調整后	幅度	滬指首個交易日表現	調整前市場趨勢	后續走勢
2007/1/5	9.00	9.50	0.50	9.00	9.50	0.50	2.49	牛市	牛市
2007/2/16	9.50	10.00	0.50	9.50	10.00	0.50	1.41	牛市	牛市
2007/4/5	10.00	10.50	0.50	10.00	10.50	0.50	0.13	牛市	牛市
2007/4/29	10.50	11.00	0.50	10.50	11.00	0.50	2.16	牛市	牛市
2007/5/18	11.00	11.50	0.50	11.00	11.50	0.50	1.04	牛市	牛市
2007/7/30	11.50	12.00	0.50	11.50	12.00	0.50	0.68	牛市	牛市
2007/9/6	12.00	12.50	0.50	12.00	12.50	0.50	-2.16	牛市	牛市
2007/10/13	12.50	13.00	0.50	12.50	13.00	0.50	2.15	牛市	牛市末端
2007/11/10	13.00	13.50	0.50	13.00	13.50	0.50	-2.40	牛市末端	熊市
2007/12/8	13.50	14.50	1.00	13.50	14.50	1.00	1.38	熊市	熊市
2008/1/16	14.50	15.00	0.50	14.50	15.00	0.50	-2.63	熊市	熊市
2008/3/18	15.00	15.50	0.50	15.00	15.50	0.50	2.53	熊市	熊市
2008/4/16	15.50	16.00	0.50	15.50	16.00	0.50	-2.09	熊市	熊市
2008/5/12	16.00	16.50	0.50	16.00	16.50	0.50	-1.84	熊市	熊市
2008/6/7	16.50	17.50	1.00	16.50	17.50	1.00	-7.73	熊市	熊市
2008/9/15	17.50	17.50	0.00	17.50	16.50	-1.00	-4.47	熊市	熊市
2008/10/8	17.50	17.00	-0.50	16.50	16.00	-0.50	-0.84	熊市	熊市
2008/11/26	17.00	16.00	-1.00	16.00	14.00	-2.00	-2.44	熊市	熊市末端
2008/12/22	16.00	15.50	-0.50	14.00	13.50	-0.50	-4.55	熊市末端	牛市
2010/1/12	15.50	16.00	0.50	13.50	13.50	0.00	-3.09	牛市末端	牛市末端
2010/2/12	16.00	16.50	0.50	13.50	13.50	0.00	-0.49	牛市末端	牛市末端
2010/5/2	16.50	17.00	0.50	13.50	13.50	0.00	-1.23	熊市	熊市
2010/11/10	17.00	17.50	0.50	13.50	14.00	0.50	1.04	熊市	熊市
2010/11/19	17.50	18.00	0.50	14.00	14.50	0.50	-0.15	熊市	熊市
2010/12/10	18.00	18.50	0.50	14.50	15.00	0.50	2.88	熊市	熊市
2011/1/14	18.50	19.00	0.50	15.00	15.50	0.50	-3.03	熊市	熊市
2011/2/18	19.00	19.50	0.50	15.50	16.00	0.50	1.12	熊市	熊市
2011/3/18	19.50	20.00	0.50	16.00	16.50	0.50	0.08	熊市	熊市
2011/4/17	20	20.50	0.50	16.50	17	0.50	0.22	熊市	熊市
2011/5/12	20.50	21	0.50	17.00	17.50	0.50	0.95	熊市	熊市
2011/6/14	21	21.50	0.50	17.50	18	0.50	-0.95	熊市	熊市
2011/11/30	21.50	21	-0.50	18	17.50	-0.50	2.29	熊市	熊市
2012/2/18	21	20.50	-0.50	17.50	17.00	-0.50	0.30	熊市	熊市
2012/5/12	20.50	20	-0.50	17.00	16.50	-0.50	-0.60	熊市	熊市
2015/2/4	20	19.50	-0.50	16.50	16	-0.50	-0.96	牛市	牛市

數據來源：由中國人民銀行網站和同花順軟件數據整理而得。

3. 再貼現率與股市

再貼現是中央銀行通過買進商業銀行持有的已貼現但尚未到期的商業匯票，向商業銀行提供融資支持的行為。再貼現率是商業銀行將其貼現的未到期票據向中央銀行申請再貼現時的預扣利率。再貼現意味著商業銀行向中央銀行申請貸款，從而增加了貨幣投放，直接增加貨幣供應量。再貼現率的高低不僅直接決定再貼現額的高低，而且會間接影響商業銀行的再貼現需求，從而整體影響再貼現規模。

再貼現這種金融模式在國外獲得蓬勃發展，在中國卻進展緩慢、規模偏小，各類企事業單位較少採用再貼現方式進行融資。從 2008 年以來，央行又再度進行嘗試，但總體規模偏小仍是再貼現市場的現實。因此，再貼現率的調整對中國股市影響不大。再貼現率調整前後，對股市有一定短期影響，但很難使股市趨勢發生大的改變。

4. 公開市場業務與股市

公開市場業務是指中央銀行通過買進或賣出債券等有價證券，調節整個市場上貨幣供應量的行為。假設現在中央銀行開始從銀行間債券市場用人民幣買入國債，那麼央行就將更多的人民幣投入了市場，市場上貨幣的供應量就增加了；如果央行反過來進行操作，將以前買入的國債賣出，則意味著從市場上回收人民幣，市場上貨幣的供應量就減少。

中國人民銀行的公開市場業務從 1994 年開始起步，在 2002 年之前，國債和金融債是主要操作對象。從 2002 年開始，中央銀行票據（簡稱央行票據或央票）成為中國公開市場操作的主要工具。

央行票據是中央銀行為調節整個市場上的貨幣供應量，而向商業銀行發行的短期債務憑證。發行央票，意味著中國人民銀行通過發行央票這種特殊形式的債券，從市場上回籠人民幣，減少市場上人民幣的總量。央行票據到期，意味著起初回籠的人民幣重新投放到市場中，增加了市場上人民幣的總量。這樣，中國人民銀行就達到了調節市場貨幣供應量的目的。

央行票據發行的品種有三個月、六個月、一年和三年。

央行票據與股市的聯繫在於央行票據是中國宏觀經濟運行週期和好壞程度的「預警器」，中國重大經濟政策特別是銀行利率要調整前，往往會在央行票據上有所體現。理解央行票據中所蘊含的「隱語」，往往可以讓普通股民未雨綢繆，掌握先機。

央行票據中所蘊含的「隱語」主要通過以下幾種方式表達出來：逐步增加或減少央行票據品種數量；改變央行票據發行的時間間隔和數量。

央行票據對股市的影響在於：

（1）央行票據可以通過銀行利率間接影響股市。從中國央行票據的發行與銀行利率關係可以看出，兩者有明顯的聯繫作用。其中，六個月央行票據的發行與否，往往是利率政策將出現階段性變化的信號；而一年期央行票據和三年期央行票據的標示作用則更為明顯，這兩種央行票據的發行與否，往往是一個週期性利率政策開始或結束的標志。

（2）央行票據可以通過發行的品種和規模直接影響股市。央行票據的投資主體是各種金融機構，這些金融機構往往也是股市上的投資主力。當經濟和股市熱情高漲，但又隱含危機的時候，央行開始發行佔款時間更長的三年期央行票據，加上已經在發

行的三個月期和一年期央行票據，金融機構的資金占用較多。同時，在股市高估明顯，經濟有惡化趨勢的情況下，各金融機構也會願意選擇更爲穩妥的投資形式——央行票據，來降低可能到來的市場風險。央行與金融機構雙向選擇的結果是股市裡的機構資金可能會加速離場，預示熊市的到來。

5. 匯率與股市

從理論上說，股市的漲跌是供求關係的表現，而影響供求關係的因素又是多方面的。單就匯率而言，一國對外幣的匯率上升將導致更多的外幣兌換本幣，促進本幣的需求。對於一個開放的市場，用外幣換取的本幣將有可能進入股票市場，進而增大股市資金來源，促使股票升值。同時，本幣的大量流失將導致股市資金流向匯市，致使股價下跌。反之亦然。因此，匯率的變更與一國股市並不存在絕對的正相關或負相關關係，應視該國的開放程度而定。

本國貨幣升值有利於進口，不利於出口；本國貨幣貶值有利於出口，不利於進口。

公司產品出口海外，公司的原料不需要進口，則本國貨幣升值時，將不利於產品銷售，而公司的原料成本不變，因此公司盈利下降，股票價格下跌。

公司產品銷往國內，公司的原料不需要進口，則本國貨幣升值時，公司產品銷售受影響不大，而公司原料成本下降，因此公司的盈利上升，股票價格上升；當本國貨幣貶值時，公司的盈利下降，股票價格下跌。

公司產品大部分銷往國內市場，公司的原料需要進口，則匯率的變化對公司產品的銷售及公司原料成本的影響不大，此時股票價格保持不變。公司的產品大部分銷往海外市場，公司的原料大部分需要進口，則匯率的變化使公司的盈利基本保持不變，股票價格也基本不變。

(二) 財政政策與股市

1. 稅率政策與股市

稅收是國家實現財政收入的重要形式。國家有了財政收入，才能去進行各種基礎設施建設。雖然稅收很有意義，但稅率增加對股市來說並不是好事。稅率上升會減少相關企業的利潤率，使其股價下跌。相應地，稅率降低會增加相關企業的利潤率，使其股價上漲。

2. 預算政策與股市

財政預算是指國家對未來一定時期內財政收入與財政支出的總體計劃。當國家採用各種方法增加財政收入，減少財政支出的時候，採取的是一種緊縮性的財政政策，各種相關企業的利潤會減少，股票價格會下跌；反之股票價格則會上升。

爲應對2008年以來的世界金融危機，2008年11月4日中國政府出抬了4萬億元經濟刺激方案。這4萬億元投資具體構成如圖13.2.2所示。

中國證券市場對政府4萬億元經濟刺激方案做出了積極的回應，中國A股市場應聲止跌，隨后走出一波牛市。水泥板塊成爲反彈急先鋒；從事公路、鐵路等基礎設施建設的行業獲益明顯，走勢也比較好。因爲投資如此多的錢，將會產生通貨膨脹，黃金類股票走勢非常好（見圖13.2.3）。

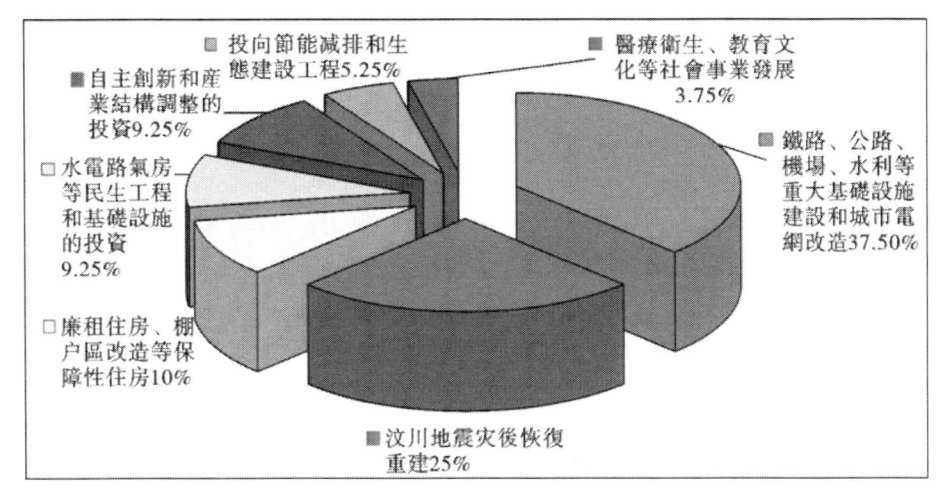

圖 13.2.2　2008 年 11 月中國 4 萬億元經濟刺激方案的具體構成

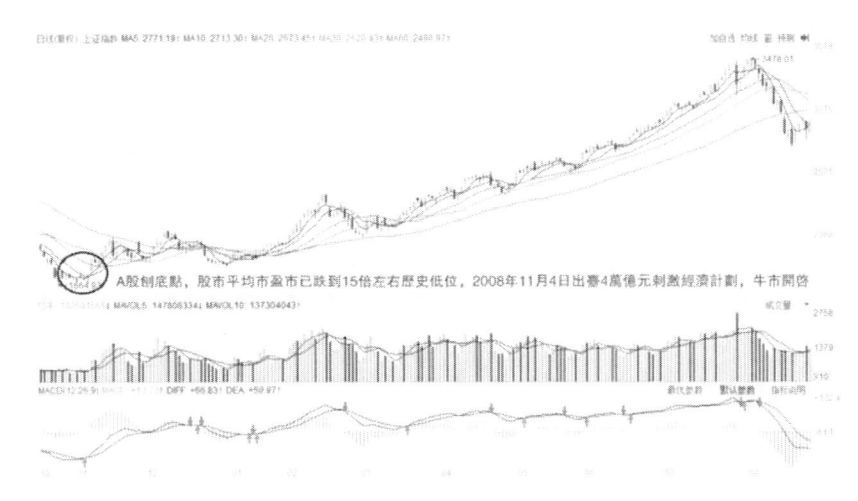

圖 13.2.3　A 股對 4 萬億元經濟刺激方案的回應

3. 直接調整與股市

（1）印花稅。股票交易印花稅是國家根據一筆股票交易的成交金額，按固定百分比徵收的稅種。目前，股票印花稅為1‰，是單邊徵收，即只向賣出股票的人徵收，不向買入股票的人徵收。

股票交易印花稅代表了股票交易的成本，是國家調控股市的強力武器。股票交易印花稅的調整，基本不會改變股票市場的大勢，但會使股市在短期內發生劇烈變化。印花稅上調會使股票集體暴跌，印花稅下調會使股票集體暴漲。牛市裡遇到印花稅上調的時候，應立刻開盤賣出，等過幾天行情企穩後可逢低買回來。熊市裡遇到印花稅下調的時候，立刻開盤買入，等過幾天行情企穩後可逢高賣出去。

（2）新股發行的暫停與否。新股發行全名為首次公開募集股票，英文縮寫為 IPO（

Initial Public Offering)。通過新股發行，上市公司可以向社會公眾公開招股，募集資金。

　　股票市場中，每一次新股發行，都意味著從股市裡「抽血」，因為它拿走了股市的資金。在牛市的時候，資金進入股市的速度比新股取走資金的速度快，所以價格能上漲。但到了熊市，本來價格趨勢就是下跌，不斷有人從股市裡撤資，這時候新股再繼續發行的話，股市「失血」會更加嚴重。

　　如果股市跌幅過大，證監會就有可能採取暫停新股發行的政策。新股的暫停發行是一個股市即將反彈的信號。股市下跌的嚴重程度連國家都難以忍受，說明了熊市後期已經到來，或中期底部正在形成，資金方的力量重新聚集，隨時有可能發動反攻。因此，以後如果再出現新股發行暫停的情況，應該積極做好準備，因為反彈往往就在眼前。

項目 14　行業分析和公司分析

學習要點

- ◆ 掌握在證券軟件中如何查找各行業。
- ◆ 掌握行業的生命週期。
- ◆ 掌握經濟週期與行業分析。
- ◆ 掌握上市公司行業競爭優勢和區位優勢。
- ◆ 掌握上市公司產品分析。
- ◆ 熟悉公司經營能力分析。
- ◆ 掌握公司財務比率分析。
- ◆ 熟悉財務分析中應注意的問題。

任務 1　行業分析

一、認識行業

行業是指從事國民經濟中同性質的生產或其他經濟社會活動的經營單位和個體等構成的組織結構體系。

在美國證券市場，投資者一般按道·瓊斯分類法將大多數股票分爲工業、運輸業和公用事業三類。

按照聯合國經濟和社會事務統計局制定的建議，各國採用的《全部經濟活動國際標準行業分類》，把國民經濟劃分爲10個門類：農、林、牧、漁；採礦業及土、石採掘業；製造業；水、電、煤；建築業；批發和零售業、飲食和旅館業；運輸、倉儲和郵電通信業；金融、保險、房地產和工商服務業；政府、社會和個人服務業；其他。

1985年，中國國家統計局明確劃分三大產業，即第一產業（農業）、第二產業（工業和建築業）、第三產業（其他）。

2002年，中國推出國民經濟行業的分類標準（GB/T4754-2002），行業門類共20個，行業大類共95個，行業中類共396個，行業小類共913個。

中國上市公司的行業分類根據2001年4月4日中國證監會公布的《上市公司行業分類指引》，將上市公司共分成13個門類，90個大類，288個中類。

在同花順軟件中，用鼠標左鍵點擊主頁面中下端的「行業」兩字，就會出現上市公司所屬行業分類，如圖14.1.1所示。

种植业与林业	光学光电子	生物制品	通信服务
养殖业	其他电子	医药商业	计算机应用
农产品加工	电子制造	医疗器械服务	传媒
农业服务	汽车整车	电力	综合
煤炭开采	汽车零部件	燃气水务	新材料
石油矿业开采	非汽车交运	环保工程	国防军工
采掘服务	交运设备服务	港口航运	
基础化学	通信设备	公路铁路运输	
化学制品	计算机设备	公交	
化工合成材料	白色家电	机场航运	
化工新材料	视听器材	物流	
钢铁	饮料制造	房地产开发	
有色冶炼加工	食品加工制造	园区开发	
建筑材料	纺织制造	银行	
建筑装饰	服装家纺	保险及其他	
通用设备	造纸	证券	
专用设备	包装印刷	零售	
仪器仪表	家用轻工	贸易	
电气设备	化学制药	景点及旅游	
半导体及元件	中药	酒店及餐饮	

圖14.1.1　查詢上市公司所屬行業分類

二、行業的生命週期

行業的生命週期指行業從出現到完全退出社會經濟活動所經歷的時間。行業的生命週期主要包括四個發展階段：幼稚期、成長期、成熟期、衰退期。

（一）幼稚期

1. 含義

一個行業的萌芽與形成，最基本、最重要的條件是人們的物質文化需求。資本支持與資源的穩定供給則是行業形成的基本保證。

2. 行業形成方式

（1）分化，即新行業從原行業（母體）中分離出來，分解爲一個獨立的行業。例如，石化是從石油中分化出來的。

（2）衍生，即出現與原有行業相關、相配套的行業。例如，汽車修理業與汽車業。

（3）新生長，即新行業以相對獨立的方式運行，並不依附於原有行業，這通常是科技突破的結果。

3. 特徵

（1）只有爲數不多的投資公司投資於該行業。

（2）研究和開發費用較高、成功的不確定性大。

（3）大眾對產品缺乏全面瞭解，致使產品市場需求狹小、銷售收入較低。

(4) 財務上不但無盈利，反而出現較大虧損。
(5) 市場風險、財務風險與破產風險都較大。
(6) 這類企業更合適投機者和創業投資者。
(7) 在后期，隨著生產技術成熟、生產成本降低和市場需求擴大，新行業邁入成長期。

創業板上市的企業大部分屬於該類企業。創業板上市公司漢王科技業績大變臉就是因爲這個行業還處於幼稚期，企業發展還非常不確定，因而其主導產品「電紙書」容易受到該細分行業中的其他企業或相關行業的替代而喪失原有的市場份額。

(二) 成長期

1. 含義

行業成長實際上使企業擴大再生產，成長能力主要體現在生產能力和規模擴張、區域的橫向滲透能力和自身組織結構的變革能力。

2. 行業成長能力的主要表現

(1) 需求彈性較高，成長能力也較強。
(2) 技術進步快、創新能力強、生產率上升快、容易保持優勢地位、成長能力強。
(3) 市場容量和市場潛力大，成長空間也大。
(4) 行業的空間轉移活動停止時，行業成長到達了市場需求邊界，成長期也進入尾聲。
(5) 行業中企業組織不斷集團化、大型化。

3. 階段

(1) 成長期的初期：技術逐漸成形，市場認可並接受了行業產品，產品銷量迅速增長，市場逐步擴大，企業仍然虧損或微利，需要外部資金注入以增加人員設備，並著手下一代產品的開發。

(2) 加速的成長期：產品和勞務被廣大消費者接受，銷售收入和利潤開始加速增長，新機會不斷出現，企業仍需大量資金以實現高速增長。研發、行銷、資本和融資實力強的企業迅速占領市場，部分優勢企業脫穎而出，行業增長非常迅猛，投資回報往往極高。

(3) 新行業繁榮期：廠商大量增加，產品也逐步開始多樣、優質和低價，市場競爭不斷加劇、產品產量不斷增加、生產廠商數量也不斷增加。

(4) 成長期的后期：廠商不僅僅依靠擴大產量和提高市場份額獲得競爭優勢，還需不斷提高生產技術水平、降低成本、研製和開發新產品，從而戰勝和緊跟競爭對手，維持企業的生存。

4. 特徵

(1) 利潤增長很快，但競爭風險也非常大，破產率和被兼併率非常高，廠商數量在一個階段後大幅減少，之後逐漸穩定下來。

(2) 由於市場需求趨向飽和，產品的銷售增長率減慢，迅速賺取利潤的機會減少，整個行業便開始進入成熟期。

目前，中國的電子信息、生物醫藥這兩個行業在某種程度上就已經進入成長期了，其市場份額、利潤增長和發展速度都明顯領先其他行業。而電子計算機、軟件、通信行業等則已經進入成長期的后期階段。

（三）成熟期

1. 成熟期的行業表現

（1）產品成熟：基本性能、式樣、功能、規格、結構等趨於成熟，已被消費者習慣使用。

（2）技術成熟：行業內企業普遍採用的是適用的，至少具有一定先進性和穩定性的技術。

（3）生產工藝成熟。

（4）產業組織成熟：行業內企業已建立良好的分工協作關係，市場競爭有效，運作規則合理，市場結構穩定。

2. 特點

（1）企業規模空前、地位顯赫，產品普及程度高。

（2）行業生產能力和市場需求接近飽和，買方市場特徵很明顯。

（3）構成支柱產業地位，要素、產值和利稅在國民經濟中佔有一席之地。

3. 行業格局

（1）市場已被少數資本雄厚、技術先進的大廠商控制，整個市場的生產佈局和份額在相對較長的時期內處於穩定狀態。

（2）廠商之間轉向非價格手段，如質量、性能和服務等。

（3）一定程度的壟斷造成行業利潤較高，市場結構比較穩定造成風險較低。

4. 增長

（1）行業增長速度降到一個適度水平。

（2）在某些情況下，整個行業的增長可能完全停止，行業產出甚至出現下降態勢。

（3）行業發展很難較好地與國民生產總值保持同步增長。

（4）由於技術創新、產業政策、經濟全球化等原因，某些行業可能在進入成熟期後迎來新的增長。

石油化工、超級市場、電力等行業在中國和全球都已經進入了成熟期，其發展速度、利潤增長和市場擴張等都相對穩定。

（四）衰退期

1. 分類

衰退分為自然衰退和偶然衰退、絕對衰退和相對衰退。自然衰退是指行業本身內在的衰退規律起作用而發生的規模萎縮、功能衰退、產品老化；偶然衰退是指在偶然的外部因素作用下，提前或延后的衰退；絕對衰退是指行業本身內在的衰退規律起作用而發生的規模萎縮、功能衰退、產品老化；相對衰退是指由於行業結構或無形原因引起行業地位和功能發生衰減，而非行業實體絕對萎縮。

2. 原因

替代品大量出現，原行業市場需求逐步減少，產品銷售量開始下降，某些廠商投

資轉向，因而廠商減少、利潤難增甚至不斷下降。

  3. 特點

  期間很長，衰而不亡，甚至會與人類社會長期存在，比如菸草、鋼鐵和紡織業等。

（五）實際判斷

  （1）行業規模：市場容量和資產總規模都有一個小—大—小的過程。

  （2）產出增長率：成長期高，成熟期降到15%以下，衰退期低速運行甚至負增長。

  （3）利潤率水平：低—高—穩定—低—嚴重虧損。

  （4）技術進步和成熟程度：創新能力由快速增長到逐步衰退，技術成熟程度由低到高直到老化。

  （5）開工率：衰退期開工不足。

  （6）職業化水平與工資福利收入：低—高—低。

  （7）資本進退：成熟期總流入，衰退期淨流出。

  在中國、手機、鐘表、自行車等行業已經或正在經歷著其生命週期中的四個典型階段。從行業環境的角度出發，應盡量選擇國家支持發展的、競爭程度低的、正處於成長期的行業進行投資。

三、經濟週期與行業分析

  根據行業與經濟週期的關係，可分爲三類：增長型行業、週期型行業、防守型行業。

（一）增長型行業

  增長型行業又被稱爲朝陽產業或新興產業，增長型行業的運行狀態與經濟活動總水平的週期及其振幅並不緊密聯繫，經濟高漲時其發展速度通常高於平均水平，經濟衰退時其所受的影響較小甚至仍能保持一定的增長。

  這些行業收入增長的速率並不會總是隨著經濟週期的變動而出現同步變動，因爲它們主要依靠技術的進步、新產品的推出及更優質的服務，從而使其經常呈現出增長形態。

  增長型行業的典型代表：生物技術、新一代信息技術（雲計算）、節能環保及綠色食品等產業或行業，在中國目前基本上都屬於增長型行業。

（二）週期型行業

  週期型行業的運動狀態與經濟週期緊密相關。經濟處於上升階段時這些行業會緊隨擴張，經濟衰退時這些行業會相應衰落，並且這些行業收益的變化幅度往往在一定程度上誇大了經濟週期性。

  在經濟上升時，這些行業相關產品的購買相應增加；在經濟衰退時，這些行業相關產品的購買被延遲到經濟改善之後。

  週期型行業典型代表：電力、煤炭、有色金屬、消費品業、耐用品製造業及其他需求收入彈性較高的行業，如黃金首飾行業等。

  在流動性大量增加或經濟復甦（或繁榮）階段，往往會出現「煤」（煤炭）飛「色」（有色金屬等）舞的行情，這類板塊的表現常常強於大盤指數，也因此成爲「抗通脹」最有力的投資方式。

(三) 防守型行業

防守型行業的經營在經濟週期的上升和下降階段都很穩定，不受經濟週期處於衰退狀態的影響，其中的有些企業或行業甚至在經濟衰退時期還會有一定的實際增長。這種運動形態的存在是因為該類型行業的產品需求相對穩定，需求彈性小，經濟週期處於衰退階段對這種行業的影響也比較小。

防守型行業的典型代表：食品、醫藥等行業。該行業的產品往往是生活必需品或必要的公共服務，公眾對其產品有相對穩定的需求，因而行業中具有代表性的公司盈利相對穩定。

任務 2　上市公司基本分析

公司分析是指通過對公司經營管理的一些基本方面，如公司的競爭能力、盈利能力、經營管理能力、發展潛力、財務狀況、風險承受能力等進行分析，用來評估和預測證券的投資價值及未來變化趨勢。

公司分析的基本途徑主要包括公司基本素質分析、公司財務報表分析、公司證券投資價值（採用收益的資本化定價方法）與投資風險分析等。

一、上市公司行業競爭優勢和區位優勢

(一) 行業競爭優勢

公司行業地位分析是判斷公司在所處行業中的競爭地位，比如是否為領導企業，在價格上是否具有影響力和競爭優勢等。公司行業地位決定了其盈利能力是低於還是高於行業平均水平，決定了其在行業中的競爭地位。衡量公司行業地位的主要指標是行業綜合排序和產品的市場佔有率。

行業的競爭程度決定了該行業中企業議價能力的大小。行業的競爭程度越低，則該行業中企業決定價格的能力越強，所獲得的壟斷暴利也就越多；行業的競爭程度越高，則該行業中企業決定價格的能力越低，所獲得的壟斷暴利也就越少。選股票的時候，應盡量購買競爭程度低的行業的股票。

(二) 區位優勢

區位或者說經濟區位，是指地理範疇上的經濟增長帶或經濟增長點及其輻射範圍。區位是資本、技術和其他經濟要素高度積聚的地區，也是經濟快速發展的地區。

當地政府一般都會制定相應的經濟發展戰略，提出相應的產業政策，確定區域內優先發展和扶植的企業，並給予相應的財政、信貸和稅收等諸多優惠措施。區域產業政策的作用在於引導和推動相應產業的發展，從而使得相關產業內的公司受益。若該上市公司的主營業務符合當地政府的產業政策，一般都會獲得諸多政策支持，有利於上市公司進一步發展。

將上市公司的價值分析與區位經濟的發展聯繫起來，以便分析上市公司未來發展的前景，確定上市公司的價值。

很多投資者聽過本地股行情。本地股行情特指上海、深圳這兩個經濟活躍地區的上市公司，集體抱團，成爲股市上的領漲板塊，漲時同漲，跌時同跌的現象。本地股行情幾乎每年都會出現至少一次，這已經成爲規律。主要原因就在於這兩個地區經濟非常活躍，且中國僅有的兩個證券交易所——上海證券交易所和深圳證券交易所分設於兩地。以上原因造成兩地股票股性活、題材多、人氣好、板塊聯動效應強等特點。它們經常成爲股市上漲的主力，而且啓動的時間極有規律。以深圳本地股爲例，啓動時間大都在每年年初的1~4月。深圳、上海本地股的價格往往比其他地區同類質地的股票的價格要高出一些，主要原因就是地域經濟發展好，投資者認爲有較好的成長性，因而給出了更高的價格。

二、上市公司產品分析

(一) 產品競爭能力優勢

1. 含義

產品競爭能力優勢是指目標企業的產品在符合市場需求程度方面的能力高低，具體體現在消費者對產品各種競爭力要素的考慮和要求上，比如成本高低、技術工藝和質量好壞等方面。

2. 成本優勢

成本優勢是指公司的產品依靠低成本獲得高於同行業其他企業盈利的能力。成本優勢可以通過規模經濟、專有技術、優惠的原材料、廉價的勞動力、科學的管理、發達的行銷網路等方式來實現。

例如，目前，中國企業在國際競爭中的成本優勢日益減弱，這主要是由於勞動力成本不斷上升和人民幣不斷升值造成的。

3. 技術優勢

技術優勢是指公司擁有比其他競爭對手更強的技術實力及研究與開發新產品的能力。技術優勢主要體現在公司的生產技術水平和產品技術含量上面，可以通過產品創新和人才創新兩種方式來實現。產品創新又包括四種方式：一是通過核心技術研發，開發出一種新產品或提高產品質量；二是通過新工藝研究，降低現有生產成本，開發出一種新的生產方式；三是根據細分市場進行產品細分，實行產品差別化生產；四是通過研究產品要素新組合，獲得一種原材料或半成品的新的供給來源等。

4. 質量優勢

質量優勢是指公司產品以高於其他公司同類產品的質量贏得市場，從而取得競爭優勢。質量優勢可以通過原材料、生產工藝、管理運輸等各個環節的精心安排保證產品質量等方式來實現。

資本集中程度是企業技術優勢最基本的決定因素。隨著中國企業成本優勢的逐步喪失，由勞動密集型向資本密集型轉移已經成爲大勢所趨。

(二) 產品市場佔有情況

1. 公司產品銷售市場的地域分佈情況

從地域分佈情況來看，公司產品銷售市場包括地區型、全國型和世界範圍型三種

類型。公司產品銷售市場的地域分佈情況可以大致地估計一家公司的經營能力和實力。

2. 公司產品在同類產品市場上的佔有率

市場佔有率是指公司某種產品的銷售量占該類產品整個市場銷售總量的比例。企業的產品市場佔有率是利潤之源。市場佔有率越高，表示企業的經營能力和競爭力越強，企業的銷售能力和利潤水平越高、越穩定。效益好並能長期存在的企業，其市場佔有率必定是長期穩定並呈增長趨勢的。

選擇作爲行業龍頭的上市公司，尤其是新興行業或戰略性產業的行業龍頭，是中國當前證券市場上進行投資選擇的基本方法。

(三) 產品的品牌戰略

1. 含義

品牌是一個商品名稱和商標的總稱，可以用來辨別一個賣者或賣者集團的貨物或勞務，以便同競爭者的產品相區別。

2. 功能

產品的品牌可以創造市場，可以聯合市場，可以鞏固市場。

三、公司經營能力分析

(一) 公司法人治理結構

1. 含義

狹義的公司法人治理結構包括公司董事會的功能、結構和股東的權利等方面的制度安排。

廣義的公司法人治理結構指有關企業控制權和剩余索取權分配的一整套法律、文化和制度安排，包括人力資源管理、收益分配和激勵機制、財務制度、內部制度和管理等。

2. 結構

(1) 決策層。決策層主要包括股東大會、董事會和監事會。買股票就是買公司的未來。公司的不斷擴張主要有兩種方式，一是自主開發，二是兼併重組。不管是採用何種方式，決策層的超前意識和開拓能力都是非常重要的。

(2) 管理層。管理層可區分爲高級管理層與部門管理層，管理層的素質與能力是指其組織指揮能力、管理協調能力等。

(3) 執行層。執行層的素質與能力主要是指其專業技術能力、負責敬業精神等。

3. 表現

(1) 規範的股權結構。降低股權集中度，改變一股獨大的局面；流通股股東適度集中，發展機構投資者、戰略投資者，發揮其在公司治理中的積極作用，增加股權流通性。

(2) 有效的股東大會制度。

(3) 董事會權利的合理界定與約束。

(4) 完善的獨立董事制度。加強董事會的獨立性，有利於董事會對經營決策的獨

立判斷。

（5）監事會的獨立性和監督責任。加強監事會的地位和作用，增強監事會的獨立性和監督的力度，限制大股東提名監事候選人和作爲監事會召集人，加大監事會的監督責任。

（6）優秀的職業經理層。優秀的職業經理層的作用在於保證公司治理結構規範化、高效化的人才基礎，前提是上市公司必須建立和形成一套科學化、市場化、制度化的選聘制度和激勵制度。

（7）相關利益人的公共治理。相關利益人包括員工、債權人、供應商和客戶等主要利益相關者。相關利益人的公共治理的作用在於可以有效建立公司外部治理機制，彌補公司內部治理機制的不足。

2005年開始的股權分置改革，是中國證券市場的根本性制度變革，它使得中國上市公司的股權結構更加規範，從而使得流通股股東和非流通股股東的利益有機結合起來，從而有效消除了大股東掏空上市公司的現象。

(二) 公司經理層的素質

1. 素質

素質是個人品質、性格、學識、能力、體質等方面特徵的總和。

2. 經理人員應該具備的素質

經理人員應該具備的素質包括從事管理工作的願望、專業技術能力、良好的道德品質修養、人際關係協調能力。

3. 公司從業人員的素質和創新能力

公司從業人員的素質和創新能力包括專業技術能力，對企業的忠誠度、責任感，團隊合作精神和創新能力等。

上市公司高管人員和從業人員的素質是判斷公司發展的持久力和創新力的關鍵點之所在。

任務3　上市公司財務報表分析

一、公司主要財務報表

在財務報表中，最爲重要的有資產負債表、利潤表和現金流量表。

(一) 資產負債表

資產負債表是反應企業在某一特定日期財務狀況的會計報表，表明企業在某一特定日期所擁有或控制的經濟資源、所承擔的現有義務和所有者對淨資產的要求權。

總資產＝負債＋淨資產（資本、股東權益）

資產負債表分爲左方和右方，左方列示資產各項目，右方列示負債和所有者權益各項目。同時，資產負債表還提供年初數和期末數的比較資料。

(二) 利潤表

利潤表是反應企業一定時期內經營成果的會計報表,表明企業運用所擁有的資產進行獲利的能力。

利潤表反應以下七項內容:

(1) 構成營業收入的各項要素。
(2) 構成營業利潤的各項要素。
(3) 構成利潤總額(或虧損總額)的各項要素。
(4) 構成淨利潤(或淨虧損)的各項要素。
(5) 每股收益。
(6) 其他綜合收益。
(7) 綜合收益總額。

(三) 現金流量表

現金流量表反應企業一定期間現金的流入和流出,表明企業獲得現金和現金等價物的能力。現金流量表分為經營活動、投資活動和籌資活動產生的現金流量三個部分。

經營活動產生的現金流量通常可以採用間接法和直接法兩種方法反應。在中國,現金流量表也可以按直接法編製,但在現金流量表的補充資料中還要單獨按照間接法反應經營活動現金流量的情況。現金流量表的投資活動比通常所指的短期投資和長期投資範圍要廣。

(四) 所有者權益變動表

所有者權益變動表,又稱股東權益變動表,是反應公司本期(年度或中期)內截至期末所有者權益各組成部分變動情況的報表。該表全面反應了企業的股東權益在年度內的變化情況,便於會計信息使用者深入分析企業股東權益的增減變化情況,進而對企業的資本保值增值情況進行正確判斷,提供對決策有用的信息。所有者權益變動表應當全面反應一定時期所有者權益變動的情況,包括所有者權益總量的增減變動、所有者權益增減變動的重要結構性信息、直接計入所有者權益的利得和損失。

二、公司財務報表分析的目的與方法

(一) 主要目的

財務報表分析的主要目的是為向有關各方提供可以用來制定決策的信息。財務報表使用的主體不同,其分析目的也不同。

對於公司的現有投資者及潛在投資者來說,主要關心公司的財務狀況、盈利能力,比較該公司和其他公司的風險和收益,以決定其投資策略。

(二) 分析方法與原則

1. 財務報表分析的方法

(1) 財務報表的比較分析。財務報表的比較分析是指對兩個或幾個有關的可比數據進行對比,揭示財務指標的差異和變動關係,是財務報表分析中最基本的方法。

最常用的比較分析方法有單個年度的財務比率分析、不同時期的財務報表比較分析、與同行業其他公司之間的財務指標比較分析三種。

(2) 財務報表的因素分析。財務報表的因素分析是依據分析指標和影響因素的關係，從數量上確定各因素對財務指標的影響程度。

2. 財務報表分析的原則

財務報表分析的原則主要包括堅持全面原則、堅持考慮個性原則。

三、公司財務比率分析

公司財務比率分析一般可分為六大類：成長能力分析、營運能力分析、償債能力分析、盈利能力分析、投資收益分析、現金流量分析。上市公司財務比率指標不用投資者自己去計算，股市分析軟件、各大門戶網站和財經網站相關上市公司的財務比率指標都有詳細的歸類。以新浪財經為例，只要在該網頁輸入上市公司股票代碼，就可以查到該公司的財務數據和財務分析等基本情況。財務分析有季報、半年報和年報等數據分析，還有杜邦分析。一般投資者只要能收集和讀懂相關財務指標就行。因此，在本教材中，不具體舉例來分析公司的財務比率指標，給出了主要財務分析指標的計算公式、指標的意義以及在投資分析中需要注意的問題。

(一) 償債能力分析

企業的償債能力是指企業用其資產償還長期債務與短期債務的能力。企業有無支付現金的能力和償還債務的能力，是企業能否生存和健康發展的關鍵。

企業償債能力是反應企業財務狀況和經營能力的重要標志。償債能力是企業償還到期債務的承受能力或保證程度，包括償還短期債務的能力和償還長期債務的能力。

1. 短期償債能力分析

短期償債能力是指企業以流動資產償還流動負債的能力，反應企業償付日常到期債務的能力。短期償債能力的衡量指標有：

(1) 流動比率。其計算公式如下：

流動比率＝流動資產/流動負債

該比率越高，說明企業償還短期負債的能力越強，流動負債得到償還的保障越強。但是，過高的流動比率也並非好現象。因為流動比率越高，可能是企業滯留在流動資產上的資金過多，未能有效加以利用，可能會影響企業的獲利能力。經驗表明，流動比率在 2：1 左右比較合適。對流動比率的分析應該結合不同的行業特點和企業流動資產結構等因素。有的行業流動比率較高，有的行業流動比率較低，不應該用統一的標準來評價各企業流動比率合理與否。只有和同行業平均流動比率、本企業歷史的流動比率進行比較，才能知道這個比率是高還是低。

(2) 速動比率。其計算公式如下：

速動比率＝(流動資產－存貨)/流動負債

通常認為正常的速動比率為 1，低於 1 的速動比率被認為是短期償債能力偏低。但這僅是一般的看法，因為行業不同速動比率會有很大差別，沒有統一標準的速動比率。

例如，採用大量現金銷售的商店，幾乎沒有應收帳款，大大低於 1 的速動比率則是很正常的。相反，一些應收帳款較多的企業，速動比率可能要大於 1。

(3) 現金比率。其計算公式如下：

現金比率＝現金類資產/流動負債

＝(貨幣資金＋有價證券或短期投資)/流動負債

＝(速動資產－應收帳款)/流動負債

雖然現金比率最能反應企業直接償付流動負債的能力，這個比率越高，說明企業償債能力越強，但是如果企業存留過多的現金類資產，現金比率過高，就意味著企業流動負債未能合理地運用，這會導致企業機會成本的增加。通常，現金比率保持在 30%左右爲宜。

2. 長期償債能力分析

長期償債能力是指公司償付到期長期債務的能力，通常以反應債務與資產、淨資產的關係的負債比率來衡量。長期償債能力的衡量指標有：

(1) 資產負債率。其計算公式如下：

資產負債比率＝(負債總額/資產總額)×100%

這個指標是衡量企業負債水平及風險程度的重要標志。資產負債率反應企業償還債務的綜合能力，這個比率越高，企業償還債務的能力越弱；反之，企業償還債務的能力越強。

至於資產負債率爲多少才是合理的，並沒有一個確定的標準。不同行業、不同類型的企業是有較大差異的。一般認爲，資產負債率的適宜水平是 40%～60%。對於經營風險比較高的企業，爲減少財務風險應選擇比較低的資產負債率；對於經營風險比較低的企業，爲增加股東收益應選擇比較高的資產負債率。

(2) 產權比率。其計算公式如下：

產權比率＝(負債總額/股東權益)×100%

這個指標反應的是由債權人提供的資本與股東提供的資本的相對比率關係；企業的基本財務結構是否穩定；債權人投入資本受到所有者權益保障的程度。

產權比率高，是高風險、高報酬的財務結構；反之則反是。產權比率與資產負債率都是用於衡量長期償債能力的，具有相同的經濟意義。在使用產權比率時，必須結合有形淨值債務率指標做進一步分析。

(3) 利息償付倍數（利息保障倍數、已獲利息倍數）。其計算公式如下：

利息償付倍數＝息稅前利潤/利息費用

＝(利潤總額＋利息費用)/利息費用

＝(淨利潤＋所得稅＋利息費用)/利息費用

利息償付倍數指標越高，表明企業的債務償還就越有保障；相反，利息償付倍數指標越低，表明企業越沒有足夠資金來源償還債務利息，企業償債能力越低下。

因企業所處的行業不同，利息償付倍數有不同的標準界限。一般公認的利息償付倍數爲 3。倍數爲 3 倍或以上時，表示企業不能償付其利息債務的可能性較小。倍數爲 3 倍時，表示企業償付其利息債務的能力爲「良好」。倍數爲 4.5 倍以上時，則爲「優

秀」。

爲確定企業償付利息能力的穩定性，一般應至少計算5年或以上的利息保障倍數。爲了保守起見，甚至可選擇5年或更長時期中最低的利息保障倍數值爲基本的利息償付能力指標值。

3. 有形資產淨值債務率

有形資產淨值債務率計算公式如下：

有形資產淨值債務率＝負債總額/(股東權益－無形資產淨值)×100%

有形淨值＝所有者權益－無形資產、長期待攤費用

該指標用於衡量企業的風險程度和對債務的償還能力。從長期償債能力來講，有形資產淨值債務率指標越低越好。有形資產淨值債務率指標越大，表明風險越大；同理，該指標越小，表明企業長期償債能力越強。

(二) 營運能力分析

營運能力是指公司經營管理中利用資金營運的能力，一般通過公司資產管理比率來衡量，主要表現爲資產管理及資產利用的效率。營運能力的衡量指標主要有：

1. 存貨週轉率和存貨週轉天數

該指標計算公式如下：

存貨週轉率＝營業成本/平均存貨(次)

存貨週轉天數＝360天/存貨週轉率(天)＝平均存貨×360/營業成本

在存貨平均水平一定的條件下，存貨週轉率越高越好。在存貨平均水平一定的條件下，存貨週轉率越高，表明企業的銷貨成本數額增多，產品銷售的數量增長，企業的銷售能力加強；反之，則銷售能力不強。企業要擴大產品銷售數量，增強銷售能力，就必須在原材料購進、生產過程中的投入、產品的銷售、現金的收回等方面做到協調和銜接。因此，存貨週轉率不僅可以反應企業的銷售能力，而且能用以衡量企業生產經營中的各有關方面運用和管理存貨的工作水平。

2. 應收帳款週轉率和應收帳款週轉天數

該指標計算公式如下：

應收帳款週轉率＝營業收入/平均應收帳款

應收帳款週轉天數＝360/應收帳款週轉率
　　　　　　　　＝(平均應收帳款×360)/營業收入

在一定時期內應收帳款週轉的次數越多，表明應收帳款回收速度越快，企業管理工作的效率越高。這不僅有利於企業及時收回貸款，減少或避免發生壞帳損失的可能性而且有利於提高企業資產的流動性，提高企業短期債務的償還能力。

3. 流動資產週轉率

該指標計算公式如下：

流動資產週轉率＝營業收入/平均流動資產

在一定時期內，流動資產週轉次數越多，表明以相同的流動資產完成的週轉額越多，流動資產利用的效果越好。流動資產週轉率用週轉天數表示時，週轉一次所需要

的天數越少，表明流動資產在經歷生產和銷售各階段時占用的時間越短，週轉越快。生產經營任何一個環節上的工作得到改善，都會反應到週轉天數的縮短上來。按天數表示的流動資產週轉率能更直接地反應生產經營狀況的改善，便於比較不同時期的流動資產週轉率，應用較爲普遍。

4. 固定資產週轉率

該指標計算公式如下：

固定資產週轉率＝收入淨額/固定資產平均淨值

固定資產週轉率高，表明企業固定資產利用充分，同時也能表明企業固定資產投資得當，固定資產結構合理，能夠充分發揮效率。反之，如果固定資產週轉率不高，則表明固定資產使用效率不高，提供的生產成果不多，企業的營運能力不強。

運用固定資產週轉率時，需要考慮固定資產淨值因計提折舊而逐年減少和因更新重置而突然增加的影響；在不同企業間進行分析比較時，還要考慮採用不同折舊方法對淨值的影響等。

5. 總資產週轉率

該指標計算公式如下：

總資產週轉率＝營業收入/平均資產總額

這一比率可用來分析企業全部資產的使用效率。如果這個比率較低，說明企業利用全部資產進行經營的效率較差，最終會影響企業的獲得能力。這樣，企業就應該採取措施提高各項資產的利用程度從而提高銷售收入或處理多余資產。

(三) 盈利能力分析

盈利能力就是公司賺取利潤的能力。一般來說，公司的盈利能力只涉及正常的營業狀況。反應公司盈利能力的指標很多，主要有以下衡量指標：

1. 銷售淨利率

該指標計算公式如下：

銷售淨利率＝淨利潤/銷售收入×100%

該指標反應每一元銷售收入帶來的淨利潤是多少。該指標越高，公司通過擴大銷售獲取收益的能力就越強。銷售淨利率可以分解成爲銷售毛利率、銷售稅金率、銷售成本率、銷售期間費用率等指標進行分析。

2. 銷售毛利率

該指標計算公式如下：

銷售毛利率＝銷售毛利/銷售收入×100%

銷售毛利＝銷售收入－銷售成本

銷售毛利率表示每一元銷售收入扣除銷售成本後，有多少錢可以用於各項期間費用和形成盈利。銷售毛利率是企業銷售淨利率的基礎，沒有足夠大的銷售毛利率便不能形成盈利。企業可以按期分析銷售毛利率，據以對企業銷售收入、銷售成本的發生及配比情況作出判斷。

3. 資產淨利率（總資產報酬率）

該指標計算公式如下：

資產淨利率＝(淨利潤/平均資產總額)×100%

平均資產總額＝(期初資產總額+期末資產總額)/2

該指標把企業一定期間的淨利潤與企業的資產相比較，表明企業資產的綜合利用效果。該指標越高，表明資產的利用效率越高，說明企業在增加收入和節約資金等方面取得了良好的效果；反之則相反。

4. 淨資產收益率（淨值報酬率、權益報酬率）

該指標計算公式如下：

淨資產收益率＝(淨利潤/年末淨資產)×100%

年末淨資產＝(期初所有者權益合計+期末所有者權益合計)/2

全面攤薄淨資產收益率＝淨利潤/期末淨資產×100%

淨資產收益率反應公司所有者權益的投資報酬率，也叫淨值報酬率或權益報酬率，具有很強的綜合性，是最重要的財務比率。

杜邦分析體系可以將這一指標分解成相聯繫的多種因素，進一步剖析影響所有者權益報酬的各個方面，如資產週轉率、銷售利潤率、權益乘數。另外，在使用該指標時，還應結合對「應收帳款」「其他應收款」等進行分析。

（四）成長能力分析

企業成長能力是指企業未來發展趨勢與發展速度，包括企業規模的擴大、利潤和所有者權益的增加。企業成長能力是隨著市場環境的變化，企業資產規模、盈利能力、市場佔有率持續增長的能力，反應了企業未來的發展前景。企業成長能力的衡量指標有：

1. 主營業務增長率

該指標計算公式如下：

主營業務增長率＝(本期主營業務收入－上期主營業務收入)/上期主營業務收入×100%

通常具有成長性的公司多數都是主營業務突出、經營比較單一的公司。因此，利用主營業務收入增長率這一指標可以較好地考查公司的成長性。主營業務收入增長率高，表明公司產品的市場需求大、業務擴張能力強。如果一家公司中能連續幾年保持30%以上的主營業務收入增長率，基本上可以認為這家公司具備成長性。

2. 主營利潤增長率

該指標計算公式如下：

主營利潤增長率＝(本期主營業務利潤－上期主營利潤)/上期主營業務利潤×100%

一般來說，主營利潤穩定增長且占利潤總額的比例呈增長趨勢的公司正處在成長期。一些公司儘管年度內利潤總額有較大幅度的增加，但主營業務利潤卻未相應增加，甚至大幅下降，這樣的公司質量不高，投資這樣的公司，尤其需要警惕。這些公司可能蘊藏著巨大的風險，也可能存在資產管理費用居高不下等問題。

3. 淨利潤增長率

該指標計算公式如下：

淨利潤增長率＝(本期淨利潤−上期淨利潤)／上期淨利潤×100%

淨利潤是公司經營業績的最終結果。淨利潤的增長是公司成長性的基本特徵，淨利潤增幅較大，表明公司經營業績突出，市場競爭能力強。反之，淨利潤增幅小甚至出現負增長也就談不上具有成長性。

4. 總資產增長率

該指標計算公式如下：

總資產增長率＝(本期資產總額−上期資產總額)／上期資產總額×100%

總資產增長率越高，表明企業一定時期內資產經營規模擴張的速度越快。在分析時，需要關注資產規模擴張的質和量的關係以及企業的后續發展能力，避免盲目擴張。三年平均資產增長率指標消除了資產短期波動的影響，反應了企業較長時期內的資產增長情況。

(五) 投資收益分析

1. 每股收益

該指標計算公式如下：

(全面攤薄) 每股收益＝淨利潤／期末發行在外的年末普通股總數

每股收益是衡量上市公司盈利能力最重要的財務指標，反應普通股的獲利水平。在公司沒有優先股的情況下，該指標反應普通股的獲利水平，指標值越高，每一股份所得的利潤越多，股東的投資效益越好，反之則越差。

2. 市盈率

市盈率是（普通股）每股市價與每股收益的比率，亦稱本益比。

該指標計算公式如下：

市盈率＝每股市價／每股收益

該指標衡量上市公司盈利能力，反應投資者對每元淨利所願支付的價格。該比率越高，意味著公司未來成長潛力越大，公眾對該股票的評價也越高。但在市場過熱、投機氣氛濃鬱時，常有被扭曲的情況，投資者應特別小心。

使用市盈率指標時應注意以下問題：

（1）該指標不能用於不同行業公司的比較，成長性好的新興行業的市盈率普遍較高，而傳統行業的市盈率普遍較低，這並不說明后者的股票沒有投資價值。

（2）在每股收益很小或虧損時，由於市價不至於降爲零，公司的市盈率會很高，如此情形下的高市盈率不能說明任何問題。

（3）市盈率的高低受市價的影響，觀察市盈率的長期趨勢很重要。

3. 股利支付率

該指標計算公式如下：

股利支付率＝每股股利／每股收益×100%

該指標反應公司股利分配政策和支付股利的能力。

4. 股票獲利率

該指標計算公式如下：

股票獲利率＝普通股每股股利／普通股每股市價×100%

股票獲利率主要應用於非上市公司的少數股權，目的在於獲得穩定的股利收益。

5. 每股淨資產（每股帳面價值、每股權益）

該指標計算公式如下：

每股淨資產＝年末淨資產／發行在外的年末普通股股數

這一指標反應每股股票所擁有的資產現值。每股淨資產越多，股東擁有的資產現值越多；每股淨資產越少，股東擁有的資產現值越少。通常，每股淨資產越多越好。

對公司進行財務分析，不能單看誰的淨資產收益率高就認爲誰就好，需要更細緻地研究毛利率、淨利潤、週轉速度、財務槓桿等，發現不同公司的差異，研究造成這些差異的原因，然后根據這些原因，判斷公司未來可能的變化情況，從而發現安全、合理的投資機會。

6. 市淨率

該指標計算公式如下：

市淨率＝每股市價／每股淨資產（倍）

股票淨值是決定股票市場價格走向的主要根據。上市公司的每股內含淨資產值高而每股市價不高的股票，即市淨率越低的股票，其投資價值越高。相反，其投資價值就越低，但在判斷投資價值時還要考慮當時的市場環境以及公司經營情況、盈利能力等因素。

市淨率可用於投資分析，但市淨率不適用於短線炒作。每股淨資產是股票的本身價值，是用成本計量的，而每股市價是這些資產的現在價格，是證券市場上交易的結果。市價高於價值時企業資產的質量較好，有發展潛力，反之則資產質量較差，沒有發展前景。優質股票的市價都超出每股淨資產許多，一般說來市淨率達到 3 可以樹立較好的公司形象。市價低於每股淨資產的股票，就像售價低於成本的商品一樣，屬於「處理品」。當然，「處理品」也不是沒有購買價值的，問題在於該公司今后是否有轉機，或者購入後經過資產重組能否提高獲利能力。市淨率是每股市價與每股淨資產之間的比值，比值越低意味著風險越低。

(六) 現金流量分析

現金流量分析是在現金流量表出現以后發展起來的。現金流量分析不僅要依靠現金流量表，還要結合資產負債表和利潤表。現金流量表的主要作用是：第一，提供本企業現金流量的實際情況；第二，有助於評價本期收益質量；第三，有助於評價企業的財務彈性；第四，有助於評價企業的流動性；第五，用於預測企業未來的現金流量。

1. 流動性分析

所謂流動性，是指將資產迅速轉變爲現金的能力。

(1) 現金到期債務比。其計算公式如下：

現金到期債務比＝經營活動現金淨流量／本期到期的債務

本期到期債務＝一年內到期的長期負債＋應付票據

以經營活動的現金淨流量與本期到期的債務比較，可以體現企業的償還到期債務的能力。企業能夠用來償還債務的除借新債還舊債外，一般應當是經營活動的現金流入才能還債。

（2）現金流動負債比。其計算公式如下：

現金流動負債比＝年經營活動現金淨流量／期末流動負債

現金流動負債比反應經營活動產生的現金對流動負債的保障程度。企業能夠用來償還債務的除借新債還舊債外，一般應當是經營活動的現金流入才能還債。

（3）現金債務總額比。其計算公式如下：

現金流動負債比＝經營活動現金淨流量／期末負債總額

企業能夠用來償還債務的除借新債還舊債外，一般應當是經營活動的現金流入才能還債。

計算結果要與企業過去比較、與同業比較才能確定高與低。這個比率越高，企業承擔債務的能力越強。這個比率同時也體現了企業的最大付息能力。

2. 獲取現金能力分析

（1）銷售現金比率。其計算公式如下：

銷售現金比率＝經營活動現金淨流量／銷售額

銷售現金比率反應每元銷售得到的淨現金流入量，其值越大越好。計算結果要與企業過去相比、與同業相比才能確定高與低。這個比率越高，企業的收入質量越好，資金利用效果越好。

（2）每股營業現金流量。其計算公式如下：

每股營業現金流量＝經營活動現金淨流量／普通股股數

普通股股數由企業根據實際股數填列，企業設置的標準值根據實際情況而定。每股營業現金流量反應每股經營所得到的淨現金，其值越大越好。該指標反應企業最大分派現金股利的能力。超過此限，就要借款分紅。

（3）全部資產現金回收率。其計算公式如下：

全部資產現金回收率＝經營活動現金淨流量／期末資產總額

全部資產現金回收率說明企業資產產生現金的能力，其值越大越好。

把上述指標求倒數，則可以分析全部資產用經營活動現金回收需要的期間的長短。因此，這個指標體現了企業資產回收的含義。回收期越短，說明資產變現能力越強。

3. 財務彈性分析

（1）現金滿足投資比率。其計算公式如下：

現金滿足投資比率＝近五年累計經營活動現金淨流量／同期內的資本支出、存貨增加、現金股利之和。

該指標說明企業經營產生的現金滿足資本支出、存貨增加和發放現金股利的能力，其值越大越好。現金滿足投資比率越大，資金自給率越高。

若該指標達到1，說明企業可以用經營獲取的現金滿足企業擴充所需資金；若該指標小於1，說明企業部分資金要靠外部融資來補充。

（2）現金股利保障倍數。其計算公式如下：

現金股利保障倍數＝每股營業現金流量/每股現金股利

＝經營活動現金淨流量/現金股利

該指標值越大，說明支付現金股利的能力越強，其值越大越好。分析結果可以與同業比較、與企業過去比較。

（3）營運指數。其計算公式如下：

營運指數＝經營活動現金淨流量/經營應得現金

經營所得現金＝經營活動淨收益＋非付現費用＝淨利潤－投資收益－營業外收入＋營業外支出＋本期提取的折舊＋無形資產攤銷＋待攤費用攤銷＋遞延資產攤銷

營運指數可以分析會計收益和現金淨流量的比例關係，評價收益質量。若該指標接近1，說明企業可以用經營獲取的現金與其應獲現金相當，收益質量高；若該指標小於1，說明企業的收益質量不夠好。

四、財務分析中應注意的問題

（一）財務報表數據的準確性、真實性與可靠性

財務報表是按會計準則編製的，合乎規範，但不一定反應該公司的客觀實際。

例如，報表數據未按通貨膨脹或物價水平調整；非流動資產的余額是按歷史成本減折舊或攤銷計算的，不代表現行成本或變現價值；有許多項目，如科研開發支出和廣告支出，從理論上看是資本支出，但發生時已列作了當期費用；有些數據基本上是估計的，如無形資產攤銷和開辦費攤銷，但這種估計未必正確；發生了非常的或偶然的事項，如財產盤盈或壞帳損失，可能歪曲本期的淨收益，使之不能反應盈利的正常水平。

（二）財務分析結果的預測性調整

公司的經濟環境和經營條件發生變化后，原有的財務數據與新情況下的財務數據不具有直接可比性。

（三）公司增資行為對財務結構的影響

1. 股票發行增資對財務結構的影響

（1）配股增資對財務結構的影響（股東風險增加）。配股融資後，由於淨資產增加，而負債總額和負債結構都不會發生變化，因此公司的資產負債率和權益負債比率將降低，減少了債權人承擔的風險，而股東所承擔的風險將增加。

（2）增發新股對財務結構的影響。增發新股後，公司淨資產增加，負債總額和負債結構都不會發生變化，因此公司的資產負債率和權益負債比率將降低。

2. 債券發行增資對財務結構的影響

債券發行增資公司的負債總額將增加，同時總資產也增加，資產負債率將提高。

3. 其他增資行為對財務結構的影響

公司其他的增資方式還有向外借款，向外借款后公司的權益負債比率和資產負債率都將提高。

復習思考題

1. 宏觀經濟分析有什麼意義？
2. 宏觀經濟分析的資料如何去收集？
3. 基本分析的主要內容是什麼？
4. 宏觀經濟各指標與證券市場有什麼關係？
4. 利率和存款資金累積金與股市有什麼關係？
5. 財政政策與股市有什麼關係？
6. 在證券軟件中如何查找各行業？
7. 行業有幾個生命週期？
8. 經濟週期與行業分析有什麼關係？
9. 如何去分析中國上市公司行業競爭優勢和區位優勢？
10. 如何去分析上市公司產品經營能力？
11. 公司經理層要具備哪些素質？
12. 公司主要的財務報表包括哪些？
13. 如何去判斷上市公司償債能力強弱？
14. 如何去判斷上市公司成長性高低？
15. 在財務分析中應注意哪些問題？

模塊 5
證券投資技術分析

項目 15　投資技術分析概述

學習要點

- ◆ 熟悉技術分析的分類。
- ◆ 掌握技術分析的基本假設。
- ◆ 掌握技術分析的要素。
- ◆ 熟悉技術分析時應該注意的問題。

任務 1　技術分析的概念與分類

一、技術分析的概念

技術分析是以證券市場過去和現在的市場行爲爲分析對象，應用數學和邏輯的方法，探索出一些典型的變化規律，並據此預測證券市場未來變化趨勢的技術方法。技術分析以三大假設爲理論依據、以歷史數據爲信息基礎、以經驗總結而非縝密邏輯爲分析思路等特點都導致了技術分析的局限性，並在實際運用中存在技術分析對長期趨勢判斷無效以及「騙線」現象等情況。

二、技術分析的分類

（一）指標類

1. 含義

指標類是根據價、量的歷史資料，通過建立一個數學模型，給出數學上的計算公式，得到一個體現證券市場的某個方面內在實質的指標值。

2. 常見指標

指標類常見指標包括相對強弱指標（RSI）、隨機指標（KDJ）、趨向指標（DMI）、平滑異同移動平均線（MACD）、能量潮（OBV）、心理線（PSY）、乖離率（BIAS）。

（二）切線類

1. 含義

切線類是按一定的方法和原則，在根據股票價格數據所繪製的圖表中畫出一些直線，然後根據這些直線的情況推測股票價格的未來趨勢，爲投資操作提供參考。

2. 常見的切線

常見的切線包括趨勢線、軌道線、黃金分割線、甘氏線、角度線等。

(三) 形態類

1. 含義

形態類是根據價格圖表中過去一段時間走過的軌跡形態來預測股票價格未來趨勢的方法。

2. 主要的形態

主要的形態包括 M 頭、W 底、頭肩頂、頭肩底等十幾種。

(四) K 線類

K 線類是根據若干天的 K 線組合情況，推測證券市場中多空雙方力量的對比，進而判斷證券市場行情的方法。K 線圖是進行各種技術分析最重要的圖表。人們經過不斷總結經驗，發現了一些對股票買賣有意義的 K 線組合，而且新的研究結果也在不斷被發現、被運用。

(五) 波浪類

1. 含義

波浪類是把股價的上下變動和不同時期的持續上漲、下跌看成波浪的上下起伏，認為股票的價格運動遵循波浪起伏的規律，數清楚了各個波浪就能準確地預見到跌勢已接近尾聲而牛市即將來臨，或者是牛市已到了強弩之末而熊市即將到來。

2. 與其他流派的區別

波浪類能提前很長時間預計到行情的底和頂，而別的流派往往要等到新的趨勢已經確立之後才能看清行情。

任務 2　技術分析的基本假設

一、涵蓋一切信息

涵蓋一切信息假設是進行技術分析的基礎。其主要思想是認為影響證券價格的所有因素（包括內在的和外在的）都反應在市場行為中，不必對影響價格的因素具體內容過多地關心。

這個假設有一定的合理性。任何一個因素對市場的影響最終都體現在價格的變動上。如果某一消息公布后，價格同以前一樣沒有大的變動，這就說明這個消息不是影響市場的因素，儘管投資者可能都認為這一因素對市場有一定的影響力。作為技術分析人員，只關心這些因素對市場行為的影響效果，而不關心具體導致這些變化的東西究竟是什麼。

二、價格沿趨勢移動

價格沿趨勢移動假設是進行技術分析最根本、最核心的條件。這個假設認為價格

的變動是按一定規律進行的，價格有保持原來方向的慣性。正是因爲如此，技術分析者們才花費大力氣尋找價格變動的規律。

如果價格一直是持續上漲（下跌），則今后如果不出意外，價格也會按這一方向繼續上漲（下跌），沒有理由改變既定的運動方向。當價格的變動遵循一定規律，就能運用技術分析工具找到這些規律，對今后的投資活動進行有效的指導。

三、歷史會重演

歷史會重演假設是從人的心理因素方面考慮的。投資者在某一場合得到某種結果，那麼下一次碰到相同或相似的場合，這個人就認爲會得到相同的結果，就會按同一方法進行操作；如果前面一次失敗了，后面一次就不會按前面一次的方法操作。

過去的結果是已知的，這個已知的結果應該是用現在對未來進行預測的參考。對重複出現的某些現象的結果進行統計，得到成功和失敗的概率，對具體的投資行爲也是有好處的。

任務 3　技術分析的要素

一、價格和成交量是市場行爲最基本的表現

市場行爲最基本的表現就是成交價和成交量。過去和現在的成交價和成交量涵蓋了過去和現在的市場行爲。在某一時點上的價和量反應的是買賣雙方在這一時點上共同的市場行爲，是雙方的暫時均衡點。隨著時間的變化，均衡會發生變化，這就是價量關係的變化。一般說來，買賣雙方對價格的認同程度通過成交量的大小得到確認，認同程度大，成交量大；認同程度小，成交量小。

二、時間和空間體現趨勢的深度和廣度

時間在進行行情判斷時有著很重要的作用，是針對價格波動的時間跨度進行研究的理論。一方面，一個已經形成的趨勢在短時間內不會發生根本改變；另一方面，一個形成了的趨勢又不可能永遠不變，經過了一定時間又會有新的趨勢出現。空間在某種意義上講，可以認爲是價格的一個方面。空間指的是價格波動能夠達到的從空間上考慮的限度。

任務 4　技術分析時應該注意的問題

一、技術分析必須與基本分析結合起來使用

從理論上看，技術分析法和基本分析法分析股價趨勢的基本點是不同的。基本分析法的基點是事先分析，即在基本因素變動對股票市場發生影響之前，投資者已經在

分析、判斷市場的可能走勢，從而做出「順勢而爲」的買賣決策。但是基本分析法很大程度上依賴於經驗判斷，其對股票市場的影響力難以數量化、程式化，受投資者主觀能力的制約較大。技術分析法的基點是事後分析，以歷史預知未來，用數據、圖形、統計方法來說明問題，不依賴於人的主觀判斷，一切都依賴於用已有資料做出客觀結論。但未來不會簡單地重複過去，僅依靠過去和現在的數據預測未來並不可靠。

因此，爲了提高技術分析的可靠性，投資者只有將技術分析法與基本分析法結合起來進行分析，才能既保留技術分析的優點，又考慮基本因素的影響，提高測試的準確程度。

二、多種技術分析方法綜合研判

技術分析方法多種多樣，五花八門，但每一種方法都有其獨特的優勢和功能，也有其不足。沒有任何一種方法能概括股價走勢的全貌。實踐證明，單獨使用一種技術分析方法有相當大的局限性和盲目性，甚至會給出錯誤的買賣信號。爲了減少失誤，只有將多種技術分析方法結合運用、相互補充、相互印證，才能減少出錯的機會，提高決策的準確性。

三、理論與實踐相結合

各種技術分析的理論和方法都是前人或別人在一定的特殊條件和特定環境下得到的。隨著環境的變化，別人的成功方法自己在使用時卻有可能失敗。因此，在使用技術分析方法時，要注意掌握各種分析方法的精髓，並根據實際情況進行適當的調整。同時，也只有將各種方法應用於實際，並經過實踐檢驗後成功的方法才是好的方法。

項目 16　K 線分析

學習要點

- ◆ 掌握 K 線的畫法。
- ◆ 熟悉 K 線的分類。
- ◆ 掌握在股票軟件上選擇 K 線週期。
- ◆ 掌握常見的 K 線中的見頂信號 K 線。
- ◆ 掌握常見的 K 線中的見底信號 K 線。

任務 1　K 線的畫法與分類

一、K 線的畫法

K 線圖最早是日本德川幕府時代大阪的米商用來記錄當時一天、一週或一月中米價漲跌行情的圖示法，后被引入股市。K 線具體畫法見圖 16.1.1。

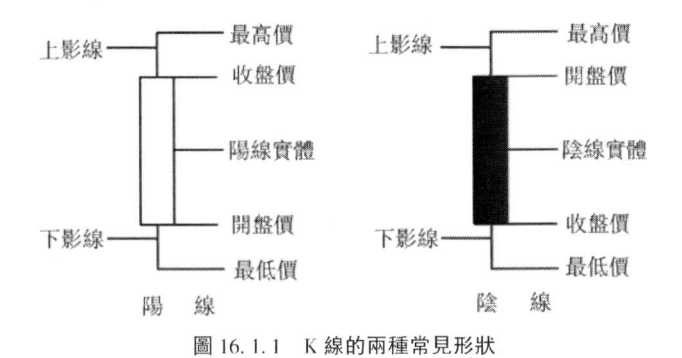

圖 16.1.1　K 線的兩種常見形狀

通常將開盤與收盤的價位用長方形表示，稱爲實體部分。頂端爲最高價，底端爲最低價。

當開盤時股票價格低，收盤時股票價格升高，稱陽線實體，常以紅色、白色實體柱或黑框空心柱表示股價強勢。

對空心陽體來說，收盤價與最高價的連線，稱爲陽上影線。開盤價與最低價相連的細線，稱爲陽下影線。上影線與矩形實體的連接點爲陽線收盤價。下影線與矩形實

體的連接點為陽線開盤價。

開盤時價格高，收盤時價格低，稱陰線實體，常以綠色、黑色或藍色實體柱表示股價弱勢。

對於陰線實體，若當日的最高價與開盤價不同，則用黑細線將開盤價與最高價相連，稱陰上影線。若最低價與收盤價不同，則用黑細線連接收盤價與最低價，稱陰下影線。上影線與矩形實體的連接點為陰線開盤價。下影線與矩形實體的連接點為陰線收盤價。

二、K線的分類

根據K線的計算週期可將其分為日K線、周K線、月K線、年K線。

周K線是指以周一的開盤價、周五的收盤價、全周最高價和全周最低價來畫的K線圖。

月K線是指以一個月的第一個交易日的開盤價、最后一個交易日的收盤價、全月最高價和全月最低價來畫的K線圖，同理可以推得年K線的定義。

對於短線操作者來說，眾多分析軟件提供的1分鐘K線、5分鐘K線、15分鐘K線、30分鐘K線和60分鐘K線也具有重要的參考價值。

三、在軟件上的選擇

在證券軟件上，現以同花順軟件為例，打開指數或個股頁面，點鼠標右鍵，選擇分析週期欄目，就可以看到週期分類，如日線、周線等。其中，不同數字是相應K線週期的快捷方式（見圖16.1.2）。

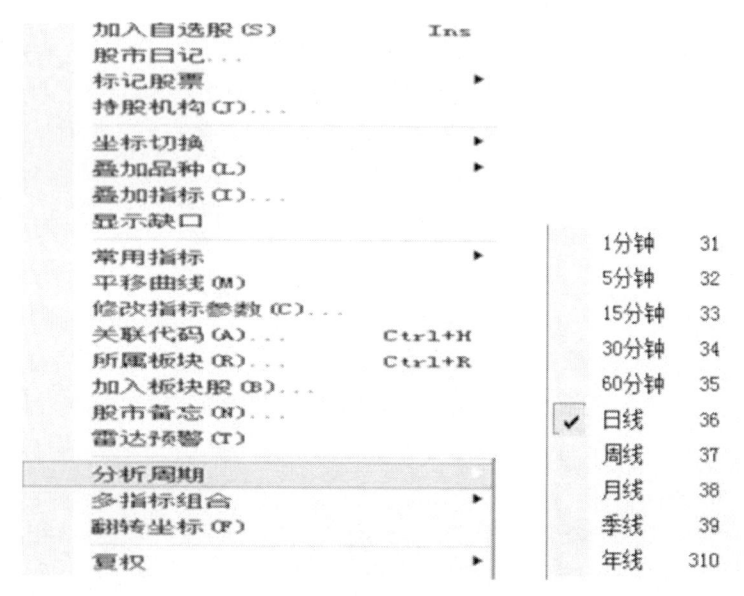

圖16.1.2　K線週期的選擇

模塊 5　證券投資技術分析

任務 2　大陽線和大陰線

一、大陽線

（一）圖形

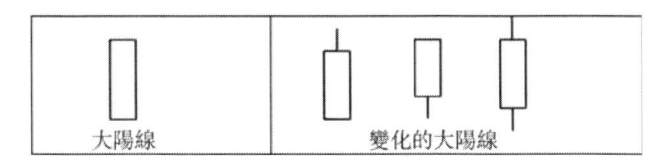

大陽線圖形如圖 16.2.1 所示：

圖 16.2.1　大陽線圖形

（二）特徵

（1）可出現在上漲或下跌等任何情況下。
（2）陽線實體較長，可略帶上、下影線。陽線實體越長，信號越可靠。

（三）技術含義

（1）在上漲剛開始時，出現大陽線表示股價有加速上揚的意味，如果成交量放大，並且移動平均線剛向上發散，后市看漲（見圖 16.2.2）。

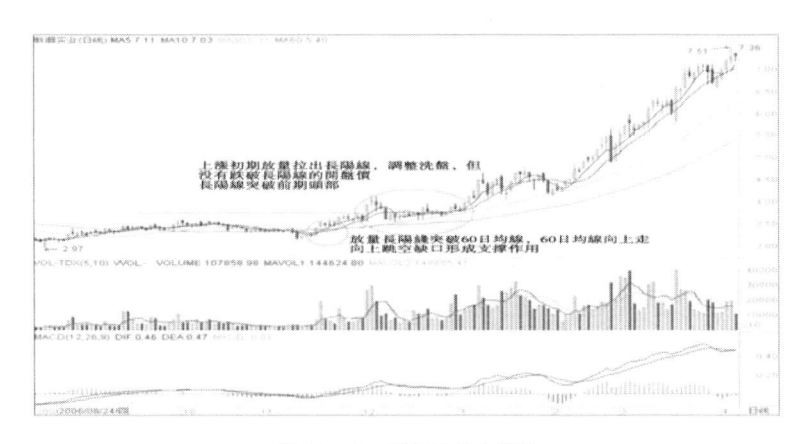

圖 16.2.2　剛起漲的大陽線

（2）在上漲途中出現大陽線時，成交量放大，繼續看漲（見圖 16.2.3）。

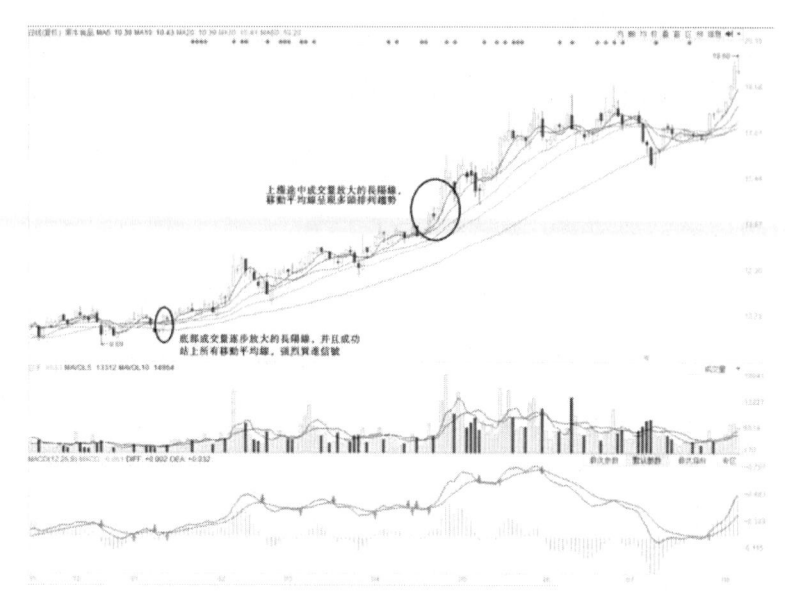

圖 16.2.3　上漲途中的大陽線

（3）在連續加速上漲行情中出現大陽線，特別是漲幅比較大後，要當心多方能量耗盡，是見頂信號（見圖 16.2.4）。

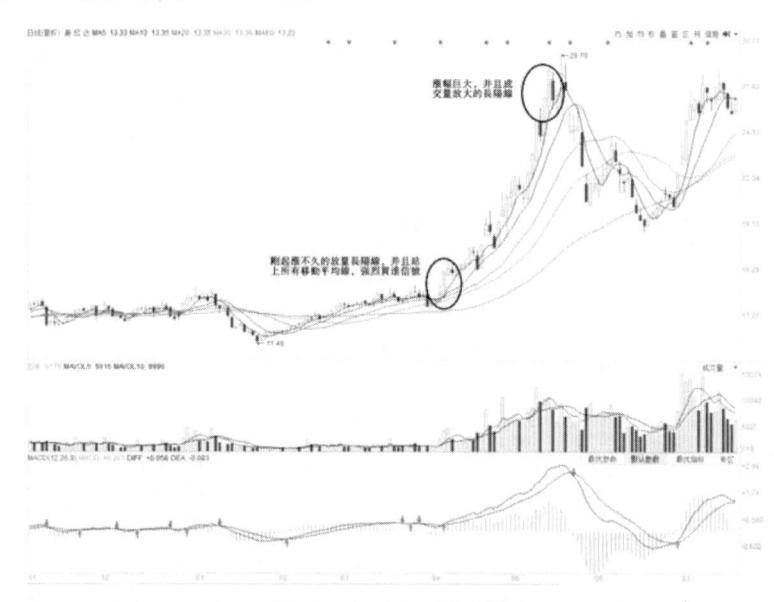

圖 16.2.4　大漲后的大陽線

（4）在漲幅巨大而出現下跌的趨勢行情中，出現大陽線，是誘多行情，不宜買進（見圖 16.2.5）。

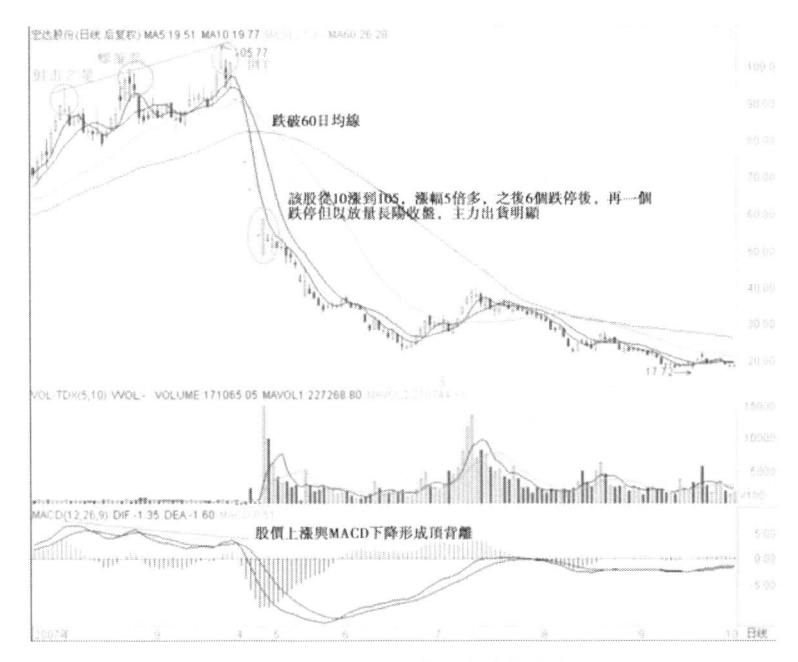

圖 16.2.5　下跌趨勢形成的長陽線

二、大陰線

（一）圖形

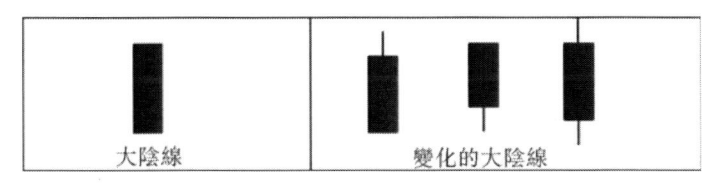

大陰線圖形如圖 16.2.6 所示：

圖 16.2.6　大陰線圖形

（二）特徵

（1）可出現在上漲或下跌任何情況下。

（2）陰線實體較長，可略帶上、下影線。大陰線的力度大小與其實體長短成正比，即陰線實體越長，則力度越大；反之，則力度越小。

（三）技術含義

（1）在漲勢中，尤其是較大漲幅之后，出現成交量放大的大陰線，表示股價即將回檔或正在做頭部，是見頂信號（見圖 16.2.7）。

159

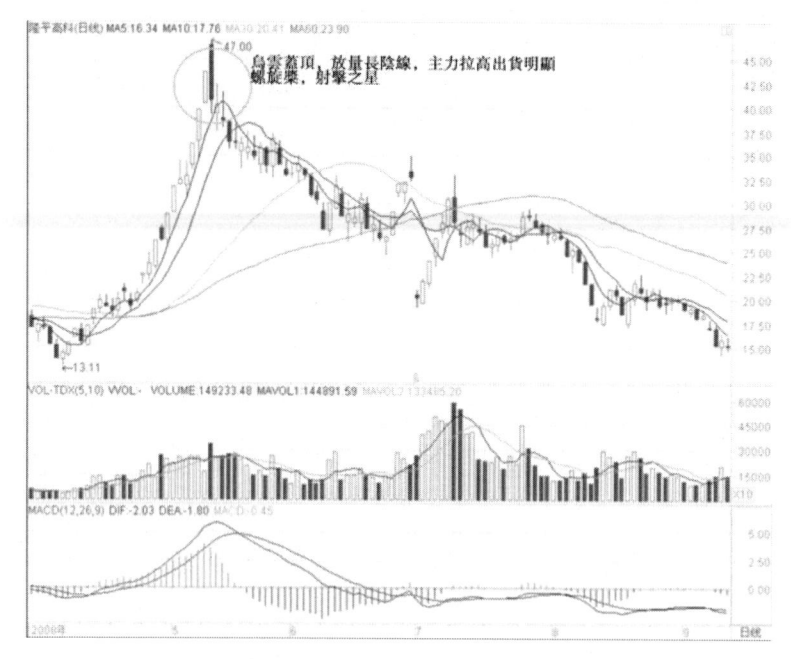

圖 16.2.7　漲幅巨大的放量大陰線

（2）在下跌剛開始時或者在下跌途中，出現大陰線，后市看跌（見圖 16.2.8）。

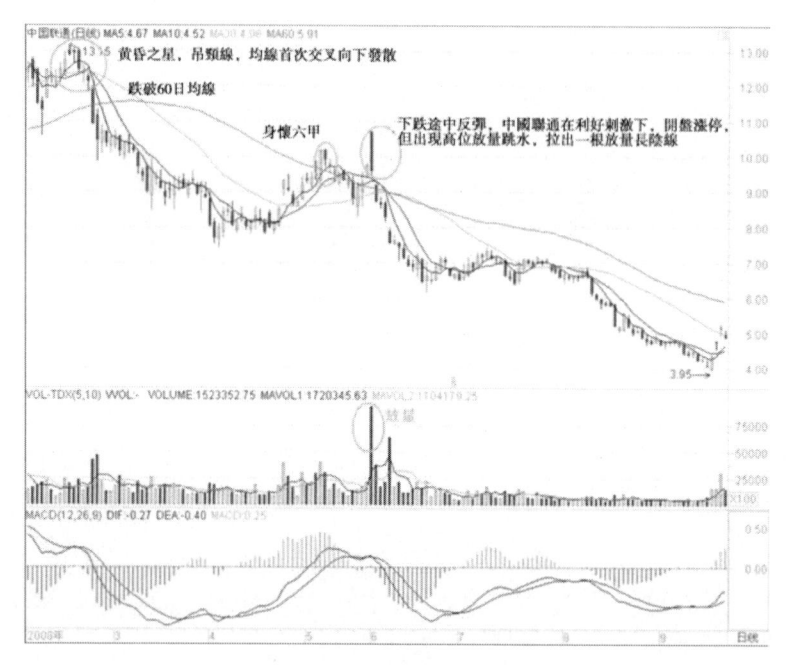

圖 16.2.8　在下跌途中出現的大陰線

（3）在連續加速下跌行情中出現大陰線，有空頭陷阱之嫌疑（見圖 16.2.9）。

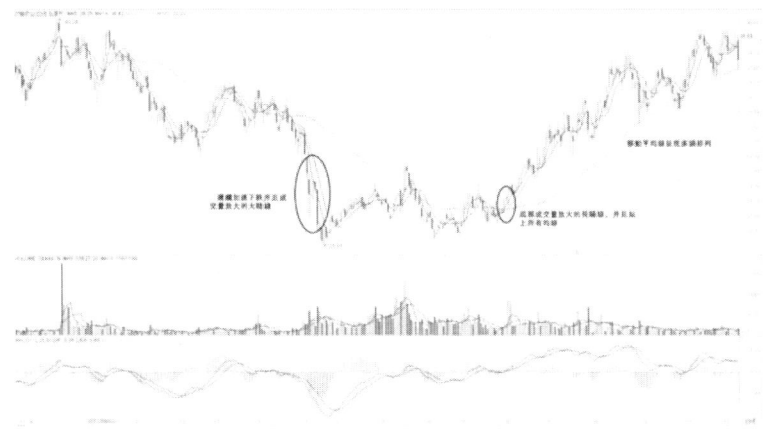

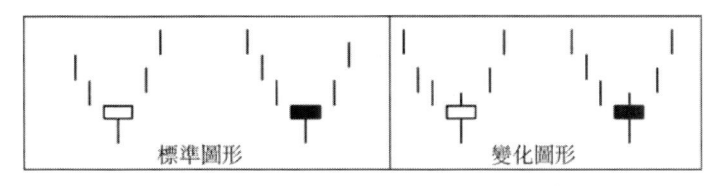

图 16.2.9　连续加速下跌行情中的大阴线

任务 3　锤头线与吊颈线

一、锤头线

（一）图形

锤头线图形如图 16.3.1 所示：

图 16.3.1　锤头线图形

（二）特征

（1）出现在下跌途中。

（2）阳线（或阴线）实体很小，下影线大于或等于实体的两倍。锤头实体越小，下影线越长，止跌作用就越明显；股价下跌时间越长，幅度越大，锤头线见底信号就越明确。如锤头与早晨之星同时出现，见底信号就更加可靠。

（3）一般无上影线，少数会略有一点上影线。锤头有阳线与阴线锤头之分，作用意义相同，但一般说来，阳线锤头力度要大于阴线锤头。

（三）技术含义

锤头线为见底信号，后市看涨。投资者在下跌行情中见到锤头线，激进型的可试探性地做多；稳健型的可在锤头线出现后再观察几天，如股价能放量上升，并且成功站上 20 日均线或 30 日均线，即可跟着做多（见图 16.3.2 和 16.3.3）。

圖 16.3.2　底部的錘頭線運用

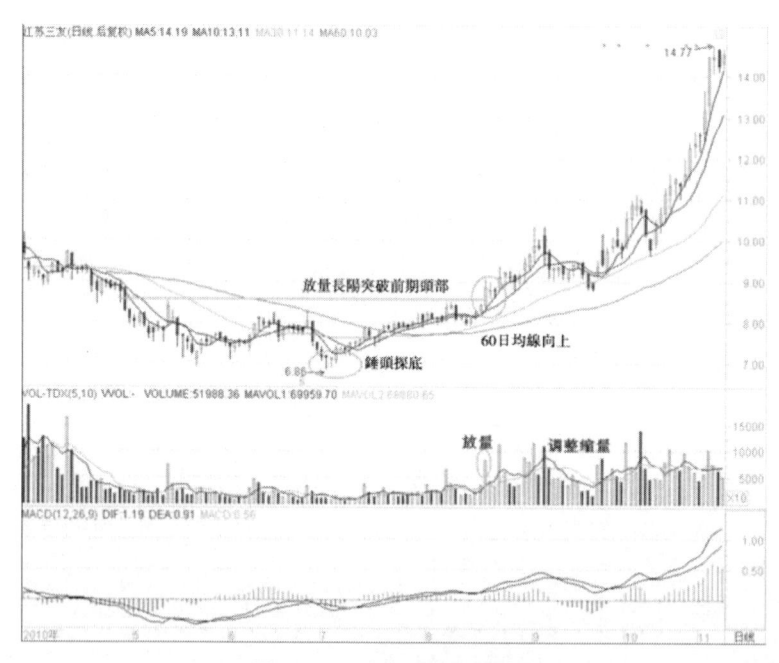

圖 16.3.3　底部的錘頭線運用

二、吊頸線

（一）圖形

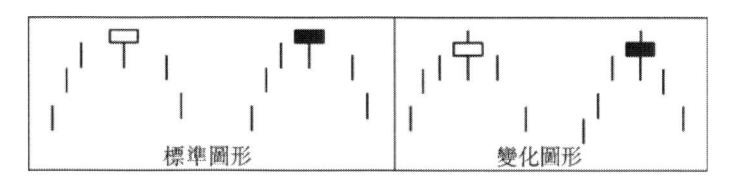

吊頸線圖形如圖 16.3.4 所示：

圖 16.3.4　吊頸線圖形

（二）特徵

（1）吊頸線在上漲行情末端出現。

（2）陰線（或陽線）實體很小，下影線很長（通常是實體長度的 2~3 倍），實體與下影線比例越懸殊，越有參考價值，上影線很短或者沒有。

（三）技術含義

吊頸線為見頂信號，后市看跌。一般來說，該 K 線股價已有較大漲幅情況下出現，其顯示的轉跌信號比較可靠。如果此時吊頸線是以陰線形式出現，則下跌的概率更大。如吊頸線與黃昏之星同時出現，見頂信號就更加可靠（見圖 16.3.5）。

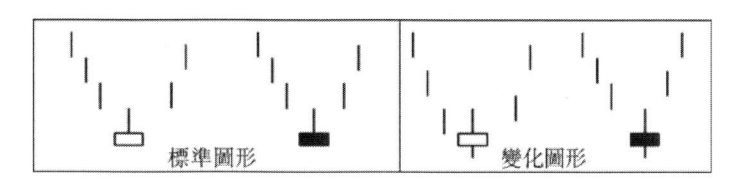

圖 16.3.5　吊頸線運用

任務 4　倒錘頭線與射擊之星

一、倒錘頭線

（一）圖形

倒錘頭線圖形如圖 16.4.1 所示：

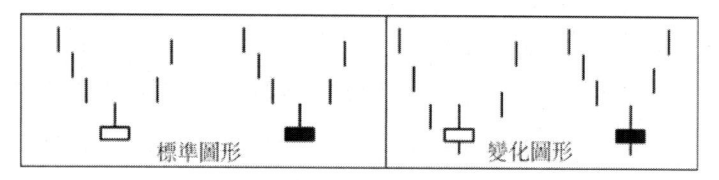

圖 16.4.1　倒錘頭線圖形

（二）特徵

（1）出現在下跌途中。

（2）陽線（或陰線）實體很小，上影線大於或等於實體的兩倍；一般無下影線，少數會略有一點下影線。實體與上影線比例越懸殊，信號越有參考價值。

（三）技術含義

倒錘頭線是見底信號，后市看漲。如倒錘頭與早晨之星同時出現，見底信號就更加可靠（見圖 16.4.2）。

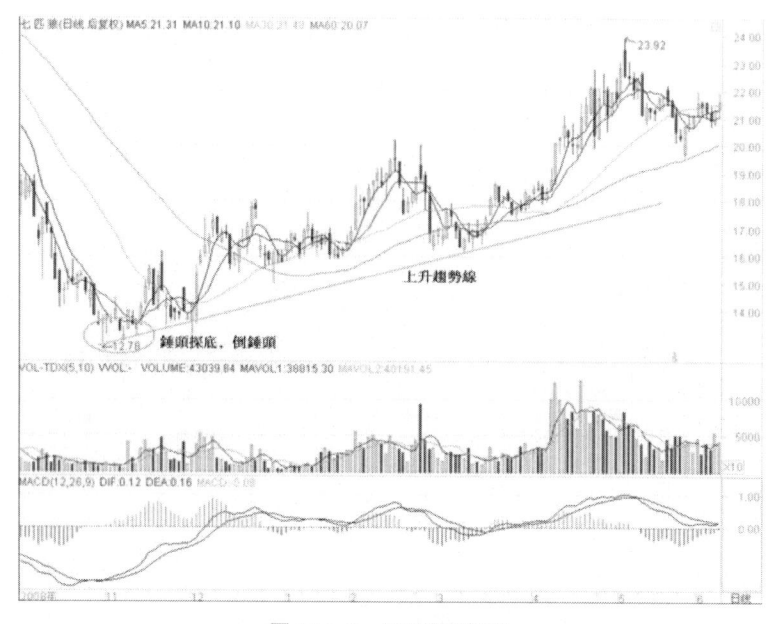

圖 16.4.2　倒錘頭線運用

二、射擊之星

（一）圖形

射擊之星圖形如圖 16.4.3 所示：

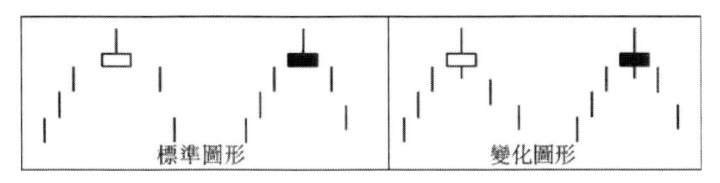

圖 16.4.3　射擊之星圖形

(二) 特徵

(1) 出現在上漲趨勢中。

(2) 陽線（陰線）實體很小，上影線大於或等於實體的兩倍；一般無下影線，少數會略有一點下影線。實體與上影線比例越懸殊，信號越有參考價值。

(三) 技術含義

從技術上來講，在一輪升勢后出現射擊之星，表示已經失去了上升的持久力，多方已抵抗不住空方打擊，股價隨時可能見頂回落。射擊之星是見頂信號，后市看跌。如射擊之星與黃昏之星同時出現，見頂信號更加可靠（見圖 16.4.4）。

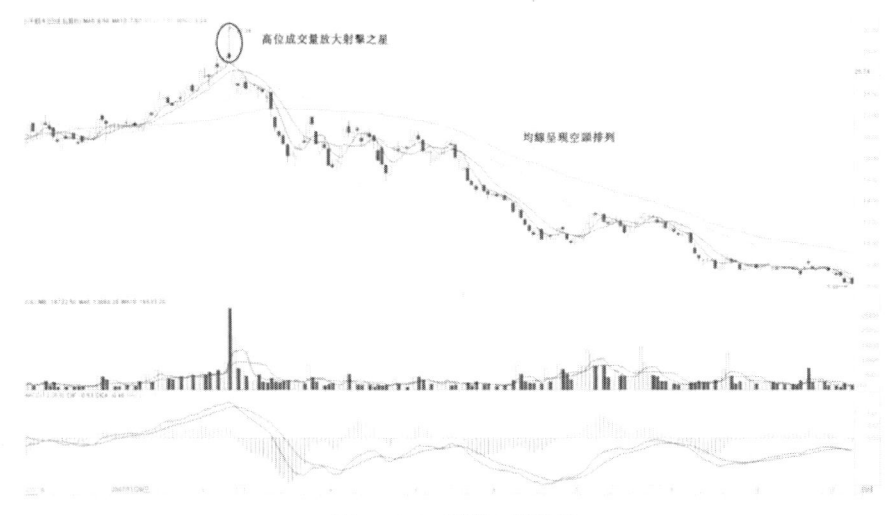

圖 16.4.4　射擊之星運用

任務 5　長十字線與螺旋槳

一、長十字線

(一) 圖形

長十字線圖形如圖 16.5.1 所示：

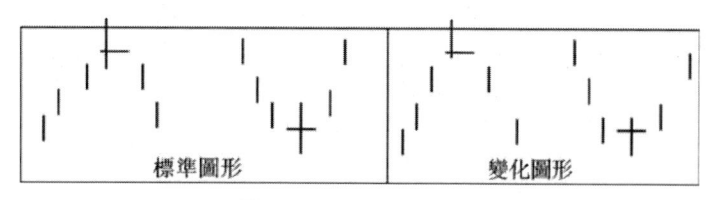

圖 16.5.1　長十字線圖形

（二）特徵

（1）既可出現在漲勢中，也可出現在跌勢中。

（2）開盤價、收盤價相同或基本相同，成爲「一」字，但最高價位與最低價位很開，因此上、下影線都很長。雖然長十字線的技術線含義與一般的十字線含義相同，但其信號可靠程度遠比后者高。

（三）技術含義

長十字線是個轉勢信號，投資者應高度重視。在漲勢中出現長十字線，尤其是股價有一段較大漲幅之後出現，預示股價見頂回落可能性極大。在跌勢中出現長十字線，尤其是股價有一段較大跌幅之後，出現見底回升的可能性極大。因此，投資者可將其作爲「逃頂」與「抄底」的重要參考指標（見圖 16.5.2 和圖 16.5.3）。

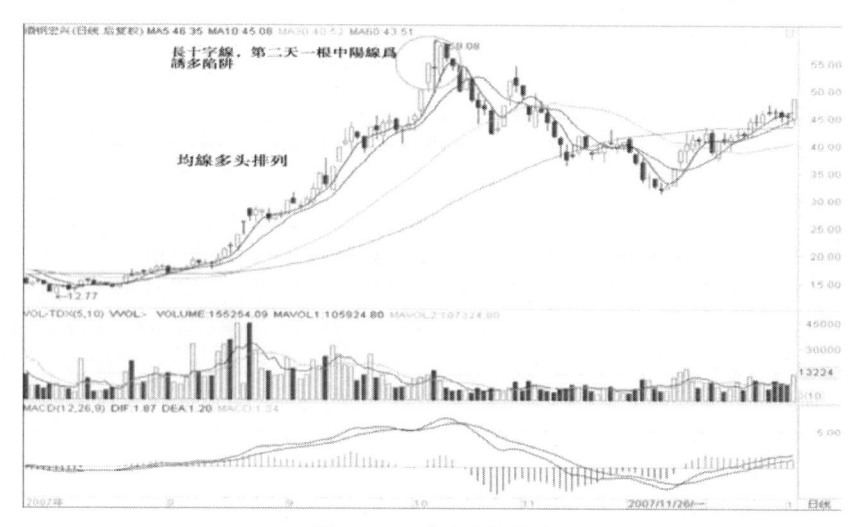

圖 16.5.2　長十字線運用

图 16.5.3　长十字线运用

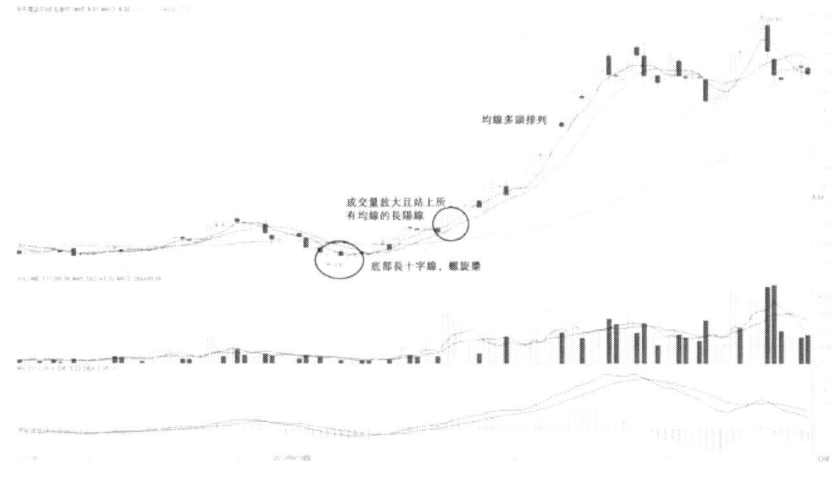

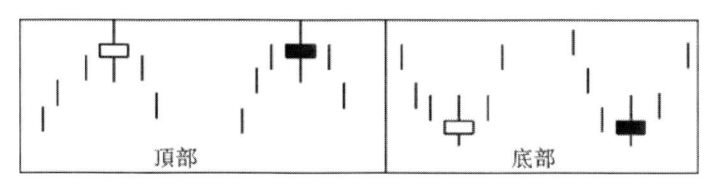

二、螺旋桨

（一）图形

螺旋桨图形如图 16.5.4 所示：

图 16.5.4　螺旋桨图形

（二）特征

（1）既可出现在涨势中，也可出现在跌势中。

（2）开盘价、收盘价相近，K 线实体（可阳可阴）很小，但最高价位与最低价位很开，因此上、下影线都很长。螺旋桨既可以是阴线，也可以是阳线，两者并无实质区别。不过一般认为，在上涨行情中，螺旋桨是阴线，则比阳线的下跌可能性更大；而在下跌行情中，情形正好相反。

（三）技术含义

螺旋桨是一种转势信号。在上升行情中，尤其是在有一段较大涨幅之后，螺旋桨所起的作用是领跌；在下跌行情中，尤其是有一段较大跌幅之后，螺旋桨所起的作用是领涨。螺旋桨在连续加速下跌行情中出现，有见底回升的意义。螺旋桨和十字线技术含义相同，都是一种转势信号，但螺旋桨的转势信号比长十字线更强（见图 16.5.5）。

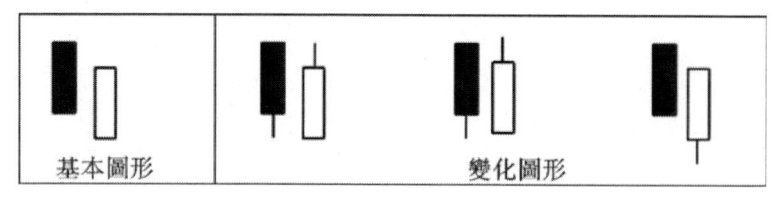

圖 16.5.5　螺旋槳運用

任務 6　曙光初現與烏雲蓋頂

一、曙光初現

（一）圖形

曙光初現圖形如圖 16.6.1 所示：

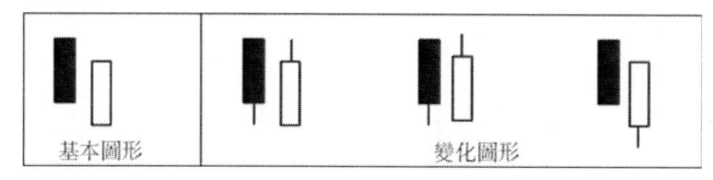

圖 16.6.1　曙光初現圖形

（二）特徵

（1）出現在下跌趨勢中，由一陰一陽兩根 K 線組成。

（2）先是出現一根大陰線或中陰線，接著出現一根大陽線或中陽線，陽線的實體深入到陰線實體的一半以上。陽線實體深入陰線實體的部分越多，轉勢信號越強。

（三）技術含義

從技術上來說，曙光初現形態出現后，暗示股價已經沉底或已到了階段性底部，股價見底回升的可能性很大（見圖 16.6.2）。

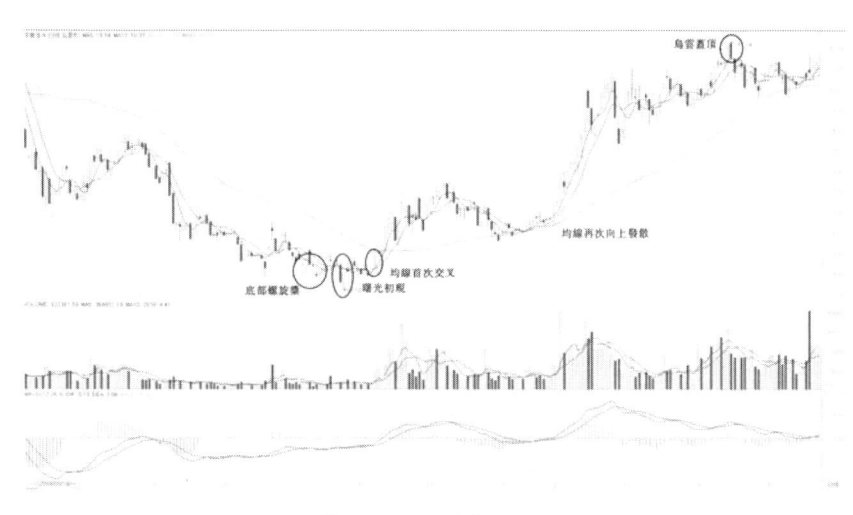

图 16.6.2　曙光初現運用

二、烏雲蓋頂

（一）圖形

烏雲蓋頂圖形如圖 16.6.3 所示：

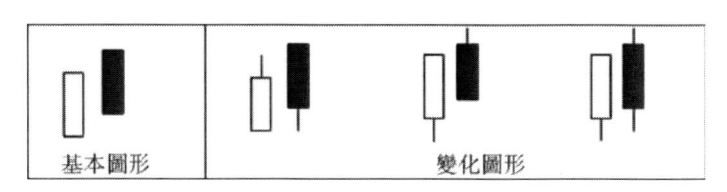

圖 16.6.3　烏雲蓋頂圖形

（二）特點

（1）出現在漲勢中。

（2）一根中陽線或大陽線后，第二天股價跳空高開，但沒有高走，反而高開低走，收了一根中陰線或大陰線。陰線已深入到陽線實體二分之一以下處。陰線深入陽線實體部分越多，轉勢信號就越強。

（三）技術含義

烏雲蓋頂預示股價上升勢頭已盡，一輪跌勢即將開始，是見頂信號，后市看跌（見圖 16.6.4）。

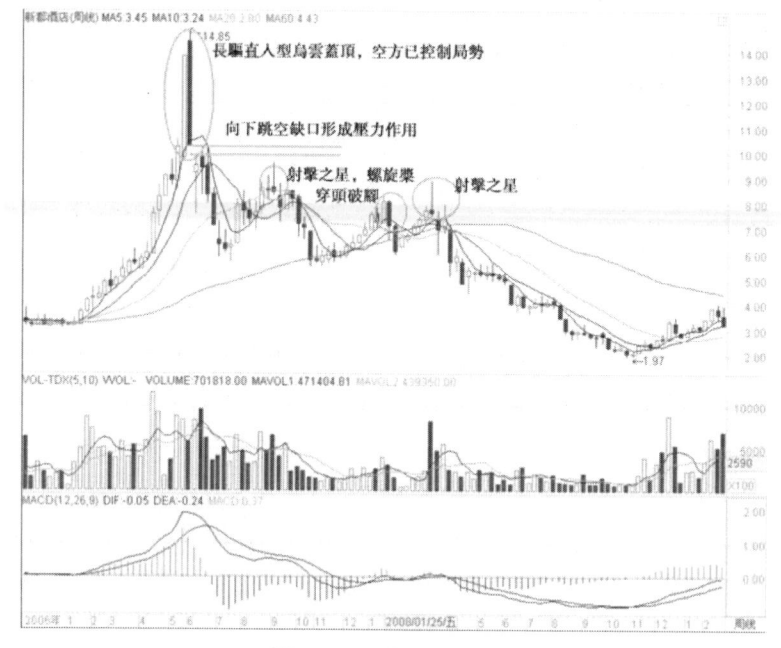

圖 16.6.4　烏雲蓋頂運用

任務 7　旭日東升與傾盆大雨

一、旭日東升

（一）圖形

旭日東升圖形如圖 16.7.1 所示：

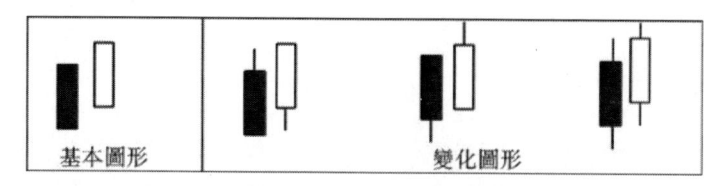

圖 16.7.1　旭日東升圖形

（二）特徵

(1) 出現在下跌趨勢中。

(2) 由一陰一陽兩根 K 線組成。

(3) 先出現一根大陰線或中陰線，然后接著出現一根高開高收的大陽線或中陽線。陽線實體高出陰線實體部分越多，轉勢信號越強。

（三）技術含義

陽線的收盤價已高於前一根陰線的開盤價，這說明股價經過連續下挫，空頭能量已釋放殆盡，在空方無力繼續打壓時，多方奮起反抗，並旗開得勝，股價高開高走，前景又開始變得光明起來。旭日東升是見底信號，強於曙光初現（見圖 16.7.2）。

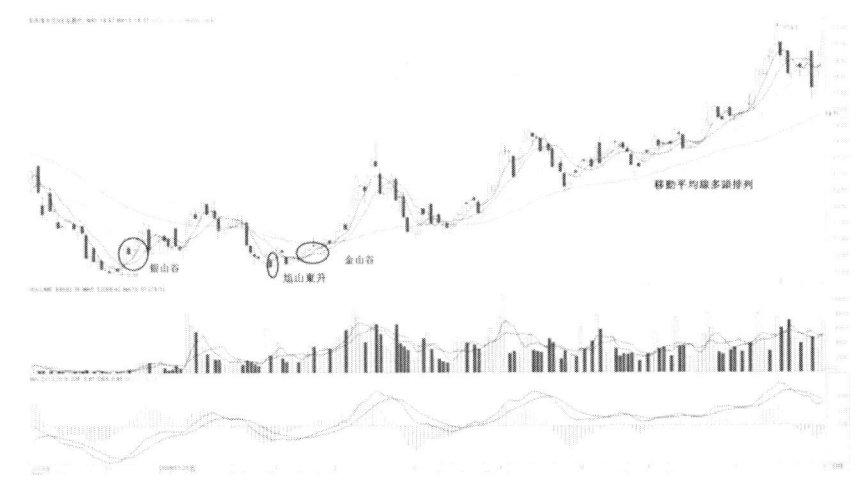

圖 16.7.2　旭日東升運用

二、傾盆大雨

（一）圖形

傾盆大雨圖形如圖 16.7.3 所示：

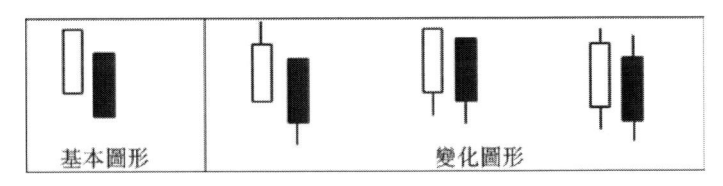

圖 16.7.3　傾盆大雨圖形

（二）特徵

（1）出現在上漲趨勢中。

（2）由一陽一陰兩根 K 線組成。

（3）在股價有了一段升幅之後，先出現一根大陽線或中陽線，接著出現了一根低開低收的大陰線或中陰線。其收盤價已比前一根陽線的開盤價要低。陰線實體低於陽線實體部分越多，轉勢信號越強。

（三）技術含義

見此圖形，應及早退出觀望。如果伴有大成交量，形勢更糟糕。傾盆大雨是見頂信號，后市看跌。其見頂信號強於烏雲蓋頂（見圖 16.7.4）。

圖 16.7.4　傾盆大雨運用

任務 8　早晨十字星與黃昏十字星

一、早晨十字星

（一）圖形

早晨十字星圖形如圖 16.8.1 所示：

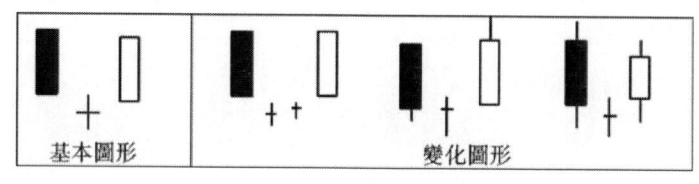

圖 16.8.1　早晨十字星圖形

（二）特徵

（1）出現在下跌途中。

（2）由 3 根 K 線組成，第一根是陰線，第二根是十字線，第三根是陽線；第三根 K 線實體深入到第一根 K 線實體之內。陽線深入陰線實體的部分越多，反轉信號就越可靠。

（三）技術含義

股價經過大幅回落后，做空能量已大量釋放，股價無力再創新低，呈現底部回升態勢。這是較明顯的大市轉向信號，可考試適量買進（見圖 16.8.2）。

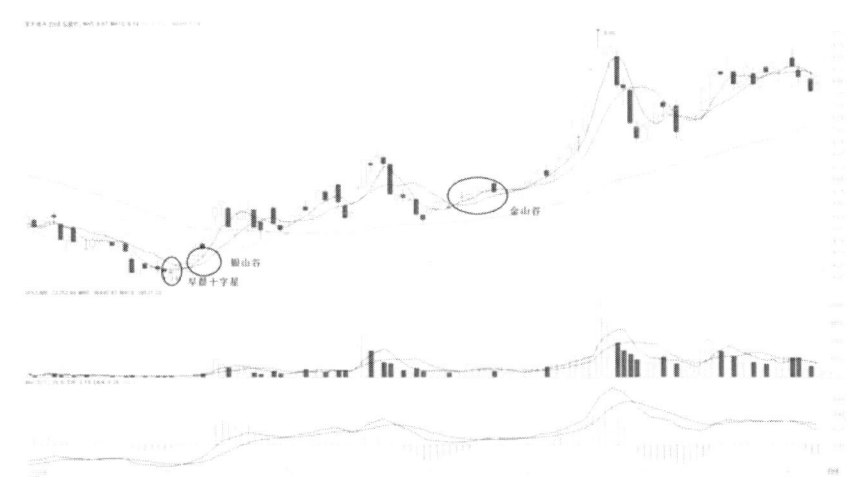

圖 16.8.2　早晨十字星運用

二、黃昏十字星

（一）圖形

黃昏十字星圖形如圖 16.8.3 所示：

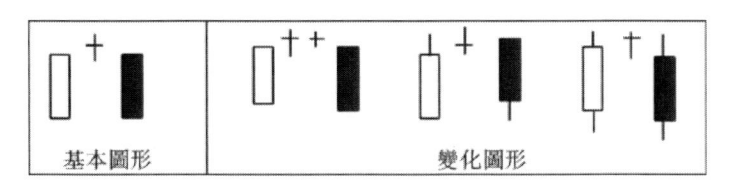

圖 16.8.3　黃昏十字星圖形

（二）特徵

（1）出現在漲勢中。

（2）由 3 根 K 線組成，第一根爲陽線，第二根爲向上跳空開盤的十字線，第三根爲向下跳空陰線，第三根 K 線實體深入到第一根 K 線實體之內。

（三）技術含義

表明股價已經見頂或離頂部不遠，股價將由強轉弱，一輪跌勢將不可避免，此時投資者應離場爲妙（見圖 16.8.4）。

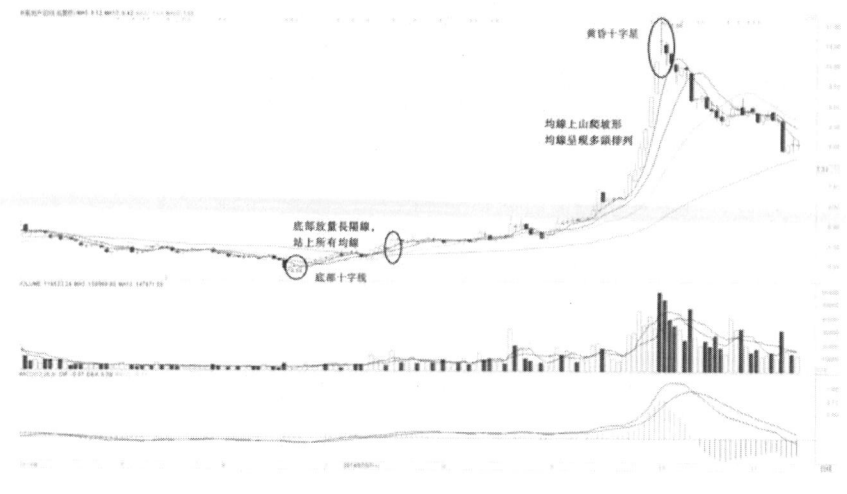

圖 16.8.4　黃昏十字星運用

任務 9　早晨之星與黃昏之星

一、早晨之星

（一）圖形

早晨之星圖形如圖 16.9.1 所示：

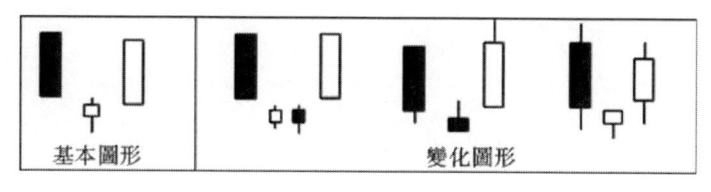

圖 16.9.1　早晨之星圖形

（二）特徵

早晨之星和早晨十字星相似，區別在於早晨十字星的第二根 K 線是十字線，而早晨之星的第二根 K 線是小陽線或小陰線。

（三）技術含義

早晨之星是見底回升信號，后市看漲，可考慮適量買進。早晨之星信號不如早晨十字線星強（見圖 16.9.2）。

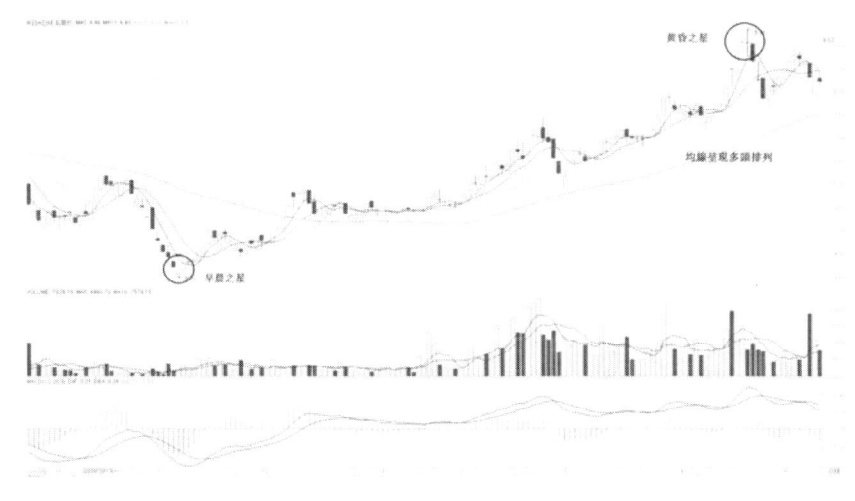

圖 16.9.2　早晨之星運用

二、黃昏之星

（一）圖形

黃昏之星圖形如圖 16.9.3 所示：

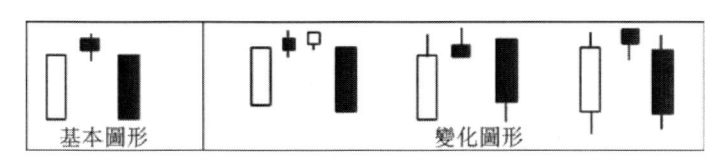

圖 16.9.3　黃昏之星圖形

（二）特徵

　　黃昏之星和黃昏十字星相似，區別在於黃昏十字星的第二根 K 線是十字線，而黃昏之星的第二根 K 線是小陰線或小陽線（陰線的下跌力度要強於陽線）。

（三）技術含義

　　黃昏之星是見頂信號，后市看跌。黃昏之星預測股價下跌可靠性較高，有人統計在 80% 以上。黃昏之星信號不如黃昏十字星強（見圖 16.9.4）。

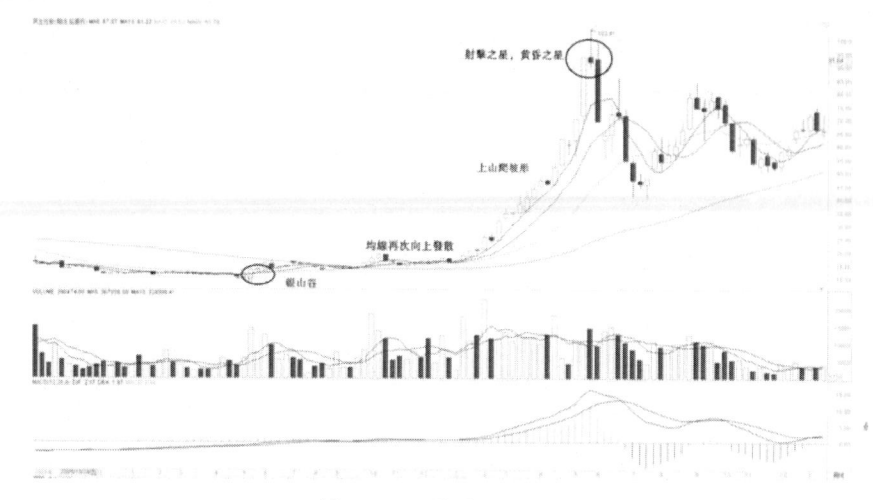

圖 16.9.4　黃昏之星運用

任務 10　身懷六甲與穿頭破腳

一、身懷六甲

(一) 圖形

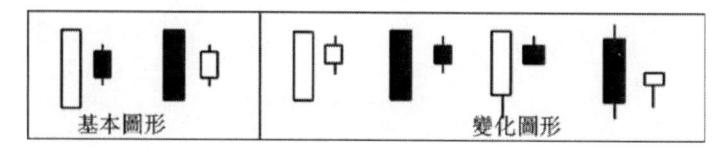

身懷六甲圖形如圖 16.10.1 所示：

圖 16.10.1　身懷六甲圖形

(二) 特徵

(1) 既可在上漲趨勢中出現，也可在下跌趨勢中出現。

(2) 由大小不等的兩根 K 線組成，兩根 K 線可一陰一陽，也可同是兩陽或兩陰。第一根 K 線實體要能完全包容第二根 K 線實體；第二根 K 線可以是小陰線、小陽線，也可以是十字線。若第二根 K 線為十字線，俗稱十字胎，在身懷六甲中，十字胎是力度最大的 K 線形態之一。

(三) 技術含義

身懷六甲是種「警告」或「提示」信號，或者說是一種準市場逆轉信號。

(1) 身懷六甲在上漲趨勢中出現，股價向上推高的力量已經減弱，多頭行情已接近尾聲，很可能是下跌行情，是賣出信號。

（2）身懷六甲在下跌趨勢中出現，股價下跌的勢頭已趨緩，股價可能見底回升，或繼續下跌空間已很小，是買進信號（見圖 16.10.2 和圖 16.10.3）。

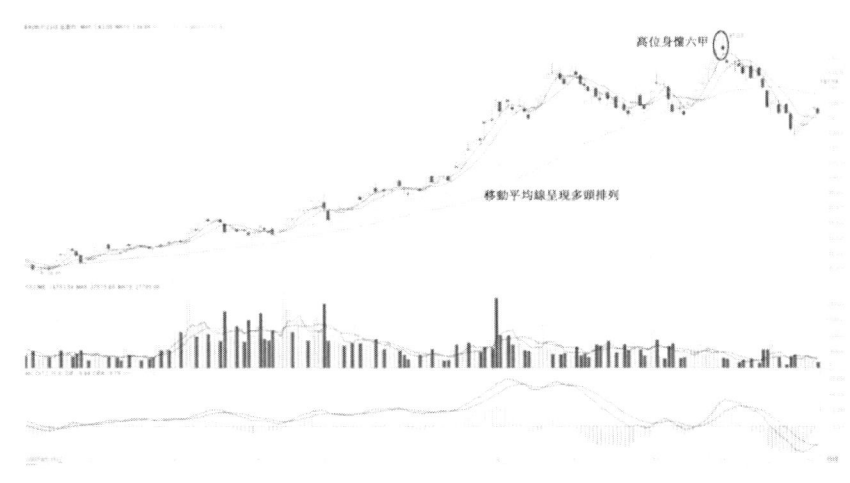

圖 16.10.2　身懷六甲運用

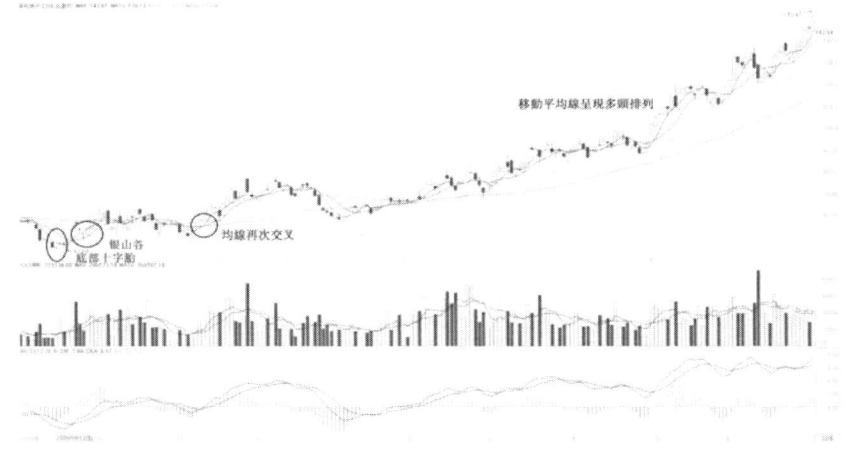

圖 16.10.3　身懷六甲運用

二、穿頭破腳

（一）圖形

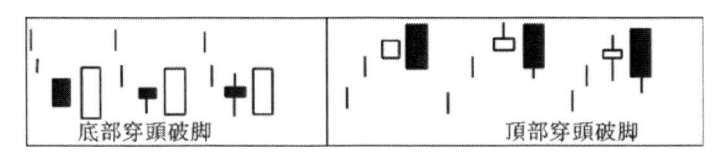

穿頭破腳圖形如圖 16.10.4 所示：

圖 16.10.4　穿頭破腳圖形

（二）特徵

（1）底部穿頭破腳：在下跌趨勢中出現，第二根 K 線，即陽線的長度必須足以吞吃掉第一根 K 線，即陰線的全部（上下影線不算）。

（2）頂部穿頭破腳：在上升趨勢中出現，第二根 K 線，即陰線的長度必須足以吞吃掉第一根 K 線，即陽線的全部（上下影線不算）。

（三）技術含義

一般來說，穿頭破腳是一種轉勢信號。底部穿頭破腳是股價止跌回升的信號。頂部穿頭破腳是股價見頂回落的信號。

通常這種轉勢信號的強烈，與下面因素有關：穿頭破腳兩根 K 線的長度越懸殊，轉勢力度就越強；第二根 K 線包容前面的 K 線越多，轉勢機會就越大（見圖 16.10.5 和圖 15.10.6）。

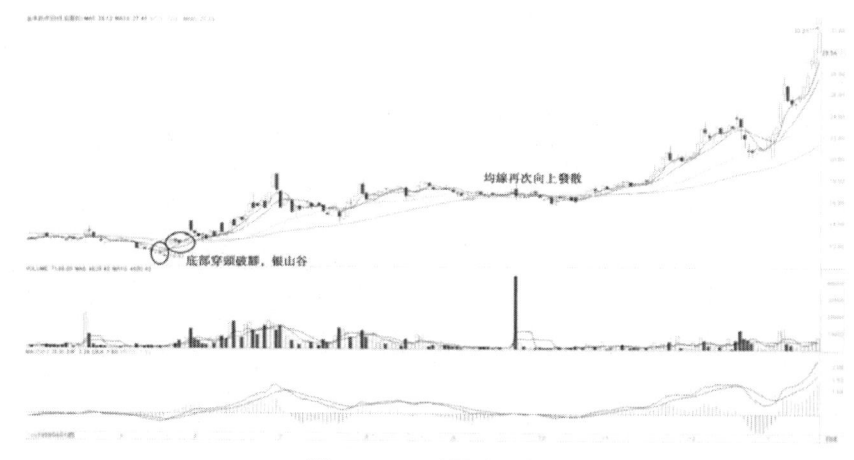

圖 16.10.5　穿頭破腳運用

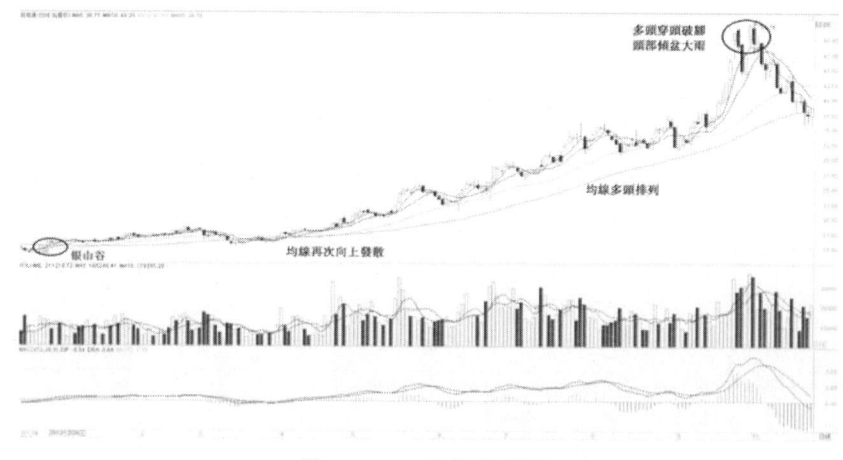

圖 16.10.6　穿頭破腳運用

項目 17　形態分析

學習要點

- ◆ 掌握在常見的 K 線形態中的見頂形態。
- ◆ 掌握在常見的 K 線形態中的見底形態。
- ◆ 熟悉缺口分類。
- ◆ 熟悉功能性缺口。

任務 1　頭肩底和頭肩頂

一、頭肩底

(一) 技術圖形

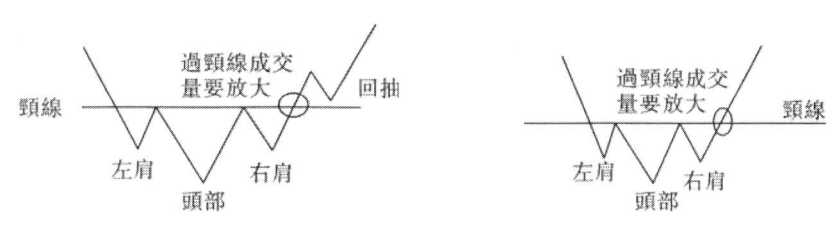

頭肩底圖形如圖 17.1.1 所示：

圖 17.1.1　頭肩底圖形

(二) 特徵

(1) 在跌勢中出現。

(2) 有 3 個低谷，左右兩個低谷的低點基本處在同一水平位置上，但當中低谷的低點明顯低於左右兩個低谷的低點。在實際走勢中，也可能形成兩個右肩、兩個左肩；或一個右肩、兩個左肩；或兩個右肩、一個左肩的圖形。這種變異的頭肩底與標準的頭肩底技術含義相同。

(3) 前兩次反彈高點基本相同，最后一次反彈向上突破了前兩次反彈高點的連線（俗稱「頸線」），並收於其上方。

(4) 成交量出現極度萎縮后，上衝突破頸線時成交量顯著放大。

(5) 在突破壓力線之后常常有回抽,在頸線附近止跌回升,從而確認向上突破有效。

(三) 技術含義

頭肩底見底回升,是買進信號。築底時間越長越有可能產生大漲行情。激進型投資者可在右肩形成,放時向上突破頸線時買進。穩健型投資者可在放時突破頸線后,經回探頸線后再次放量創新高時買進 (見圖17.1.2)。

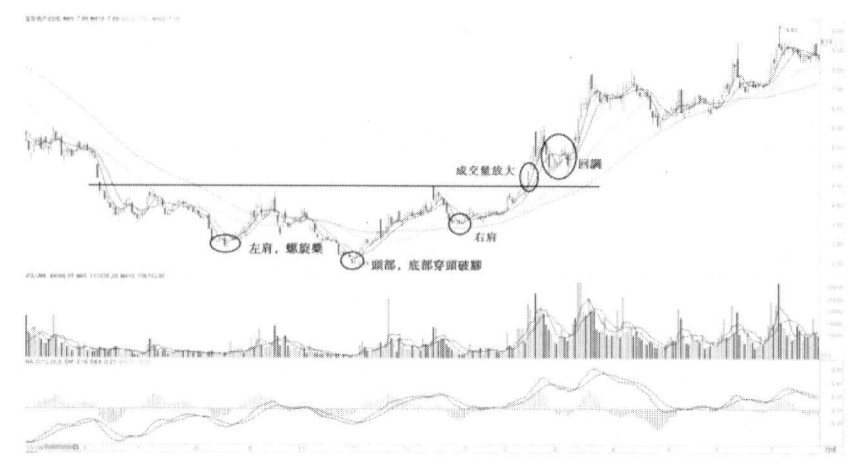

圖17.1.2　頭肩底運用

二、頭肩頂

(一) 技術圖形

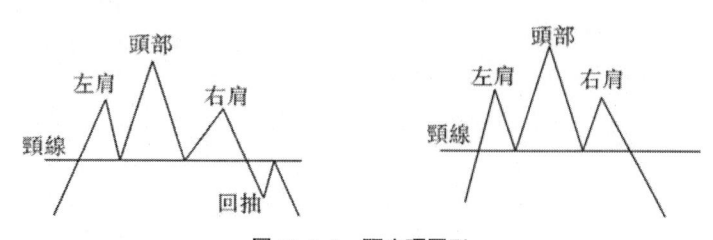

頭肩頂圖形如圖17.1.3所示:

圖17.1.3　頭肩頂圖形

(二) 特徵

(1) 在漲勢中出現。

(2) 有3個高峰,左右兩個高峰的高點基本處於同一水平位置上,但當中的高峰的高點明顯高於左右兩個高峰的高點。在實際走勢中,也可能形成2個右肩、2個左肩,1個左肩、2個右肩,2個左肩、1個右肩的圖形,這種變異的頭肩頂與標準的頭肩頂,俗稱「複合頭肩頂」,其與標準的頭肩頂技術含義相同。

(3) 前兩次衝高回落止跌的低點基本相同,最后一次衝高回落跌破了前兩次回落

止跌低點的連線（俗稱「頸線」），並收於其下方。

（4）在形成頭肩頂的過程中，成交量則依次出現下降的局面。

（5）在跌破頸線之后，常常有一個回抽，在頸線附近受阻回落，從而確認向下突破有效。

(三) 技術含義

頭肩頂見頂回落，是賣出信號。投資者的最佳選擇是退出，留得青山在，不怕沒柴燒（見圖 17.1.4）。

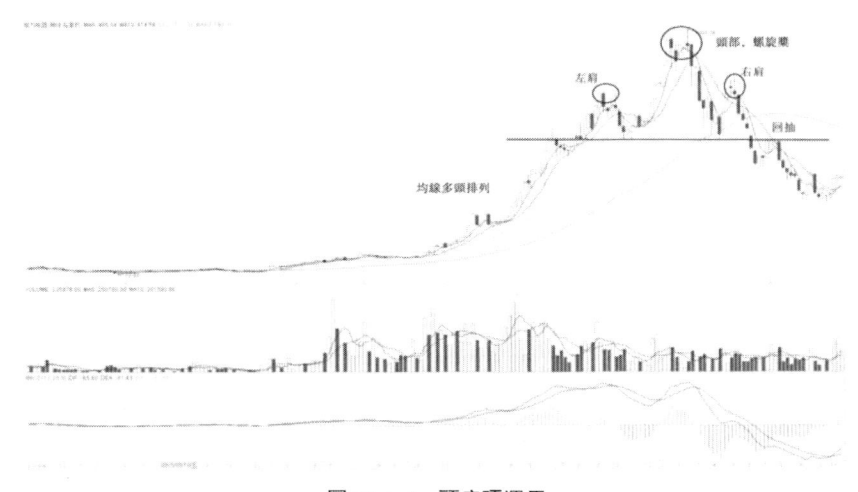

圖 17.1.4　頭肩頂運用

任務 2　雙底(W 底)和雙頂(M 頭)

一、雙底（W 底）

(一) 技術圖形

雙底（W 底）圖形如圖 17.2.1 所示：

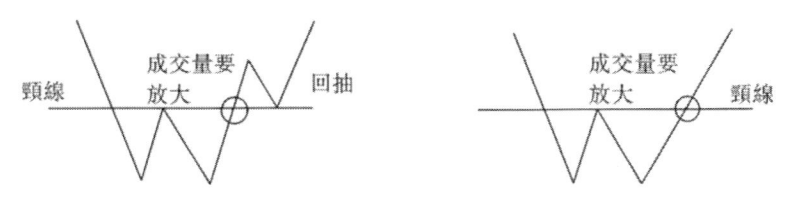

圖 17.2.1　雙底（W 底）圖形

(二) 特徵

（1）在跌勢中出現。

（2）有兩個低谷，最低點基本相同。

(3) 第二個低谷形成時，成交量極度萎縮，但向上突破頸線時成交量迅速放大。

(4) 在突破之後常常有回抽，在頸線附近止跌回升，從而確認向上突破有效。

(三) 技術含義

雙底（W底）築底回升，是買進信號。築底時間小於1個月，其信號較弱。上升力度不如頭肩底，但如雙底形成時間較長，半年甚至一年以上，其上升力度也不可小視。投資者可試探性地跟進做多。雙底（W底）買進方法與頭肩底買進方法相同（見圖17.2.2）。

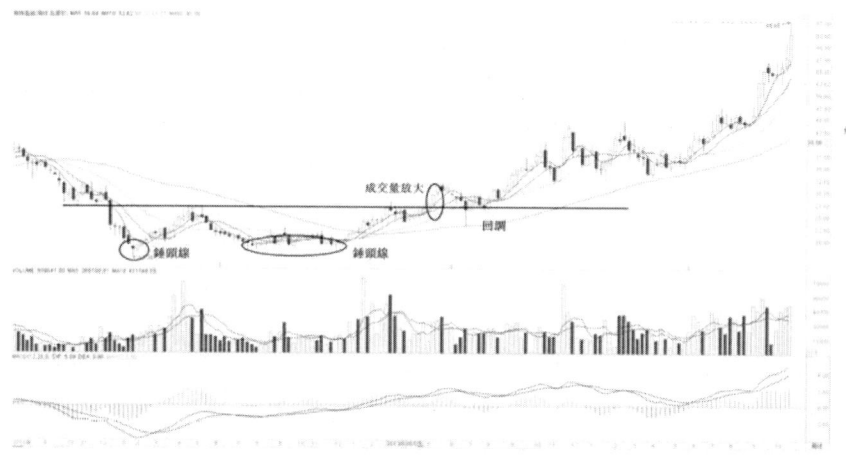

圖17.2.2 雙底（W底）運用

二、雙頂（M頭）

(一) 技術圖形

雙頂（M頭）圖形如圖17.2.3所示：

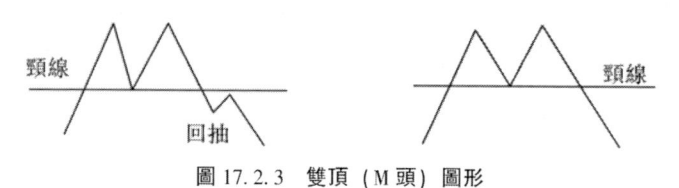

圖17.2.3 雙頂（M頭）圖形

(二) 特徵

(1) 在漲勢中出現。

(2) 有兩個高峰，其高點並不一定在同一高度上，有時第二個頭甚至比第一個頭高一些。

(3) 形成第二個高峰後，回落時跌破了第一個低點，並收於其下方；雙頂形成時，在兩次衝擊高峰時都應有較大的成交量（只是第二次的成交量明顯小於第一次）。雙頂形成的時間超過1個月，則轉勢的信號就更可靠。

(4) 在跌破頸線之后，常常有一個回抽，在頸線附近受阻回落，從而確認向下突

破有效。

(三) 技術含義

雙頂（M頭）見頂回落，是賣出信號。投資者應及時停損離場（見圖17.2.4）。

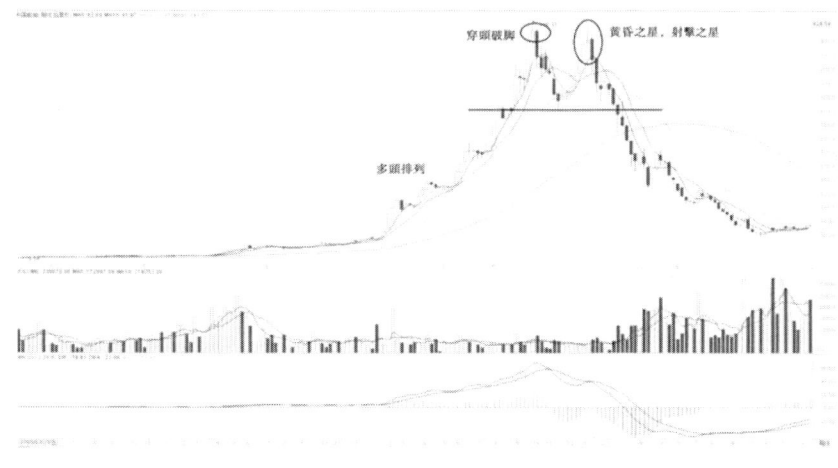

圖17.2.4　雙頂（M頭）運用

任務3　潛伏底

一、技術圖形

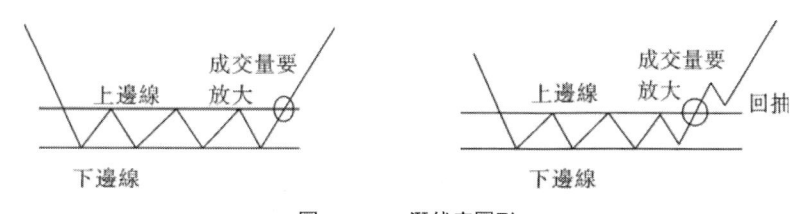

潛伏底圖形如圖17.3.1所示：

圖17.3.1　潛伏底圖形

二、特徵

（1）在一輪大的跌勢過后出現。

（2）長時期地作狹窄的小幅波動，成交量稀疏，隨後放量突破上檔壓力線大幅上揚。

三、技術含義

潛伏底形成時間一般都比較長，多數發生在被市場長期冷落的個股。不鳴則已，

一鳴驚人，潛伏底是買進信號。在放巨量向上突破壓力線時，應大膽跟進（見圖17.3.2）。

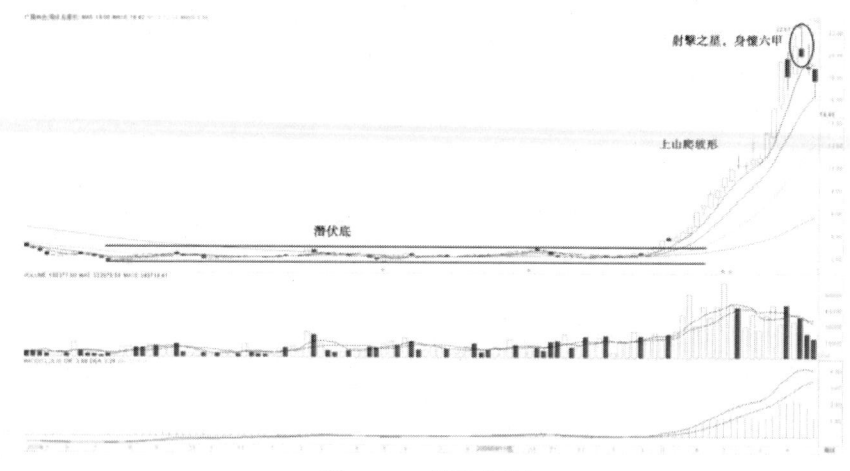

圖17.3.2　潛伏底運用

任務4　V形和倒置V形(尖頂)

一、V形

(一) 技術圖形

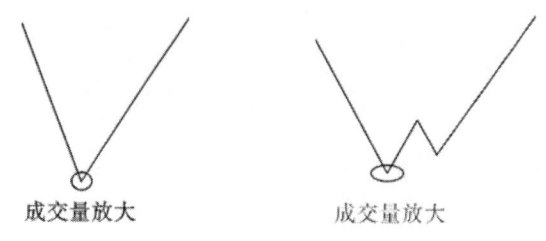

V形圖形如圖17.4.1所示：

圖17.4.1　V形圖形

(二) 特徵

(1) 出現在跌勢中。

(2) 下跌速度越來越快，突然峰回路轉，出現快速回升，其形狀像個英文字母「V」。

(3) 轉勢點的成交量特別大。

(三) 技術含義

V形觸底飆升，是買進信號。在股價見底回升的走勢中，V形是比較少見的一種圖

形，但一旦形成，其上升速度快而有力，常令多數投資者措手不及而紛紛踏空，很容易形成一種逼空走勢。快速跟進，要控制好倉位，如 V 形走勢失敗，應及時停損離場（見圖 17.4.2）。

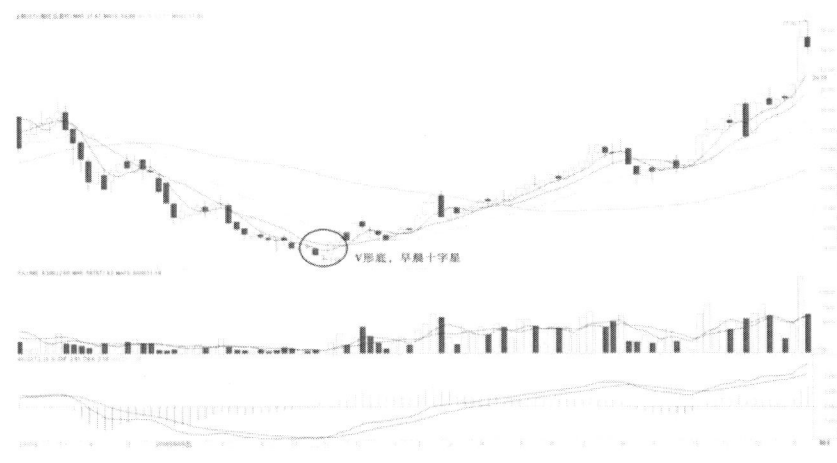

圖 17.4.2　V 形運用

二、倒置 V 形（尖頂）

（一）技術圖形

倒置 V 形（尖頂）圖形如圖 17.4.3 所示：

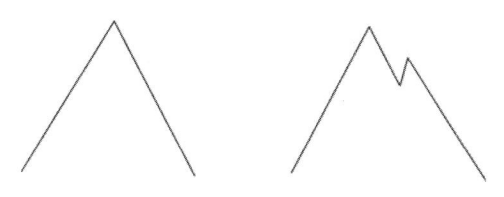

圖 17.4.3　倒置 V 形（尖頂）圖形

（二）特徵

（1）出現在漲勢中。

（2）上漲的速度越來越快，突然烏雲壓城，出現快速下跌，其形狀像個倒置的英文字母「V」。

（3）轉勢點的成交量特別大。

（三）技術含義

倒置 V 形（尖頂）觸頂暴跌，是賣出信號。投資者應及時停損離場。倒置 V 形走勢一旦形成，股價回落速度很快，僅幾天或一兩個星期股價跌去大半是常有的事，對此投資者一定要警覺（見圖 17.4.4）。

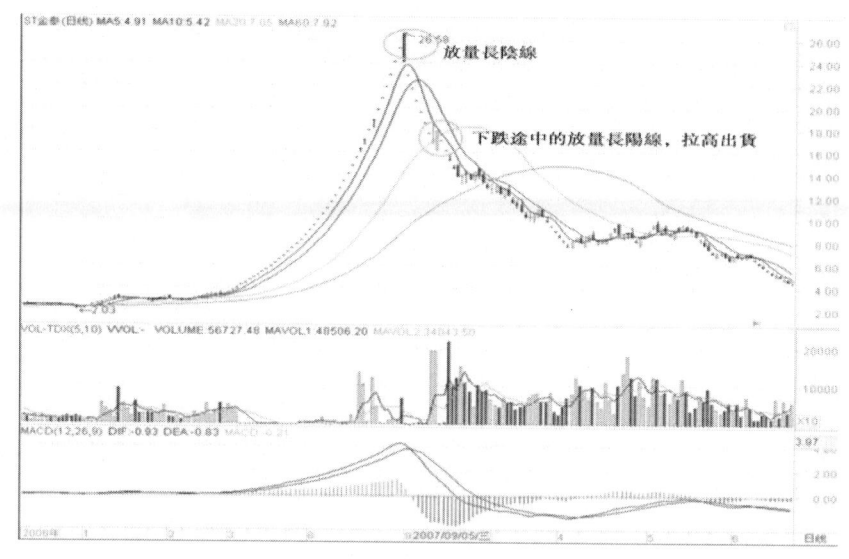

圖 17.4.4　倒置 V 形（尖頂）運用

任務 5　底部三角形、上升三角形和擴散三角形

一、底部三角形

（一）技術圖形

底部三角形圖形如圖 17.5.1 所示：

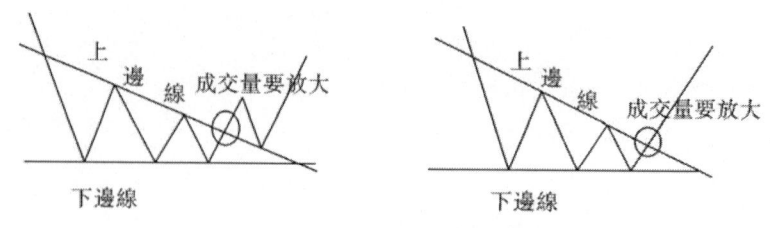

圖 17.5.1　底部三角形圖形

（二）特徵

（1）在跌勢中出現。

（2）股價在三次探底時，幾乎都在相同的價位上獲得支撐；股價每次探底后反彈的高點不斷下移。

（3）股價第三次探底后，反彈力度加強，成交量放大，衝過了上檔壓力線並立於壓力線上方。

（4）在形成三角形時成交量呈逐步萎縮狀態，以至出現極度萎縮；向上突破之后

常常會有一次回抽，配合較小的成交量。

(三) 技術含義

底部三角形築底回升，是買進信號。在底部三角形形成的后期，不能再盲目做空，而要密切注意成交量變化，一旦發現成交量放大，股價衝破壓力線時就可試著做多，如回探頸線再創新高時可加碼買進（見圖 17.5.2）。

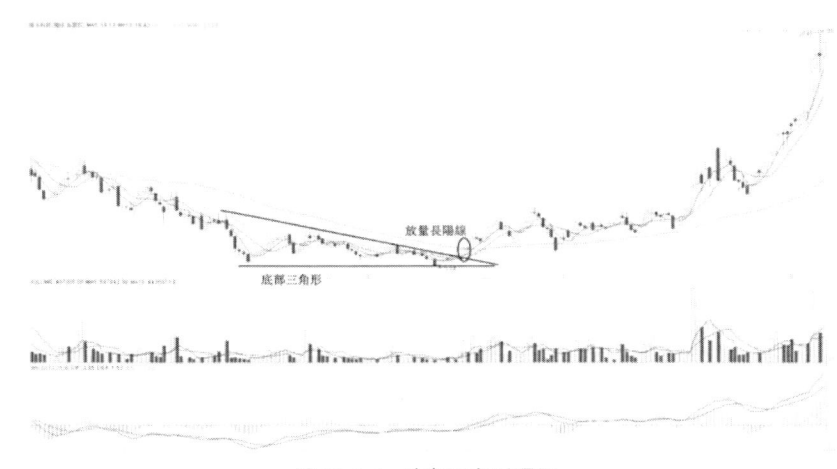

圖 17.5.2　底部三角形運用

二、上升三角形

(一) 技術圖形

上升三角形圖形如圖 17.5.3 所示：

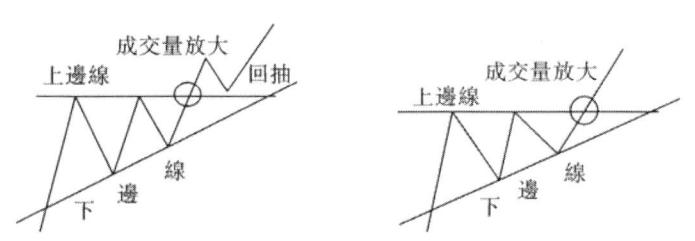

圖 17.5.3　上升三角形圖形

(二) 特徵

（1）在漲勢中出現。

（2）上漲的高點基本處於同一水平位置，回落低點卻不斷上移（如將上邊的高點和下邊的低點分別用直線連起來就構成一個向上傾斜的直角三角形）。

（3）成交量不斷萎縮，向上突破壓力線時放出大量。

（4）在突破后常有回抽，在原來高點連線處止跌回升，以確認向上突破有效。

(三) 技術含義

上升三角形蓄勢上揚，是買進信號。在股價突破上檔壓力線，小幅回落，再次發

力創新高后，投資者可加碼跟進。上升三角形最終出路向上居多，但少數情況下也會向下突破。如出現向下突破，投資者應及時沽空離場（見圖17.5.4和圖17.5.5）。

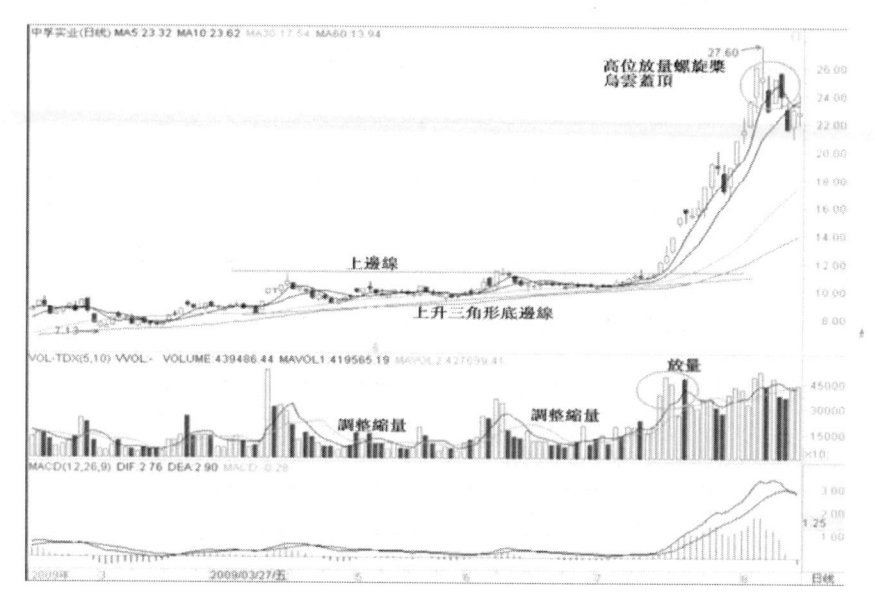

圖17.5.4　上升三角形運用

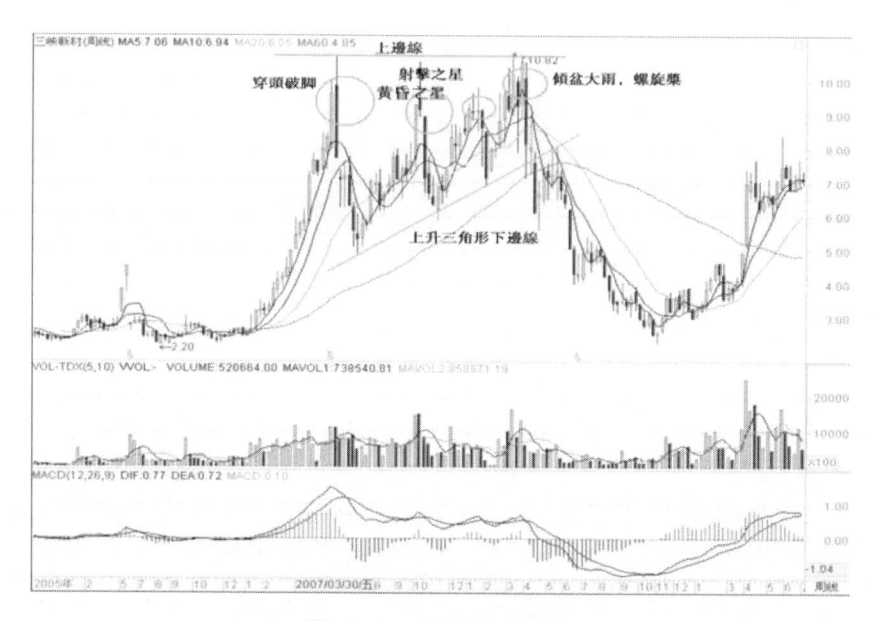

圖17.5.5　上升三角形運用

三、擴散三角形

(一) 技術圖形

擴散三角形圖形如圖 17.5.6 所示：

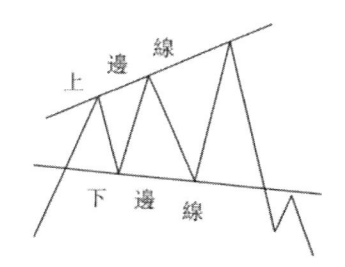

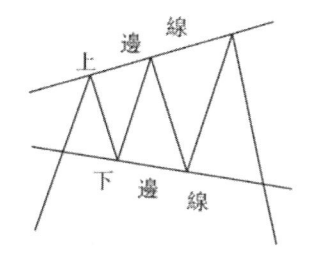

圖 17.5.6　擴散三角形圖形

(二) 特徵

(1) 多數出現在升勢中。

(2) 高點連線與低點連線相交於左方，呈向右擴散狀，其形狀像一個喇叭。

(3) 成交量高而不規則。

(三) 技術含義

擴散三角形升勢已盡，是賣出信號。可高拋低收，但要快進快出。一旦發現跌破支撐線應馬上止損離場。擴散三角形下跌開始的時間較難估計，因爲最后的瘋狂常常帶有巨大的能量，可能推動股價達到一些難以理解的高位，投資者對這種誘多行爲要保持警覺（見圖 17.5.7）。

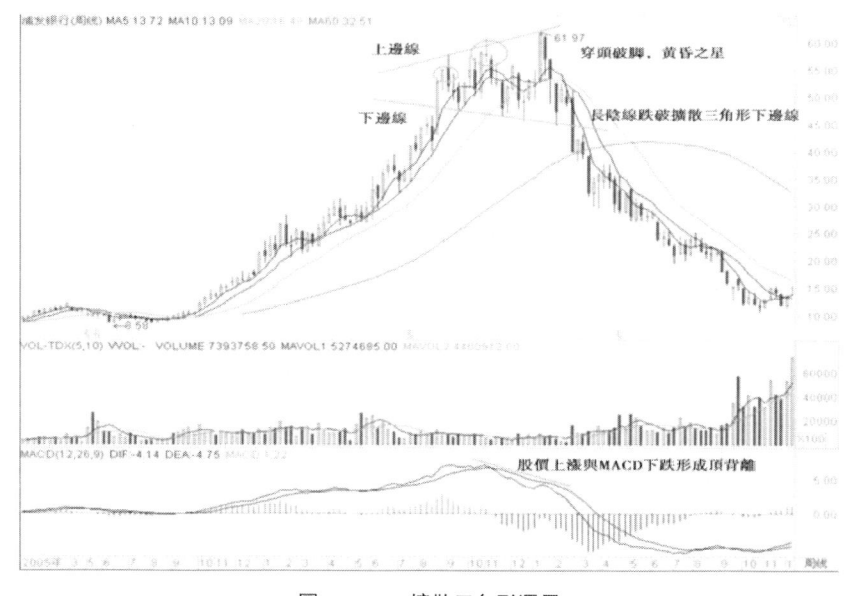

圖 17.5.7　擴散三角形運用

任務 6　缺口

一、跳空與缺口的區別

缺口一定會是跳空，但是跳空不一定會是缺口。跳空指的是開盤價與收盤價之間的關係。缺口指的是最高價與最低價之間的關係。

跳空與缺口圖形如圖 17.6.1 所示：

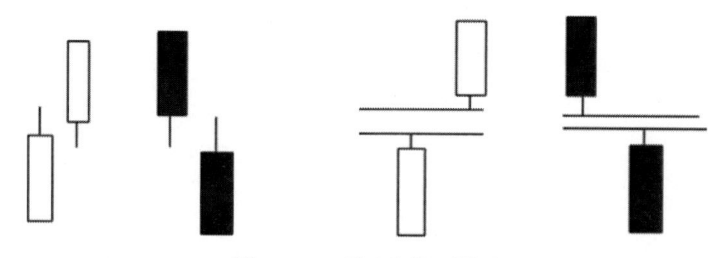

圖 17.6.1　跳空與缺口圖形

二、缺口方式的分類

（一）向上跳空缺口

證券價格在上漲過程中，形成向上跳空缺口，對證券價格起支持作用（見圖 17.6.2）。

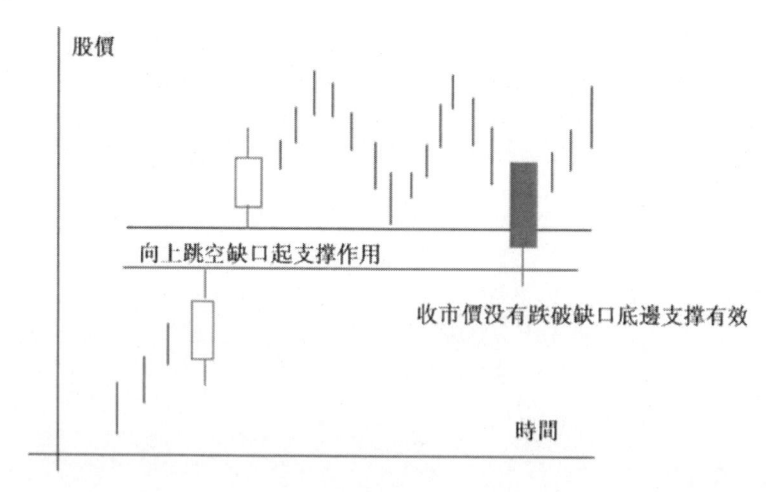

圖 17.6.2　向上跳空缺口支撐示意圖

（二）向下跳空缺口

證券價格在下跌過程中，形成向下跳空缺口，對證券價格起壓力作用（見圖

17.6.3）。

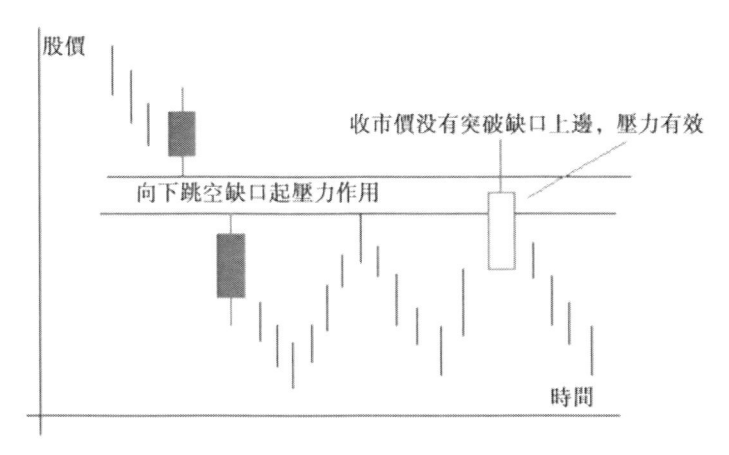

圖 17.6.3　向下跳空缺口壓力線示意圖

三、缺口的分類

（一）普通性缺口

短線出現小幅缺口並且盤中給予回補走勢，或者出現 1~3 個交易日內的回補，都應該確認此類缺口爲普通性缺口形態。投資者應該注意謹慎盤中追高行爲的產生。此類缺口不會改變當時股價總體運行趨勢，只是遇到一般利好或者利空的一種形態表現，震盪之後必然回補。普通性缺口通常在強勢形態調整階段以及弱勢形態中經常出現，形成缺口代表市場中沒有相應價格成交過程出現。

普通性缺口一般是在橫盤整理區間出現，但是並無成交量的配合，缺口一般在三五天內就會完全封閉，這種缺口對於後期的分析意義不是很大。

（二）功能性缺口

1. 突破性缺口

（1）出現的位置。突破性缺口一般出現在頭肩底、W 底或頭肩頂、M 頭等一系列的轉向形態之後。突破性缺口對後期股價的走勢起到壓力和支撐作用。

（2）基礎條件。突破性缺口出現在某個反轉形狀或整理形態結束位置，突破了重要的壓力和支撐位，如趨勢線和頸線等。

（3）成交量。缺口出現當日或者次日成交量出現明顯放大（尤其是向上的缺口）。在政策面上，常會伴隨巨大的利好政策出抬。這種缺口有可能連續幾年長時間不能封閉。

（4）突破性缺口是否回補。向上突破缺口出現後，三五天內不會回補，如果后期回補，只能以影線回補一次，不以實體回補。因此，買入點有兩個，即剛剛突破時和回抽時向下突破缺口出現後，不會回抽，直接賣出（見圖 17.6.4、圖 17.6.5 和圖 17.6.6）。

圖 17.6.4　突破性缺口圖形

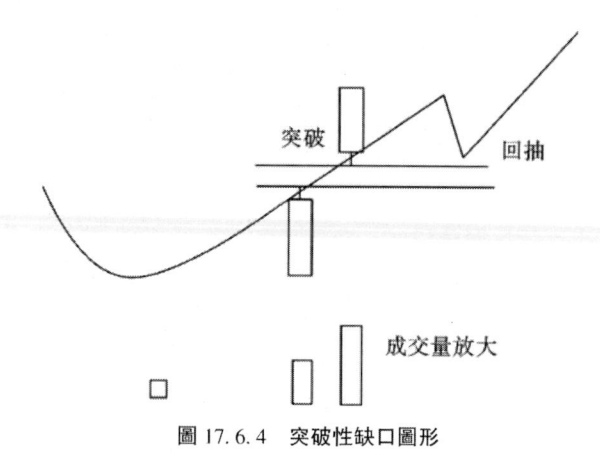

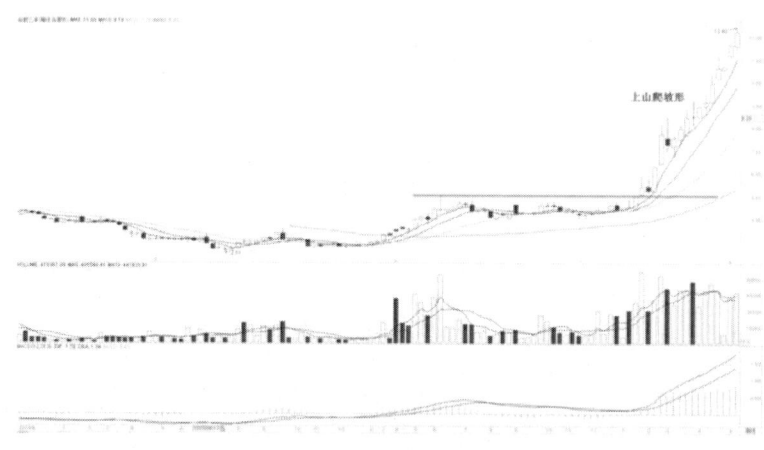

圖 17.6.5　突破性缺口運用

圖 17.6.6　突破性缺口運用

2. 度量型缺口（中繼型缺口）

（1）出現的位置。度量型缺口具有度量漲跌幅的作用，通常出現在上漲或者下跌行情的中間區域。

（2）意義。原有的趨勢並未結束，股價下一階段的上漲或者下跌幅度至少是趨勢的啟動點到缺口的距離。

（3）判斷是否為度量型缺口的依據如下：

第一，缺口出現的位置離趨勢啟動點較遠，股價的漲跌幅度一般不超過50%。

第二，上升趨勢當中，度量型缺口出現當日成交量大增，但不是天量，下降趨勢當中對成交量的要求不高。

第三，度量型缺口是由於資金大量湧入或者拋銷引起的，因此這樣的缺口形成之後三五天之內不會回補（見圖17.6.7和圖17.6.8）。

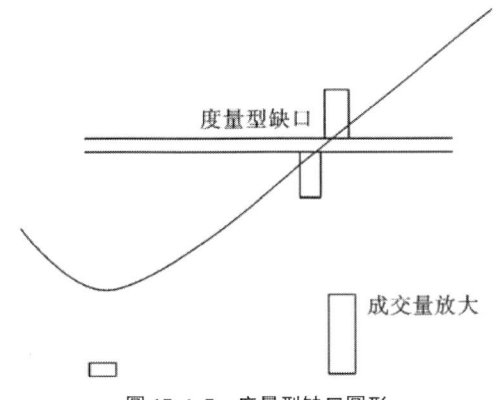

圖17.6.7　度量型缺口圖形

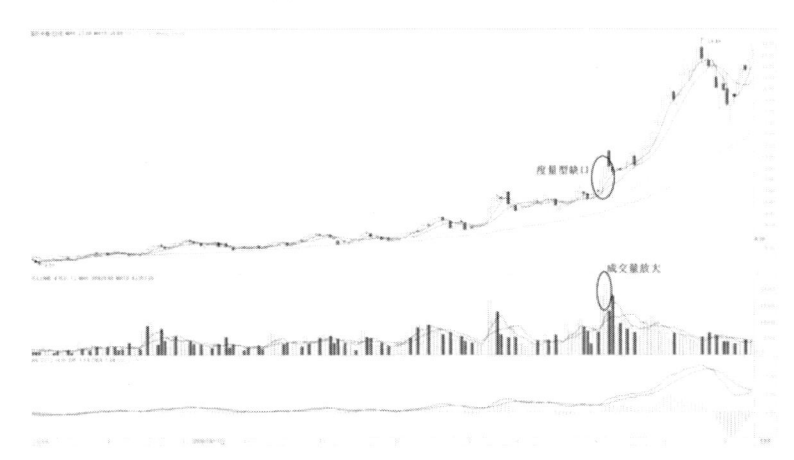

圖17.6.8　度量型缺口運用

3. 衰竭型缺口

衰竭型缺口是原有趨勢終結的一種信號，表示多頭或者空頭的力量已經消耗殆盡。當長期升勢或者跌勢將至盡頭的時候出現此類缺口時，可以確認行情已經結束，是短線建倉或者賣出的機會。

（1）判斷標準。缺口出現位置離趨勢啓動點很遠，漲跌幅度已經超過50%，甚至更多。

（2）決定條件。上漲途中衰竭型缺口出現當日或者次日往往伴隨著天量的出現；下降途中缺口出現時，成交量萎縮，放量更好。

完全回補時間長短不定，這是因爲原來動力已經耗盡，而另一方力量開始增強，所以股價很快會朝相反方向運動（見圖 17.6.9、圖 17.6.10 和圖 17.6.11）。

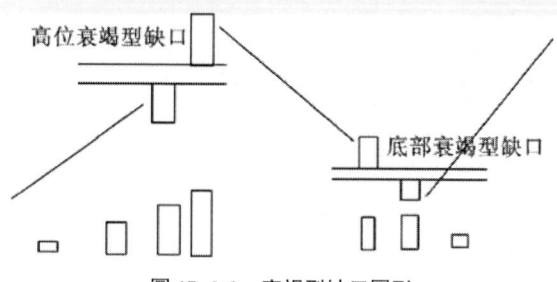

圖 17.6.9　衰竭型缺口圖形

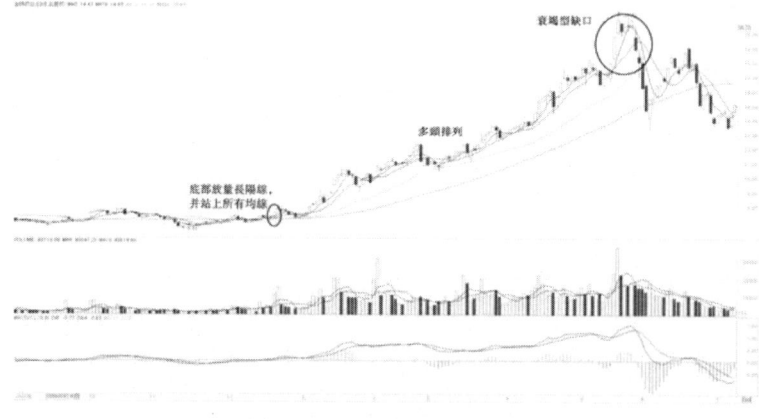

圖 17.6.10　衰竭型缺口運用

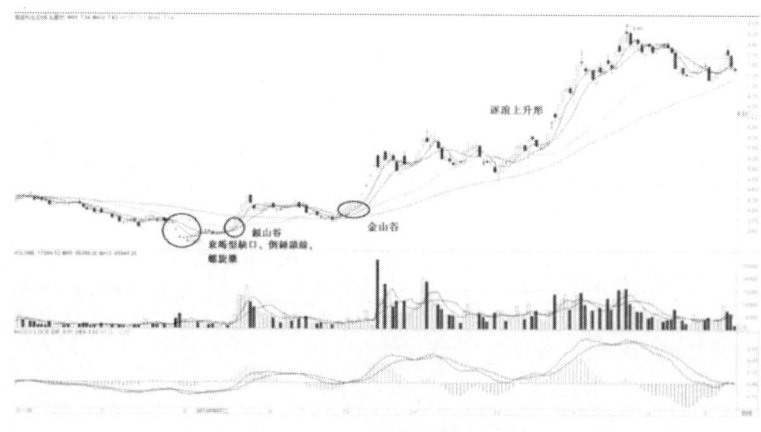

圖 17.6.11　衰竭型缺口運用

項目 18 移動平均線分析

學習要點

◆ 熟悉移動平均線的含義。
◆ 掌握移動平均線的種類。
◆ 掌握在證券軟件上選擇移動平均線的分析週期。
◆ 掌握移動平均線的作用。
◆ 掌握移動平均線買進和持有股票的形態。
◆ 掌握移動平均線賣出股票和空倉的形態。

任務 1 移動平均線簡介

一、移動平均線的含義

移動平均線是指一定交易時間內（日、周、月、年）的算術平均線，簡稱均線。其公式爲：

MA（N）＝第 1 日收盤價+第 2 日收盤價+……+第 N 日收盤價/N

現以 5 日均線爲例，將 5 日內的收盤價逐日相加，然后除以 5，得出 5 日的平均值，再將這些平均值在圖紙上依先后次序連起來，這條繪出的線就叫 5 日移動平均線。其他 10 日、20 日、30 日、60 日、120 日、250 日均線依此類推（見圖 18.1.1）。

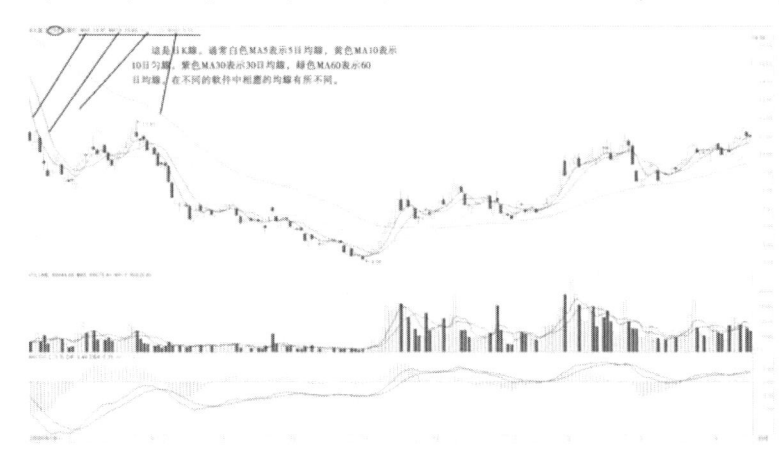

圖 18.1.1 移動平均線圖形

二、移動平均線的種類

(一) 單根移動平均線

1. 短期移動平均線

短期移動平均線分爲 3 日、5 日（周線）、10 日（半月線）等。多數情況下，人們都把 10 日移動平均線作爲短線買賣的依據。原因是 10 日移動平均線比 5 日移動平均線更能反應短期股價平均成本的變動情況與趨勢。

2. 中期移動平均線

中期移動平均線有 20 日（月線）、30 日、60 日（季線）等。其中，30 日移動平均線使用頻率最高，作爲短期、中期買賣的依據。60 日移動平均線對中短期股價指數有明顯的趨勢指示及制約作用，很受投資者重視。

3. 長期移動平均線

長期移動平均線有 100 日、120 日（半年線）、150 日、200 日、250 日（年線）等。其中，使用較多的是 120 日均線和 250 日均線。因爲中國是一年分 2 次公布財務報表，各行業景氣變動亦是從半年、一年觀察未來的盛衰，因此半年線和一年線對研判股市的中長期走勢有著重要的作用。

(二) 普通組合移動平均線

1. 組合類型

(1) 5 日、10 日、20 日。

(2) 5 日、10 日、30 日。

(3) 10 日、30 日、60 日。

(4) 20 日、40 日、60 日。

(5) 30 日、60 日、120 日。

(6) 60 日、120 日、250 日。

一般來說，無論是哪一種均線組合，人們總習慣將日子最少的 1 根均線稱爲短期均線，日子最長的 1 根均線稱爲長期均線，余下的那根均線稱爲中期均線。

2. 組合從時間上分類

(1) 短期均線組合。短期均線組合最常見的有 5 日、10 日、20 日和 5 日、10 日、30 日兩種組合。短期均線組合主要用於觀察股價（股指）短期運行的趨勢，如 1～3 個月走勢怎麽樣。

(2) 中期均線組合。中期均線組合最常見的有 10 日、30 日、60 日和 20 日、40 日、60 日兩種組合。中期均線組合主要用於觀察大盤或個股中期運行的趨勢，如 3～6 個月大盤或個股走勢怎麽樣。實踐中，用中期均線組合比短期均線組合更準確可靠。

(3) 長期均線組合。長期均線組合最常見的有 30 日、60 日、120 日和 60 日、120 日、250 日兩種組合。長期均線組合主要用於觀察大盤或個股的中長期趨勢，如半年以上的股價走勢怎麽樣。

（三）特殊組合移動平均線

把周均線、月均線或分時均線，稱為特殊均線。

一般來說，周線組合、月均線組合適用於對大盤或個股長期運行趨勢的研判，和日均線組合相比，它們對大勢的指示作用更加簡潔明瞭。

分時均線組合適用於大盤或個股超短期運行趨勢的研判，它和日均線組合相比，則能更加細微地觀察到大盤或個股運行的瞬間變化，以便投資者及早採取應對措施。

三、在軟件上的選擇

在證券軟件上，現以同花順軟件為例，打開指數或個股頁面，點鼠標右鍵，選擇分析週期欄目，就可以看到週期分類，如日線、周線等。其中，不同數字是相應移動平均線週期的快捷方式（見圖 18.1.2）。

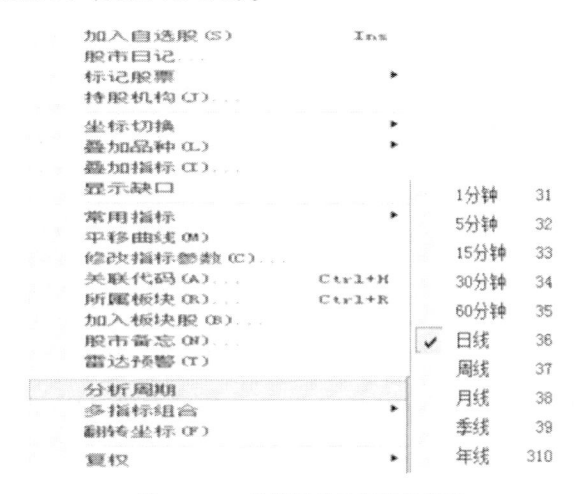

圖 18.1.2　移動平均線週期的選擇

三、移動平均線的作用

（一）反應當前市場的平均成本

例如，20 日均線代表了 20 日內買進者的平均成本，60 日均線代表 60 日內買進者的平均成本。平均成本是市場操作，特別是主力操作的一個重要依據。

（二）揭示股價運動方向

揭示股價運動方向，即揭示股價是上升趨勢還是下降趨勢。判斷的方法是移動平均線向下，則趨勢向差；移動平均線向上，則趨勢向好。短期移動平均線反應的是短期趨勢的好壞，中期移動平均線反應的是中期趨勢的好壞，長期移動平均線反應的是長期趨勢的好壞。

（三）助漲助跌作用

在多頭市場或空頭市場中，移動平均線朝一個方向移動，通常將持續幾個星期或

幾個月之后才會發生反轉，改朝另一個方向移動。

因此，在股價的上升趨勢中，可以將移動平均線看作多頭的防線，具有助漲作用，這時應視為買進時機。而在股價的下降趨勢中，可以將移動平均線看作空頭的防線，具有助跌作用，這時應視為賣出時機。

移動平均線的助漲與助跌作用在股價走出盤整區域后表現尤為明顯。當股價脫離盤整上升時，它就會發揮很強的助漲作用，即使股價偶爾回檔，也會受到平均線的支撐止跌向上。反之，當股價脫離盤整區域而下跌時，它就會產生很強的助跌作用，股價即使反彈，也會受平均線的壓制而再創新低。

任務 2　多頭排列與空頭排列

一、多頭排列

（一）圖形

多頭排列圖形如圖 18.2.1 所示：

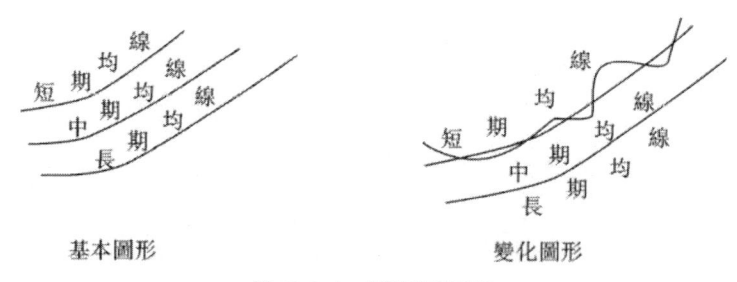

基本圖形　　　　　　　變化圖形

圖 18.2.1　多頭排列圖形

（二）特徵

（1）多頭排列出現在漲勢中。

（2）多頭排列由 3 根移動平均線組成，其排列順序是最上面一根是短期均線，中間一根是中期均線，最下面一根是長期均線，3 根均線呈向上圓弧狀。如果短期均線和中期均線粘合在一起，並且呈向上圓弧狀，也是多頭排列。

（三）技術含義

個股均線出現多頭排列，表明多頭（買盤）力量較強，做多主力正在控制局勢。這是一種比較典型的做多信號，投資者見此圖形應以持股為主。在漲勢中，尤其是上漲初期，當均線出現了多頭排列后，表明市場積聚了較大的做多能量，這時股價往往會繼續一段升勢。在多頭排列初期和中期，可積極做多，在后期應謹慎做多（見圖 18.2.2 和圖 18.2.3）。

图 18.2.2　多头排列运用

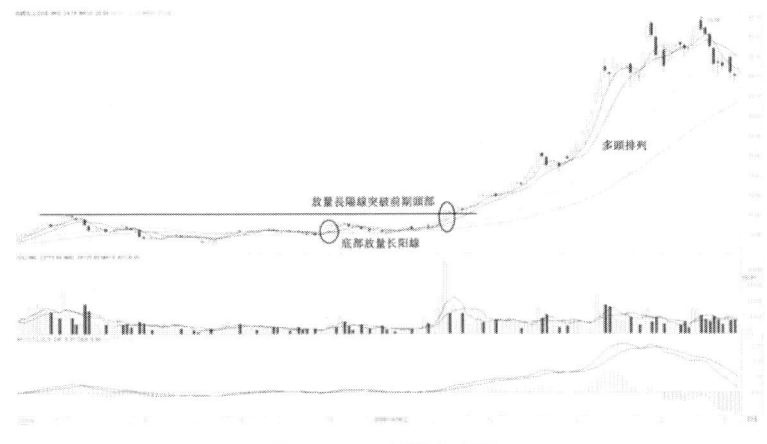

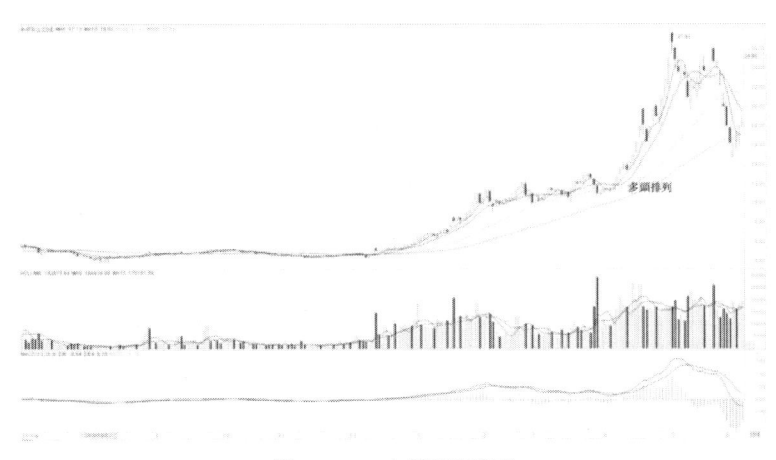

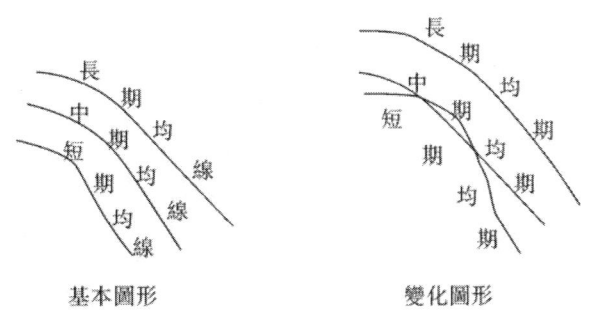

图 18.2.3　多头排列运用

二、空头排列

(一) 图形

空头排列图形如图 18.2.4 所示：

基本图形　　　　变化图形

图 18.2.4　空头排列图形

(二) 特徵

(1) 空頭排列出現在跌勢中。

(2) 空頭排列由 3 根移動平均線組成，其排列順序是最上面一根是長期均線，中間一根是中期均線，最下面一根是短期均線，3 根均線呈向下圓弧狀。

(三) 技術含義

當個股均線出現空頭排列時，即意味著個股進入了空頭市場，這時個股整體呈現弱勢。尤其在個股有了一段漲幅後，均線出現空頭排列，常會有一輪較大的跌勢。在空頭排列初期和中期，應以做空爲主，在后期應謹慎做空（見圖 18.2.5）。

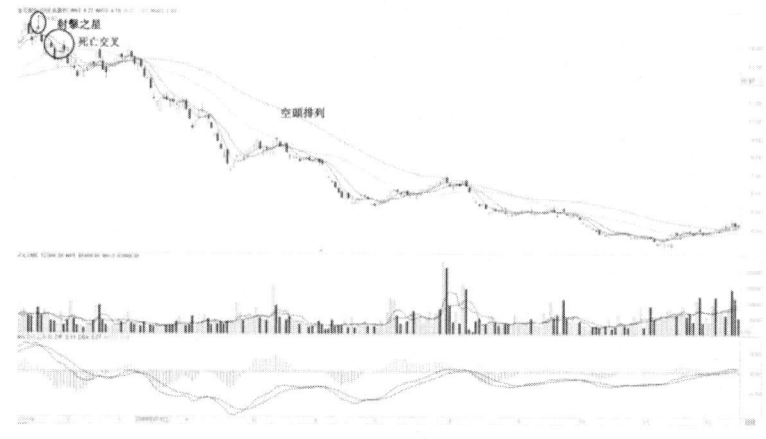

圖 18.2.5　空頭排列運用

任務 3　黃金交叉與死亡交叉

一、黃金交叉（金叉）

(一) 圖形

黃金交叉圖形如圖 18.3.1 所示：

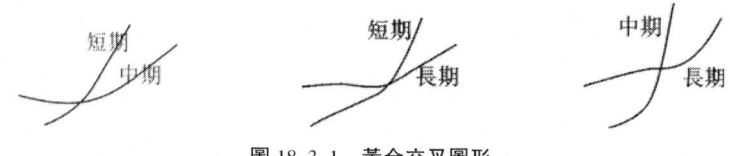

圖 18.3.1　黃金交叉圖形

(二) 特徵

(1) 黃金交叉出現在上漲初期。

(2) 黃金交叉由兩根移動平均線組成，一根時間短的均線由下向上穿過一根時間長的均線，並且時間長的均線在向上移動。

（三）技術含義

均線出現黃金交叉是個買進信號，但信號有強弱之分，可靠性也有高低之別。一般來說，時間長的兩根均線出現黃金交叉要比時間短的兩根均線出現黃金交叉買進信號來得強，反應的做多信號也相對比較可靠。

股價大幅下跌后，出現該信號，可積極做多。中長線投資者可以在周 K 線或月 K 線中出現該信號時買進。兩線交叉的角度越大，上升信號越強烈（見圖 18.3.2）。

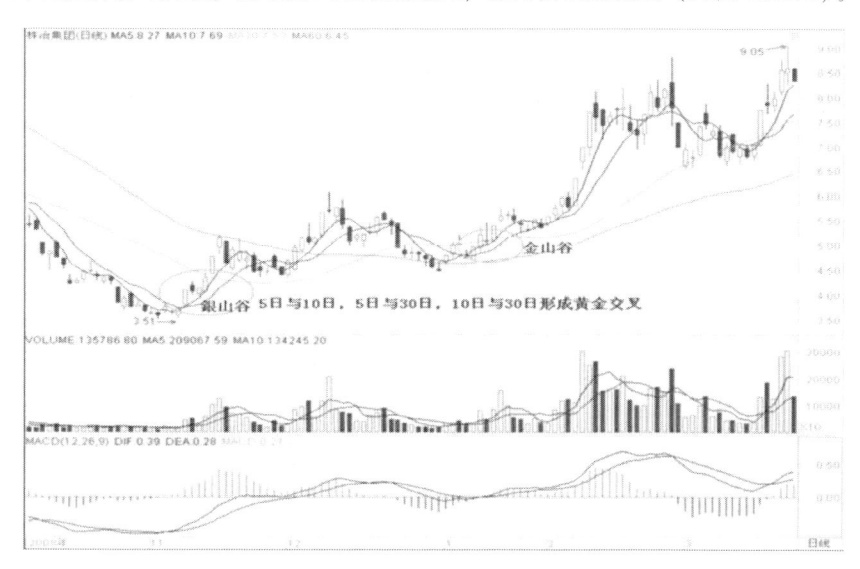

圖 18.3.2　黃金交叉運用

二、死亡交叉（死叉）

（一）圖形

死亡交叉圖形如圖 18.3.3 所示：

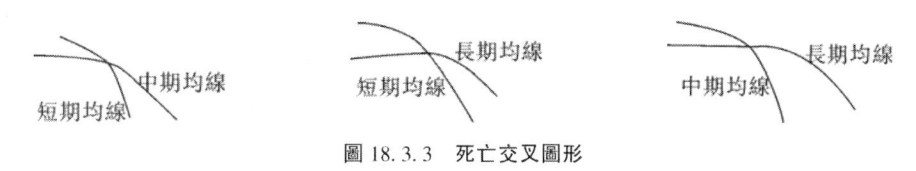

圖 18.3.3　死亡交叉圖形

（二）特徵

（1）死亡交叉出現在跌初期。

（2）死亡交叉由兩根移動平均線組成，一根時間短的均線由上向下穿過時間長的均線，並且時間長的均在向下移動。

（三）技術含義

均線出現死亡交叉是個賣出信號，但信號有強弱之分，可靠程度也有高低之別。一般來說，時間長的兩根均線出現死亡交叉要比時間短的兩根均線出現死亡交叉賣出

信號來得強，反應的做空信號也相對比較可靠。股價大幅上漲后，出現該信號可積極做空。中長線投資者可在周 K 線出現該信號時賣出（見圖 18.3.4）。

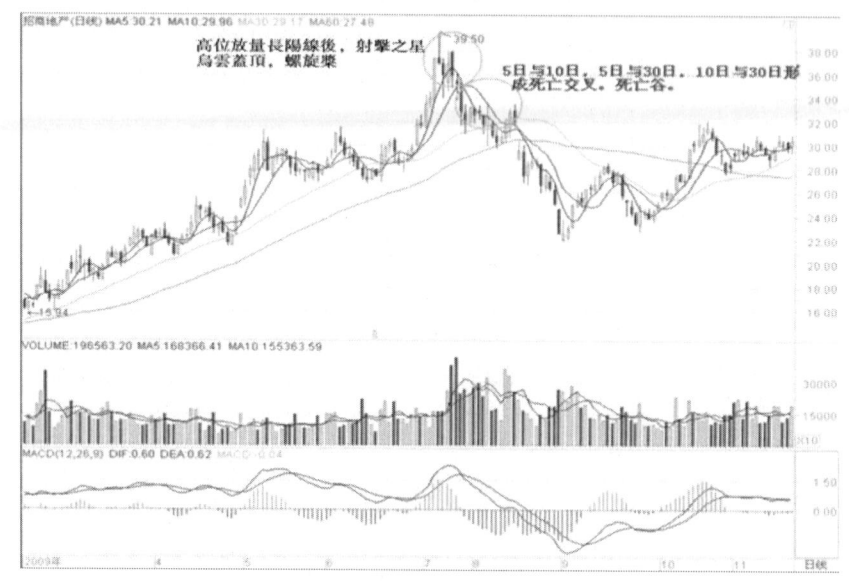

圖 18.3.4　死亡交叉運用

任務 4　銀山谷、金山谷與死亡谷

一、銀山谷和金山谷

（一）圖形

銀山谷和金山谷圖形如圖 18.4.1 所示：

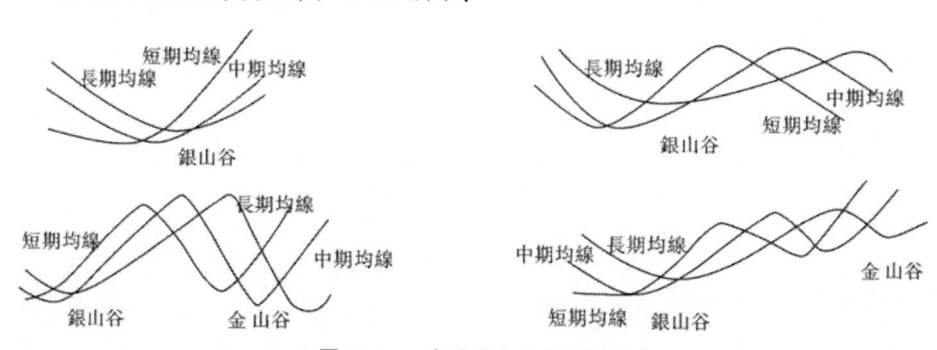

圖 18.4.1　銀山谷和金山谷圖形

（二）特徵

（1）銀山谷：出現在上漲初期；由 3 根移動平均線交叉組成，形成一個尖頭向上的不規則三角形。

（2）金山谷：出現在銀山谷之后；金山谷不規則三角形構成方式和銀山谷不規則三角形構成方式相同；可處於銀山谷相近的位置，也可高於銀山谷。

(三) 技術含義

銀山谷和金山谷是買進信號，后市看漲。銀山谷一般可作爲激進型投資者的買進點；金山谷一般可作爲穩健型投資者的買進點。銀山谷和金山谷相隔時間越長，所處的位置就越高，日后股價的上升潛力就越大（見圖18.4.2和圖18.4.3）。

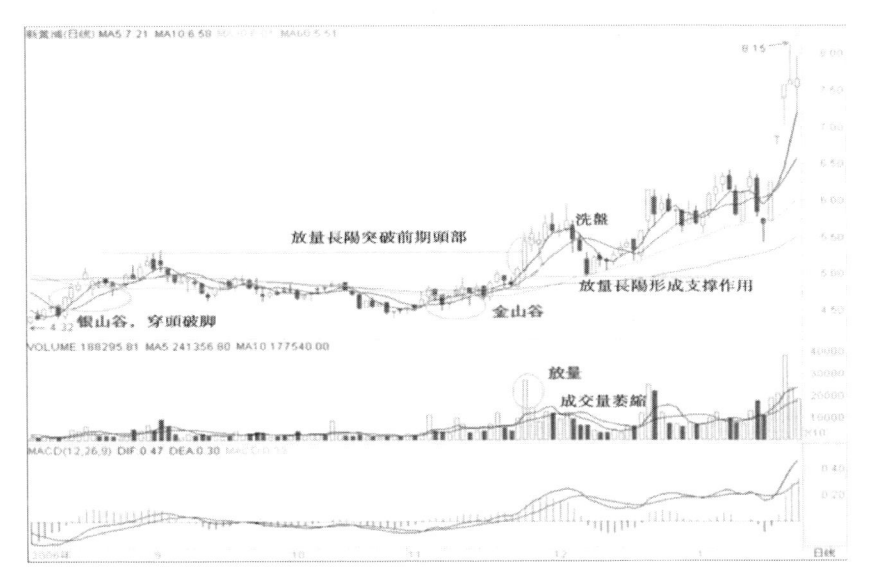

圖18.4.2　銀山谷和金山谷運用

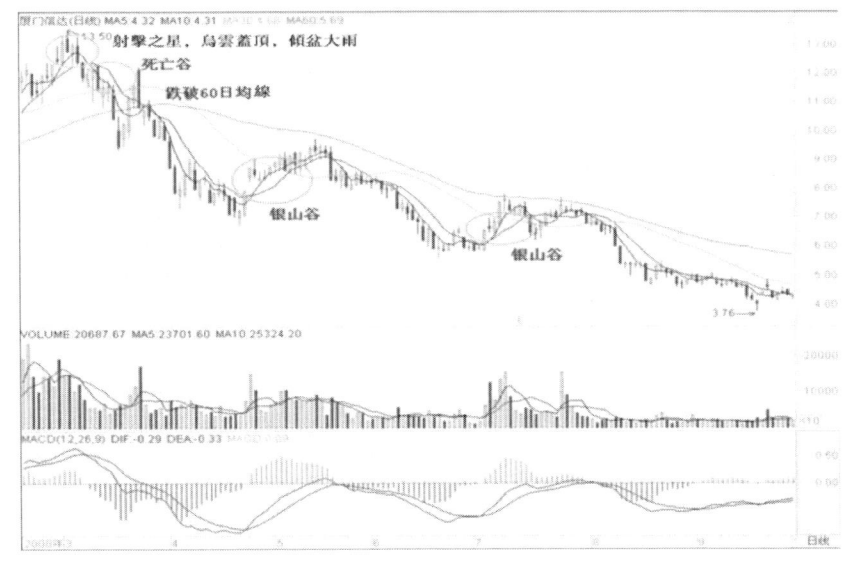

圖18.4.3　銀山谷和金山谷運用

二、死亡谷

（一）圖形

死亡谷圖形如圖 18.4.4 所示：

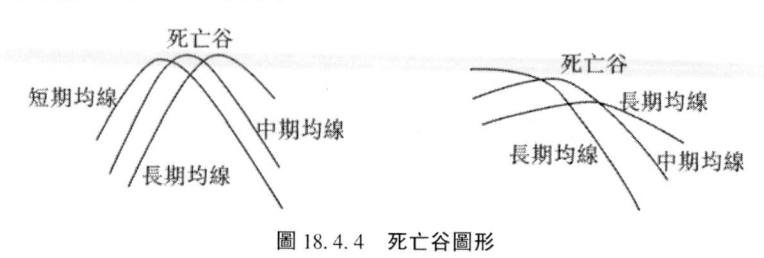

圖 18.4.4　死亡谷圖形

（二）特徵

（1）死亡谷出現在下跌初期。

（2）死亡谷由 3 根移動平均線交叉組成，形成一個尖頭向下的不規則三角形。

（三）技術含義

死亡谷是見頂信號，后市看跌。見該信號應積極做空，尤其是在股價大幅上揚后，出現該信號則更要及時止損離場。死亡谷賣出信號強於死亡交叉（見圖 18.4.5）。

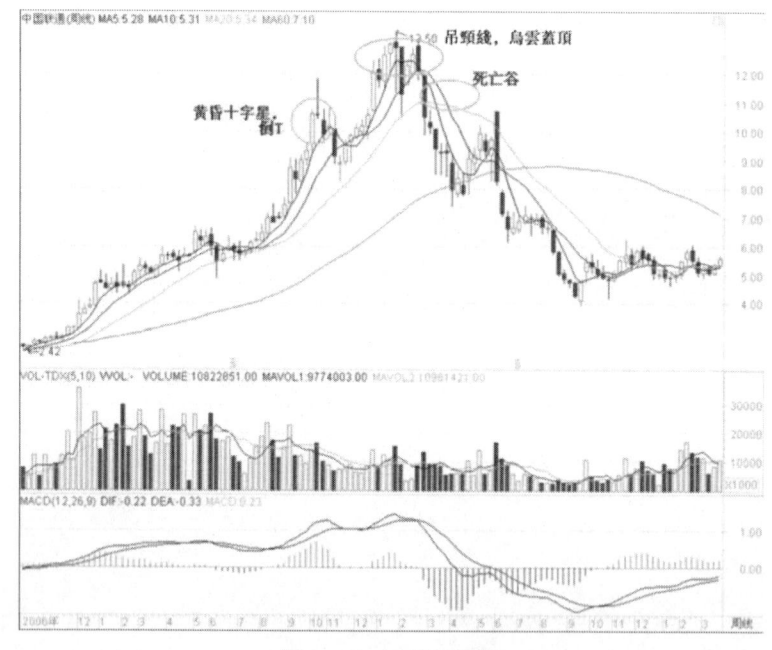

圖 18.4.5　死亡谷運用

任務 5 首次粘合向上發散形與首次粘合向下發散形

一、首次粘合向上發散形

（一）圖形

首次粘合向上發散形圖形如圖 18.5.1 所示：

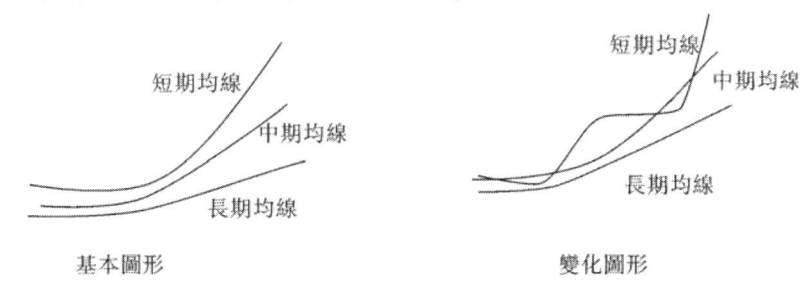

圖 18.5.1 首次粘合向上發散形圖形

（二）特徵

（1）首次粘合向上發散形既可出現在下跌后橫盤末期，又可出現在上漲后橫盤末期。
（2）短期、中期和長期均線同時以呈噴射狀向上發散。
（3）幾根均線發散前曾粘合在一起。

（三）技術含義

均線粘合后向上發散，具有較強的助漲作用，爲買進信號。激進型投資者可在向上發散的初始點買進。粘合時間越長，向上發散的力度就越大。向上發散時，如成交量同步放大，信號可靠性較強。均線粘合后向上發散+成交量放大，上漲概率通常大於等於 80%（見圖 18.5.2）。

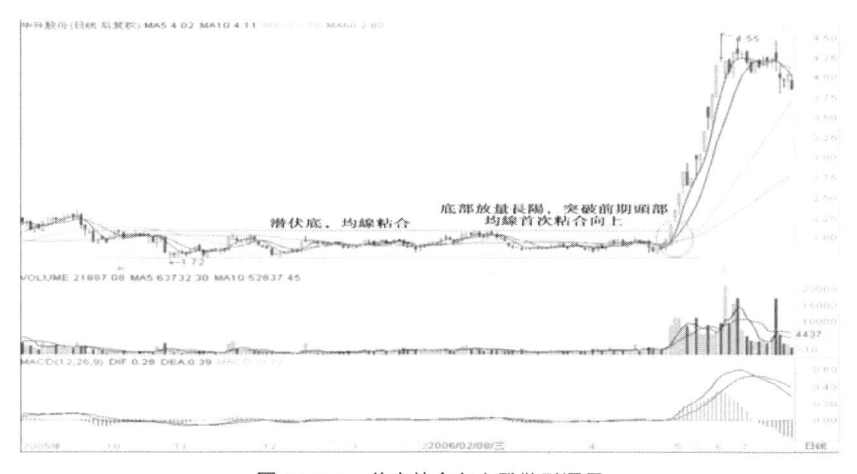

圖 18.5.2 首次粘合向上發散形運用

二、首次粘合向下發散形

(一) 圖形

首次粘合向下發散形圖形如圖 18.5.3 所示：

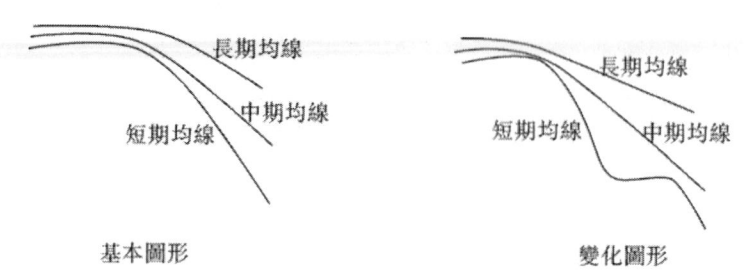

圖 18.5.3　首次粘合向下發散形圖形

(二) 特徵

(1) 首次粘合向下發散形既可出現在上漲后橫盤末期，又可出現在下跌后橫盤末期。

(2) 短期、中期和長期均線同時呈瀑布狀向下發散。

(3) 幾根均線發散前曾粘合在一起。

(三) 技術含義

均線粘合后向下發散，具有較強的助跌作用，爲賣出信號。無論是激進型還是穩健型投資者，見此信號就應及時止損離場。粘合時間越長，向下發散的力度就越大。向下發散時，如成交量同步放大，則后市更加不妙（見圖 18.5.4）。

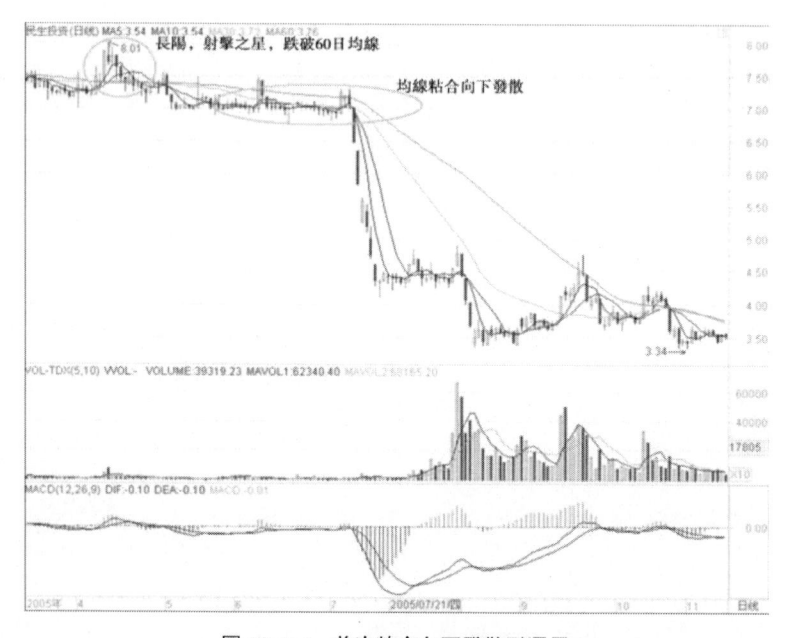

圖 18.5.4　首次粘合向下發散形運用

任務 6　首次交叉向上發散形與首次交叉向下發散形

一、首次交叉向上發散形

(一) 圖形

首次交叉向上發散形圖形如圖 18.6.1 所示：

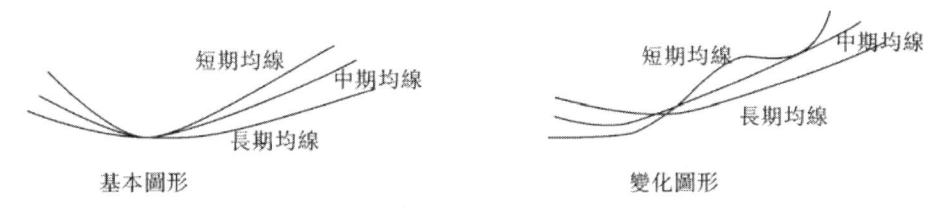

圖 18.6.1　首次交叉向上發散形圖形

(二) 特徵

(1) 首次交叉向上發散形出現在下跌后期。
(2) 短期、中期和長期均線從向下發散狀逐漸收斂后再向上發散。

(三) 技術含義

首次交叉向上發散形是買進信號，后市看漲。激進型投資者可在向上發散的初始點買進。向上發散的角度越大，后市上漲的潛力就越大。如果向上發散時得到成交量支持，則可靠性較強（見圖 18.6.2）。

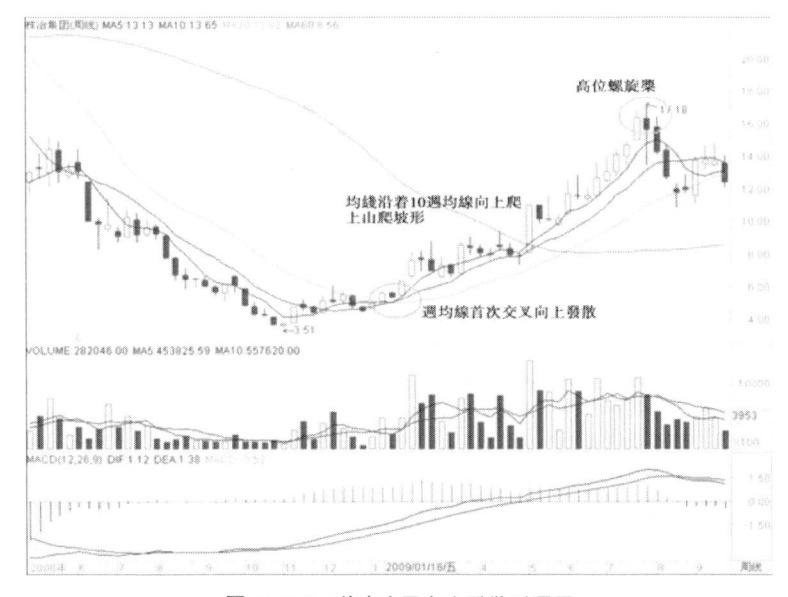

圖 18.6.2　首次交叉向上發散形運用

二、首次交叉向下發散形

(一) 圖形

首次交叉向下發散形圖形如圖 18.6.3 所示：

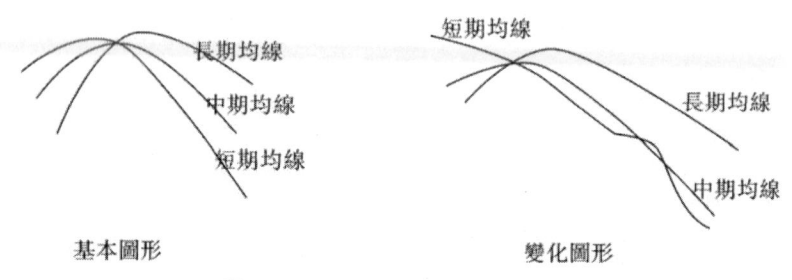

圖 18.6.3　首次交叉向下發散形圖形

(二) 特徵

(1) 首次交叉向下發散形出現在漲勢后期。

(2) 短期、中期和長期均線從向上發散狀逐漸收斂后再向下發散。

(三) 技術含義

首次交叉向下發散形是賣出信號，后市看跌。投資者見此信號應及時做空，退出觀望。一旦形成向下發散，常會出現較大跌幅（見圖 18.6.4）。

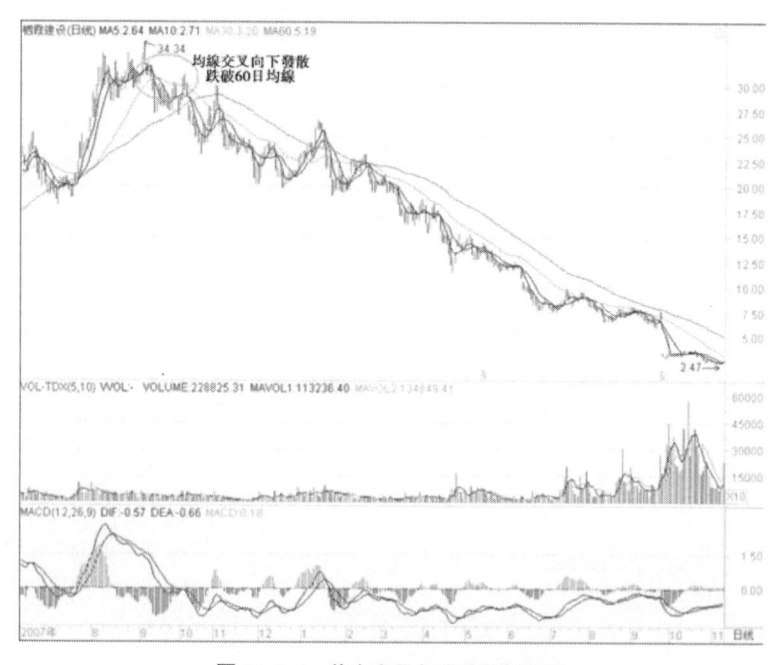

圖 18.6.4　首次交叉向下發散形運用

任務7　上山爬坡形與下山滑坡形

一、上山爬坡形

（一）圖形

上山爬坡形圖形如圖 18.7.1 所示：

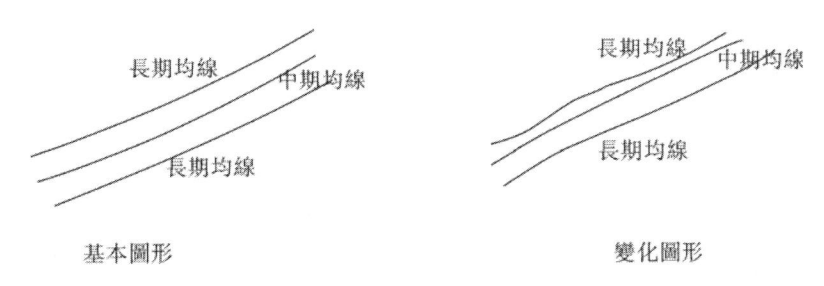

圖 18.7.1　上山爬坡形圖形

（二）特徵

（1）上山爬坡形出現在漲勢中。
（2）短期、中期和長期均線基本沿著一定的坡度往上移動。

（三）技術含義

上山爬坡形是做多信號，后市看漲。積極做多，只要股價沒有過分上漲，有籌碼者可持股待漲，持幣者可逢低吸納。坡度越小，上升勢頭越有后勁。其操作原理在於出現上山爬坡形，表明股價上升就像爬一座山，向上爬時是不會見頂的，但當爬到山坡頂時，已無路可爬，股價只能掉頭向下，此時股價也就見頂。

在股市中，這個「山坡」可能是某一根日均線，或者是某一根周均或月均線。股價沿著這根均線向上攀升時，只要股價不跌破這根均線，或者這根均線不出現向下彎頭的現象，投資者就可以一起持股待漲（見圖 18.7.2 和圖 18.7.3）。

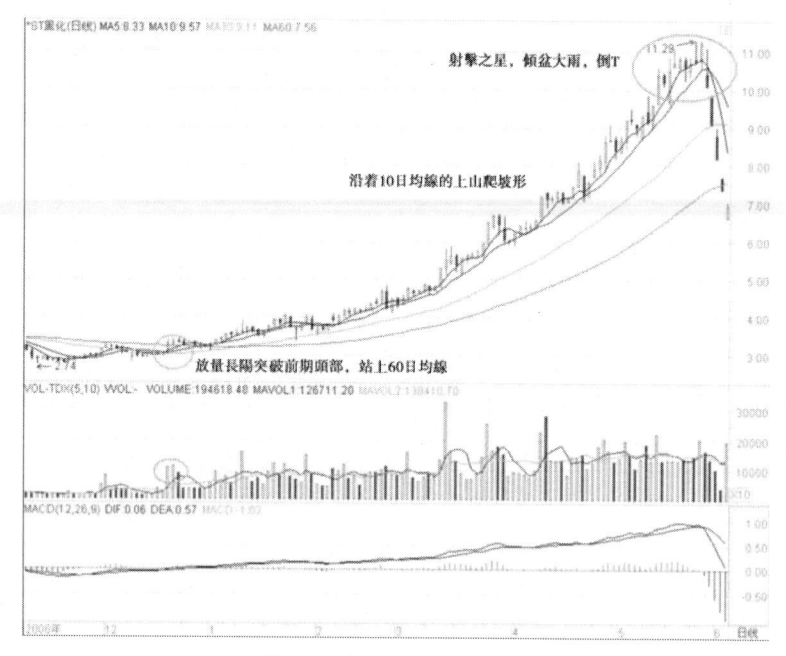

圖 18.7.2　上山爬坡形運用

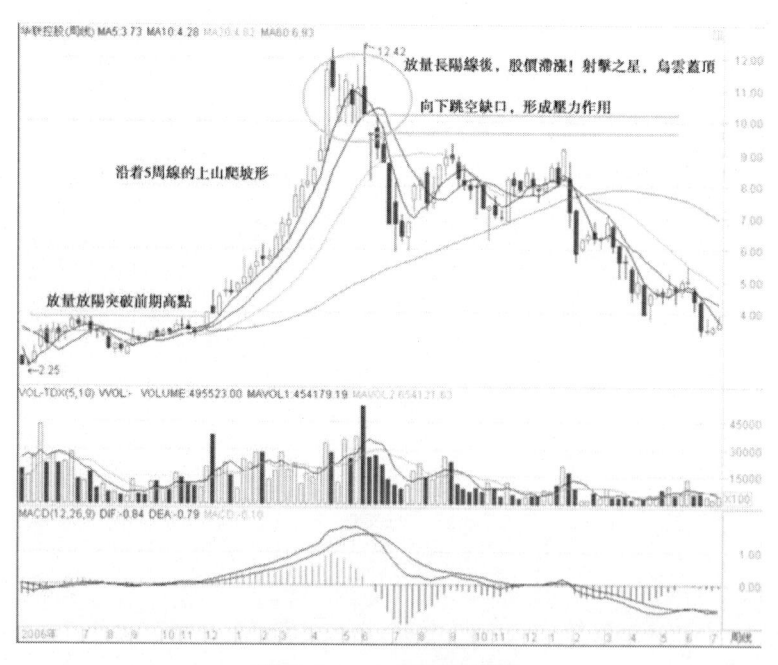

圖 18.7.3　上山爬坡形運用

二、下山滑坡形

（一）圖形

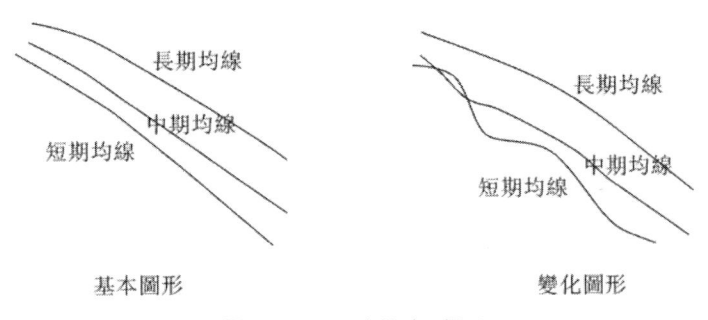

下山滑坡形如圖18.7.4所示：

圖18.7.4　下山滑坡形圖形

（二）特徵

（1）下山滑坡形出現在跌勢中。

（2）短期、中期和長期均線基本上沿著一定的坡度往下移動。

（三）技術含義

下山滑坡形是做空信號，后市看跌。此時應及時做空，只要股價沒有過分下跌，均應退出觀望（見圖18.7.5）。

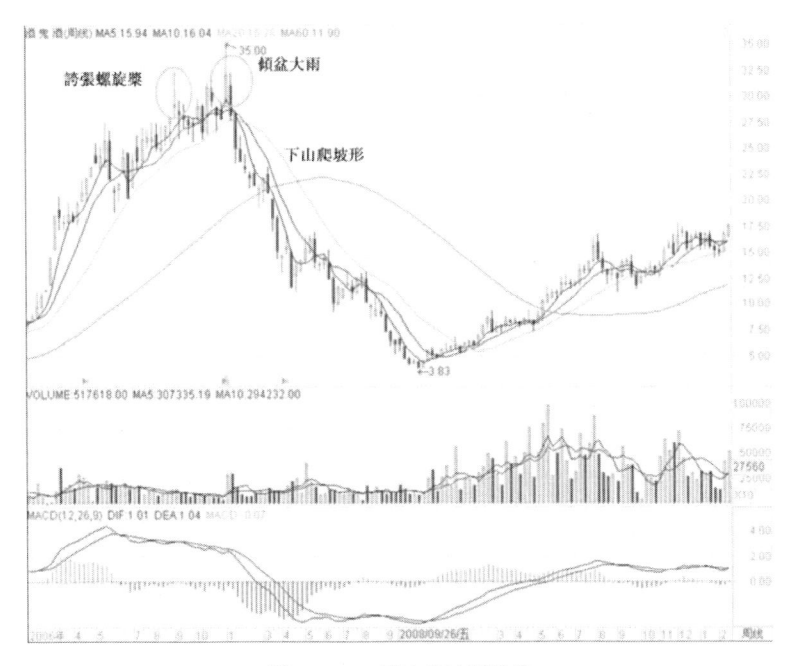

圖18.7.5　下山滑坡形運用

任務 8　逐浪上升形與逐浪下降形

一、逐浪上升形

（一）圖形

逐浪上升形圖形如圖 18.8.1 所示：

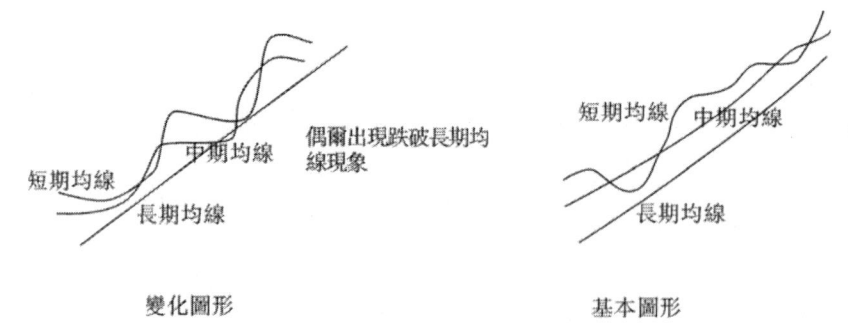

圖 18.8.1　逐浪上升形圖形

（二）特徵

（1）逐浪上升形出現在漲勢中。

（2）短期、中期均線上移時多次出現交叉現象，長期均線以斜狀托著短期、中期均線往上攀升。

（3）一浪一浪往上，浪形十分清晰。

（三）技術含義

逐浪上升形是做多信號，后市看漲。只要股價不過分上漲，有籌碼者可持股待漲，持幣者可在股價回落長期均線處買進。上升時浪形越有規則，信號越可靠（見圖 18.8.2）。

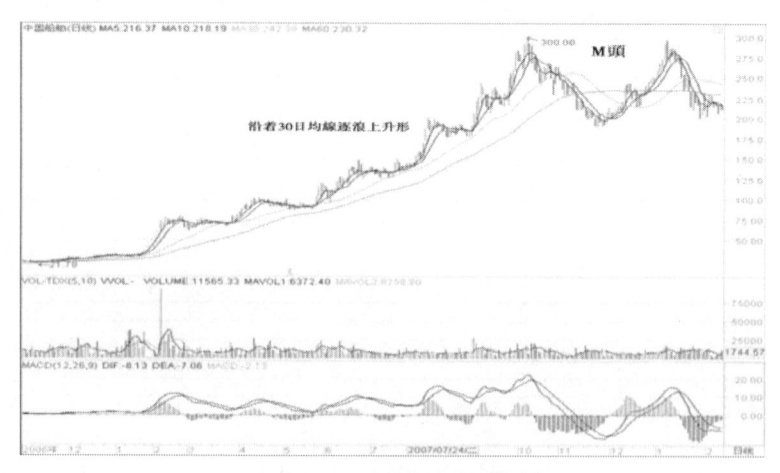

圖 18.8.2　逐浪上升形運用

二、逐浪下降形

（一）圖形

逐浪下降形圖形如圖 18.8.3 所示：

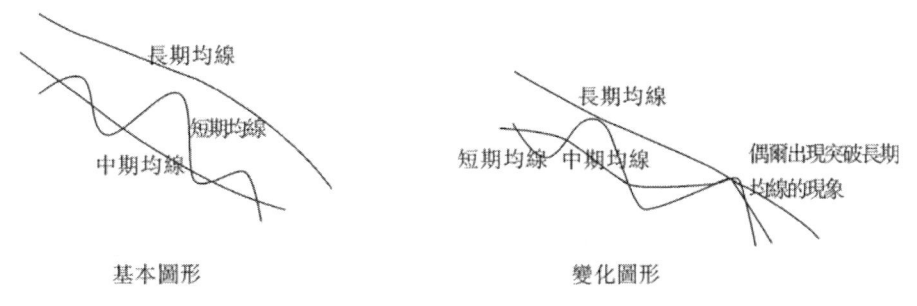

圖 18.8.3　逐浪下降形圖形

（二）特徵

（1）逐浪下降形出現在跌勢中。

（2）短期、中期均線下降時，多次出現交叉現象，長期均線壓著它們往下走。

（3）一浪一浪往下，浪形十分清晰。

（三）技術含義

逐浪下降形是做空信號，后市看跌。只要股價不過分下跌，均可在股價觸及長期均線處賣出（見圖 18.8.4）。

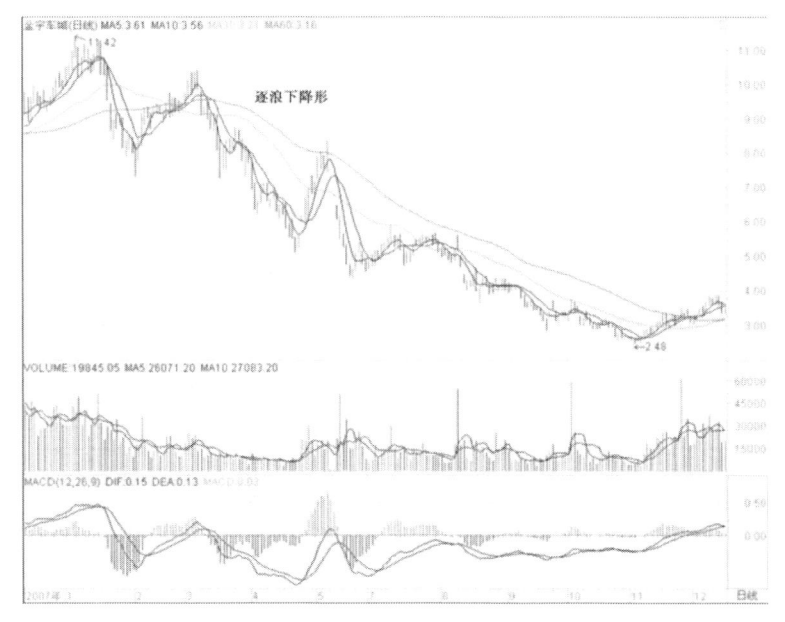

圖 18.8.4　逐浪下降形運用

任務 9　蛟龍出海與斷頭鍘刀

一、蛟龍出海

（一）圖形

蛟龍出海圖形如圖 18.9.1 所示：

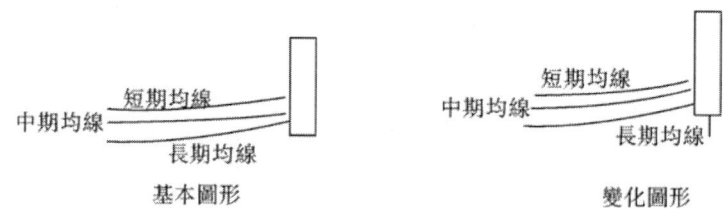

圖 18.9.1　蛟龍出海圖形

（二）特徵

（1）蛟龍出海出現在下跌后期或盤整期。

（2）一根陽線拔地而起，一下子把短期、中期和長期均線吞吃乾淨，收盤價已收在這幾根均線之上。

（三）技術含義

蛟龍出海是反轉信號，后市看好。激進型投資者可大膽跟進，穩健型投資者可觀察一段時間，等日后股價站穩后再買進。陽線實體越長，信號越可靠。一般需得到大成交量的支持，如成交量沒有同步放大，其可信度就較差（見圖 18.9.2）。

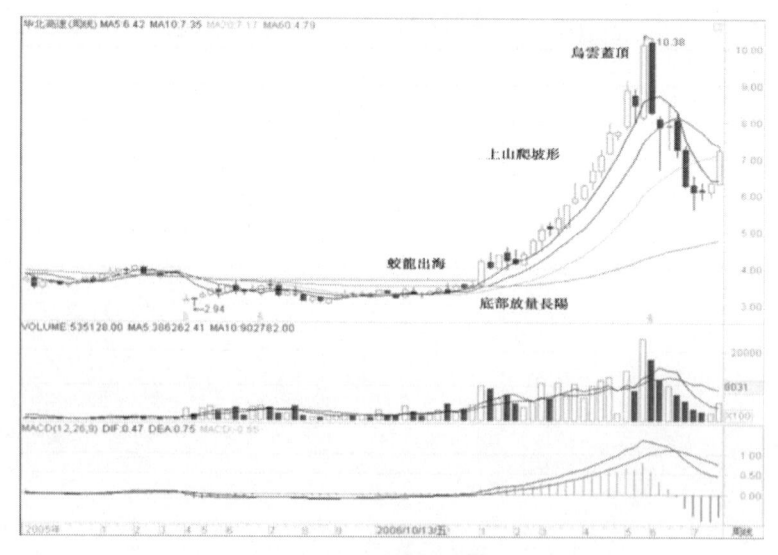

圖 18.9.2　蛟龍出海運用

二、斷頭鍘刀

（一）圖形

斷頭鍘刀圖形如圖 18.9.3 所示：

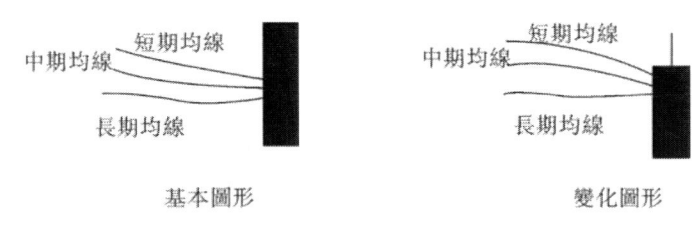

圖 18.9.3　斷頭鍘刀圖形

（二）特徵

（1）斷頭鍘刀出現在上漲后期或高位盤整期。

（2）一根陰線如一把刀，一下子把短期、中期和長期均線切斷，收盤價已收在這幾根均線之下。

（三）技術含義

斷頭鍘刀是反轉信號，后市看跌。無論是激進型投資者還是穩健型投資者見此圖形不能再繼續做多，要設法盡快退出。如下跌時成交量放大，日后下跌空間較大（見圖 18.9.4）。

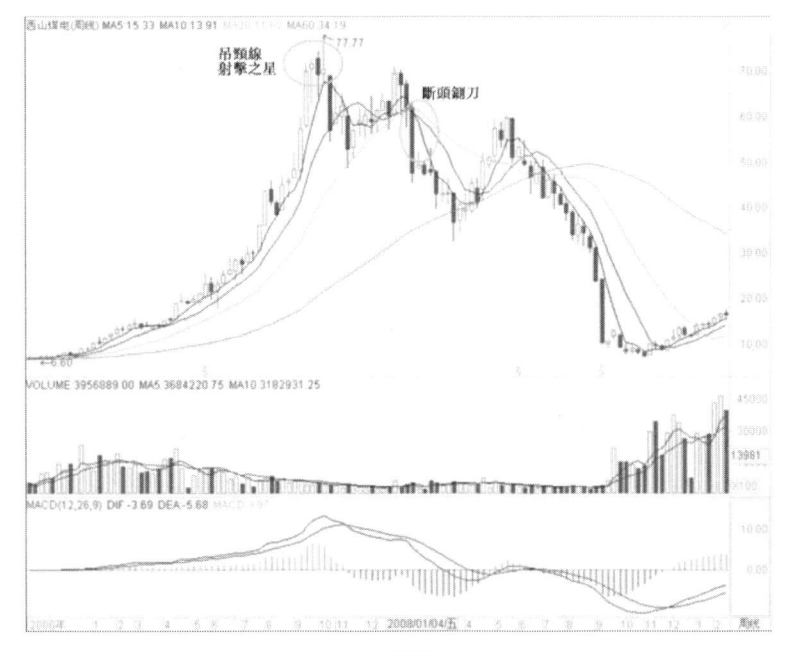

圖 18.9.4　斷頭鍘刀運用

項目 19　成交量

學習要點

◆ 熟悉量價關係的基本含義。
◆ 掌握成交量變化的種類。
◆ 掌握量價變化與價格變化的關係。
◆ 掌握如何運用成交量去尋找黑馬。
◆ 掌握如何運用成交量去識別底部和頂部。

任務 1　成交量和股價關係概述

一、量價關係的基本含義

股票價格與成交量之間的關係被稱為量價關係。股票價格的變化，會改變人們對股票未來價格的看法，做出買入、賣出或持有某種股票的決定，進而影響該股票的交易量，這是股票量價關係的原理之所在。

量價關係是不會騙人的，因為這是經濟規律。

股票價格上升，成交量增多的現象，通常被簡稱為價升量增。相應地，股票價格下跌，成交量減少的現象，通常被簡稱為價跌量縮。

價升量增和價跌量縮是最簡單的量價關係，但股票市場並不會總是這麼簡單，有時候，股市上還會出現股票價格上升后，成交量不一定增多或股票價格下跌后，成交量不一定減少的現象。其主要原因在於股票價格上漲或下跌所處的階段不同，人們對股票未來價格的預期也會不同，於是成交量也會有所不同。量價關係與人們心理預期之間的相互影響如表 19.1.1 所示。

表 19.1.1 列出股票價格變化后，成交量發生相應變化的多種情況。表 19.1.1 對於我們理解量價關係很重要，但卻沒有更多的實際意義。因為這是一張由價格變化推導出成交量變化的表格。已知價格的變化去預測成交量的變化不是我們研究量價關係的主要目的。我們研究量價關係的主要目的是為了根據當前的量價情況和成交量的具體變化來得出未來價格的變化情況，未來的價格趨勢對於我們更有意義。

二、量在價先

對於量與價的關係，誰變化在先，誰變化在后，是需要琢磨明白的，否則不利於理解本章后面的內容和全面掌握量價關係。

量與價誰先誰后的問題，一直以來爭議很大。有的人堅決支持價在量先，認為先有價格變化，才有成交量的變化，他們認為股票價格變化是成交量變化的原因。也有的人堅決支持量在價先，認為先有成交量的變化，才有價格的變化，他們認為股票價格成交量變化是價格變化的原因。

量與價誰先誰后的爭論，有點像「是先有雞還是先有蛋」的那個爭論，這樣的問題很難爭論清楚，兩種說法都沒錯。價在量先，說的是由價格變化的情況可以推導出成交量變化的情況；量在價先，說的是由成交量變化的情況可以推導出價格變化的情況。

但是，筆者更偏向於支持「量在價先」，這並不是說「量在價先」更有道理。而是由於我們研究量價關係的根本是為了能夠預測未來的股價。能夠預測未來股價的量價關係，才更有意義。在股市中，能夠掙錢的道理才是最重要的道理，採用「量在價先」這種說法更為妥當。這也是筆者認為表 19.1.1 只須瞭解，而無須掌握的原因。

表 19.1.1　　　　　　　　　量價關係與人們心理預期變化

股價的變化	人們對未來股價的預期	股票成交量的變化	簡稱
上漲初期	先知先覺者認為上漲，大多數人認為下跌	成交量逐步放大	價升量增
上漲中	大多數人認為上漲	成交量放大	價升量增
上漲中的橫盤	大多數人認為上漲	成交量會保持暫時平衡	價升量平
上漲末期	先知先覺者認為下跌，盲目樂觀者認為上漲	成交量會逐步萎縮	價升量縮
上漲末期的橫盤	先知先覺者認為下跌，大多數人認為上漲	成交量很大（多空分歧嚴重）	價平量增
下跌初期	先知先覺者認為下跌；大多數人認為牛市未結束，上漲將延續	成交量很大（多空分歧嚴重）	價跌量增
下跌中	大多數人認為下跌	成交量逐步萎縮	價跌量縮
下跌中的橫盤	大多數人認為下跌	成交量會保持暫時平衡	價平量平
下跌末期	先知先覺者認為上漲，大多數人認為下跌	成交量很大（多空分歧嚴重）	價跌量增
下跌末期的橫盤＝上漲初期的橫盤（新的輪迴）	先知先覺者認為上漲，大多數人認為下跌	成交量會保持暫時平衡	價平量平

註：「價平」指一段時間內價格保持水平運動，上下波動的幅度不超過 15%。

三、量價變化

明白了量在價先之后，我們來討論量價變化的具體情況。

成交量的變化共有三種情況，即成交量增加（量增）、成交量減少（量縮）、成交量不變（量平）。

價格的變化也有三種情況，即價格上升（價升）、價格下跌（價跌）、價格不變（價平）。

因此，股票的量價關係共有 9 種變化，分別是量增價升、量增價跌、量增價平、量縮價升、量縮價跌、量縮價平、量平價升、量平價跌、量平價平。

股票未來價格的變化趨勢同樣有三種：上升、下降和盤整（盤整分爲高位盤整、低位盤整和中位盤整）。

正如圖 19.1.1 所顯示的那樣，討論量價關係意義在於由股票的 9 種量價關係，來推導股票未來的趨勢是上升、下降，還是盤整。

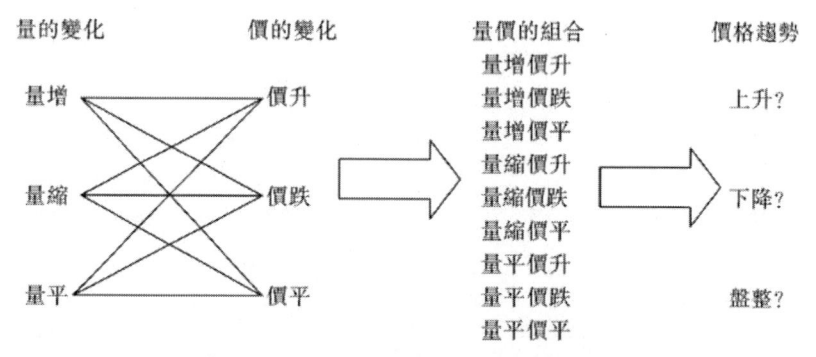

圖 19.1.1　量價關係的應用：預測價格趨勢

在 9 種量價關係中，量增價升和量縮價跌是量價關係的正常情況，通常被稱爲量價配合。量縮價升和量增價跌是量價關係的不正常情況，通常被稱爲量價背離。表 19.1.2 列出了量價變化與價格趨勢之間的關係。

表 19.1.2　　　　　　　　　　　量價變化與價格變化

量價關係	可能出現的市場行情	未來的價格變化趨勢
量增價升	只出現在上升行情	繼續上漲
量增價跌	是見頂或見底圖形	趨勢將反轉
量增價平	只出現於盤整狀態	股價趨勢即將發生改變。低位盤整時未來將上漲，高位盤整時未來將下跌，中位盤整時，如果是牛市則上漲，如果是熊市則下跌
量縮價升	只出現於頂部或超跌反彈	上漲趨勢難以延續，不久將下跌
量縮價跌	只出現在下跌行情	后市將繼續下跌。如果縮量過於嚴重，則說明惜售心理嚴重，股價將暫時止跌。

表19.1.2(續)

量價關係	可能出現的市場行情	未來的價格變化趨勢
量縮價平	通常出現在一段下跌行情的中續盤整中	繼續下跌
量平價升	只出現於上漲行情	維持現狀，繼續上漲
量平價跌	只出現於下跌行情	維持現狀，繼續下跌
量平價平	只出現於盤整狀態	維持現狀，繼續盤整

為了便於大家更好地理解量價關係，現舉一個實例進行說明（見圖19.1.2）。

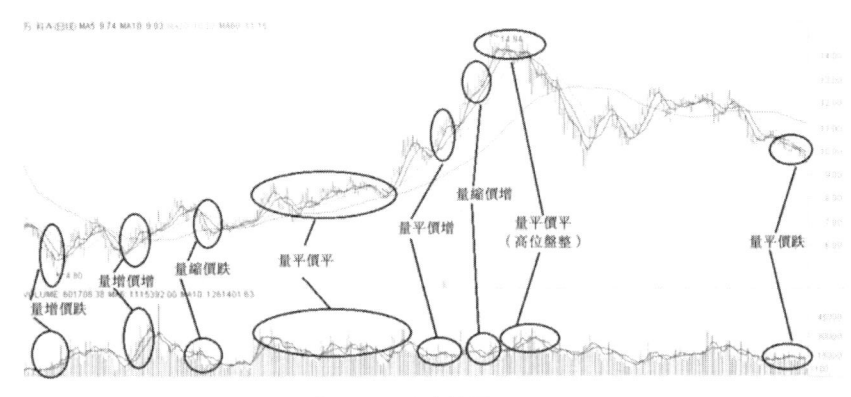

圖 19.1.2　萬科 A 價格走勢圖（2008.8～2010.1）

註：如果一段時間內，每天的股票成交量上下波動不超過 25%，則被稱爲量平。

如果一段時間內，每天的股票價格上下波動不超過 25%，則被稱爲價平。

任務 2　成交量的運用之一——黑馬的狂歡

一、黑馬的徵兆

黑馬是指出乎意料、脫離過去的價位而在短期內大幅上漲的股票。徵兆是一件事情發生之前可能出現的跡象。一件重要的事情發生之前往往有一定徵兆。

股市裡的黑馬，在誕生之前也是有一定徵兆的，如果我們能識別這樣的徵兆，就有可能抓住黑馬，獲得巨大收益。

莊家操作某只股票的第一步是吸貨。短期內能夠大幅上漲的黑馬，是莊家高度控盤的股票。唯有高度控盤，才能要漲就漲，要跌就跌。唯有高度控盤，才能掌握大量籌碼，在高位出貨的時候爲莊家帶來巨大的回報。如果籌碼沒有吸夠，莊家是不會往上拉升的。

莊家吸納籌碼的過程，就是一個黑馬顯露徵兆的過程。

莊家的吸貨往往在隱蔽中進行，不顯山露水。其會盡量不讓人察覺有主力介入，

在操作上常將大資金拆小分批建倉。因此，這段時間內股票的成交量一般較小，而且波動不大。莊家建倉的黑馬誕生過程往往是一個量平的過程。

當大盤走強而該股跟隨大盤上漲的時候，如果莊家的籌碼沒有拿足，其就會想辦法將股價壓下來。如果大盤走弱而該股跟隨大盤下跌，此時莊家又會想辦法將股價托上去，因為莊家不會允許股價低於其建倉成本太多，否則該股的人氣會迅速潰散，止損盤會大量湧出，莊家將非常被動，會存在坐莊失敗的風險。因此，這段時間內股票的價格會在一個較小的價格區間內上下波動。黑馬誕生的過程，往往又是一個在股票的低價位區間內徘徊的過程，這是一個價平的過程。

量平價平就是黑馬誕生的徵兆（見圖19.2.1）。

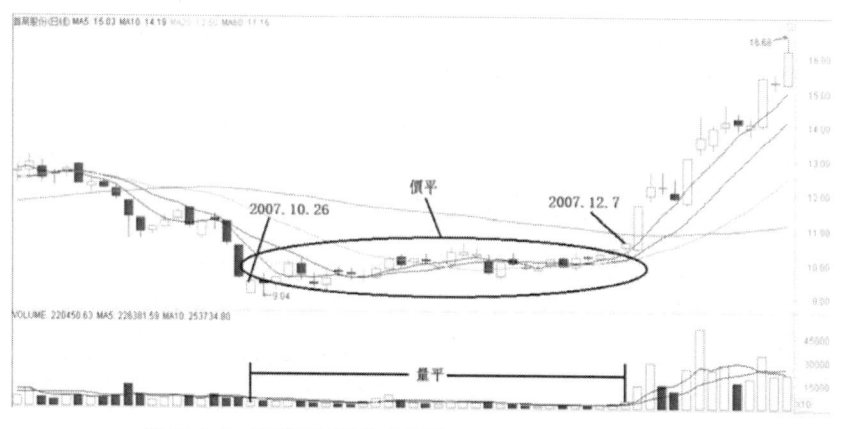

圖19.2.1　西單商場的建倉過程（2007.10.26～2007.12.7）

圖19.2.1是西單商場（現已改名為首商股份）2007年10月到2007年12月的建倉過程。在這段時間內，西單商場的成交量在1%～2%的日換手率（日成交量與該股流通股總量的比例，常用來考查一只股票成交量的大小）區間內波動，其價格也在9～10.5元的區間內窄幅運動，是非常明顯的量平價平的建倉過程。

徵兆是信號，是發令槍。量平價平預示著一匹黑馬即將誕生，就是黑馬出現的徵兆。

西單商場的建倉過程比較短暫，而實際上很多黑馬誕生時的建倉過程往往較長，這就要投資者有足夠的耐心和毅力去等待。有時候，耐心就是一種財富。財富的增長往往是對時間的回報。因此，最好的方法就是再耐心點，在默默守候中讓財富得到增長。同時，要等待時機。不必介入其中和莊家比耐心。等待股票開始起漲的那一刻再進入，可能收穫會更大。

二、捕捉黑馬起漲的瞬間

黑馬起漲前的量平價平階段，股票買賣的雙方暫時都沒有改變目前狀態的決心和力量，往往採取繼續維持目前平衡的方法。這種平衡是暫時的，當一方力量開始增強而另一方卻沒有與之匹敵的力量時，這種平衡就會被打破。力量的增強是靠成交量來

實現的。黑馬要想誕生，就意味著股票價格應該脫離目前的價格區間而往上走。股票價格要想往上走，就意味著多方決心改變目前的平衡狀態。但是，空方並不會讓多方得逞。因爲空方並不認可這種改變，所以他們會想盡辦法阻止這種情況，於是巨大的買賣分歧就產生了。買賣雙方巨大分歧的結果，就會造成巨大的成交量。

　　也就是說，股票的平衡狀態要發生改變，價格要朝上運動，必須要有成交量來推動。成交量是股票價格打破平衡、發生改變的推動力。在這種推動力的作用下，股票在平衡狀態發生改變的瞬間，雖然價格還沒有發生太大幅度的變化，但推動股價上漲的力量——成交量卻已經開始迅速增大。這是一個量增價平的時刻。這個時刻一般都比較短暫，很難長時間維持。由多方所主導的巨大成交量最終會使股價朝上運動，而空方則難以抵擋，潰不成軍，於是黑馬誕生。量增價平是黑馬誕生時，那一瞬間的芳華（見圖 19.2.2）。

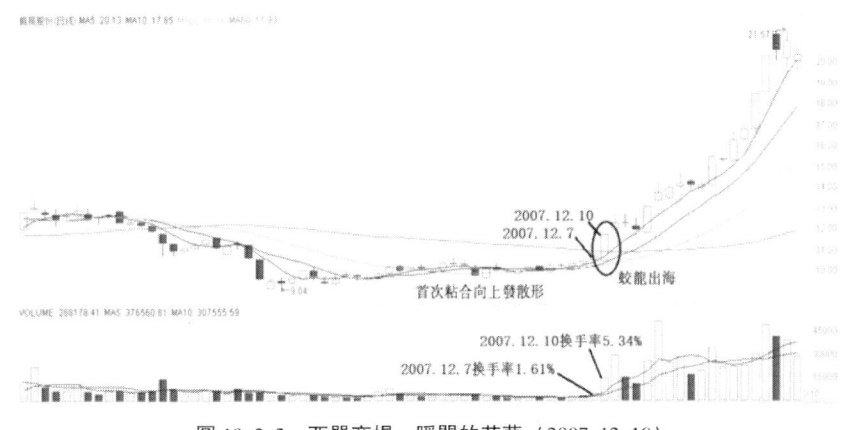

圖 19.2.2　西單商場一瞬間的芳華（2007.12.10）

　　從圖 19.2.2 可以看出，2007 年 12 月 10 日，西單商場當天的換手率達到 5.34%，幾乎爲前一個交易日 2007 年 12 月 7 日的 3.5 倍，成交量的迅速擴大，顯示多方拉動股價上漲的決心十分堅決，當天該股成功拉出漲停。如果投資者能讀懂黑馬的語言，那麼可在 2007 年 12 月 10 日之後大膽介入，這樣將會獲得豐厚回報。但是很多人往往在第一個漲停板之後就跑了。這些人或許能碰巧騎上黑馬，但卻不能騎穩黑馬，實在是讓人嘆惜，這就是「見利就跑，被套死扛」的短視心理在作怪。

　　有人也許會說：「我這個人如果一看到股票漲高了，就不願意再買了，而且我還沒有耐心在量平價平的時候持股，怎麼才能在黑馬上漲的那天迅速捕捉呢？」

　　黑馬上漲的那天捕捉黑馬，就是要敏銳地感覺到黑馬誕生時那一瞬間的芳華。我們仍以西單商場爲例來演示這個過程（見圖 19.2.3）。

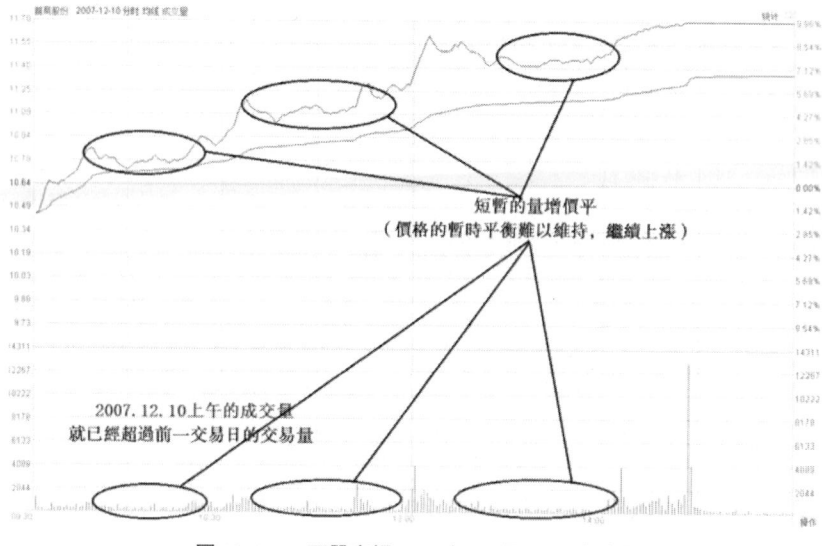

圖 19.2.3　西單商場 2007 年 12 月 10 日分時圖

　　從圖 19.2.3 可以看到在西單商場 2007 年 12 月 10 日的分時圖上，曾出現過短暫的價平現象。但由於當天成交量很大，多方推動股價上漲的決心非常堅決，在巨大買盤的推動下，這種短暫的量增價平的狀態難以維持，最終在下午兩點半左右，西單商場漲停。這一天，最穩妥的黑馬捕捉時刻是在中午，此時屬於午間休市時間，西單商場上午已經出現了 5% 以上的漲幅，而且僅僅上午的成交量就已超過前一交易日，西單商場成交量創 2007 年 10 月 26 日開始盤整以來的新高已成定局。一切跡象表明，西單商場脫離目前價格區間的決心非常堅決，一匹黑馬即將誕生。心領神會的投資者應果斷在此刻下單，以獲得豐厚回報。

　　有時候，很多黑馬股會在突破的當天選擇上午就漲停，更強勢一點的會在 10 點前甚至開盤就漲停。這樣的黑馬股應該如何把握呢？對於上午或 10 點前漲停的股票，較好的方法是積極關注，一旦成交量出現異動，價格有突破跡象，就迅速介入。對於開盤漲停的股票，最好的方法就是在該股票還處於量平價平的潛伏期時，就買入該股票，耐心持有，最終才能獲得巨額回報。

　　很多股票在熊市裡也會長時間量平價平，但卻並沒有變成黑馬。這是什麼原因呢？這種量平價平是下跌過程中的中繼盤位。熊市裡長時間量平價平之後，股票往往會突然放量做出上漲的態勢，然後開始下跌，或者不上漲就直接下跌，這是一種誘多行為。熊市裡的量平價平，往往只是下跌過程中的中繼盤整而已。牛市裡的量平價平、量增價平之後往往是上漲；而熊市裡的量平價平、量增價平之後往往是下跌。因此，黑馬的捕捉最好是在牛市中進行，熊市裡請謹慎操作。

　　長時間量平價平的盤整之後，成交量突然有效放大，而價格還在原來的區間內未有效突破的瞬間，這是一個量增價平的時刻，是黑馬誕生時那一瞬間的芳華。

三、黑馬的狂歡

股票拉升的時候，莊家做多的決心是非常堅決的，莊家的同盟者有兩類人：一類是長期套牢者；另一類是對該股後市中長線看好、持股意願較堅決的股民。莊家及其同盟者構成多頭，多頭的敵人是那些持股心態不穩、見利就跑的「短線客」，這些人構成空頭。

股票的上漲是一個不斷突破當前價位、向上拉升的過程。這時，多頭總是對當前的價格高看一線，而短線空頭卻並不認可價位的上漲。價格每上漲一步，都會有很多人賣出。但是，我們前面也提到了，股票是一種特殊的商品，具有投資屬性。因此，股票價格上漲的時候，大家會偏向於認為它未來還將上漲，於是就有更多的人買進；然後，又有更多的人賣出；隨後，又有比先前更多的人買進。這樣就形成了一個成交量逐步放大的循環。股票不斷被買入，然後又不斷地以更高的價格拋出。這就是一個量增價升的過程。

在量增價升的過程中，黑馬一步步越走越高，越跑越快，這是黑馬狂歡的時刻（見圖 19.2.4）。

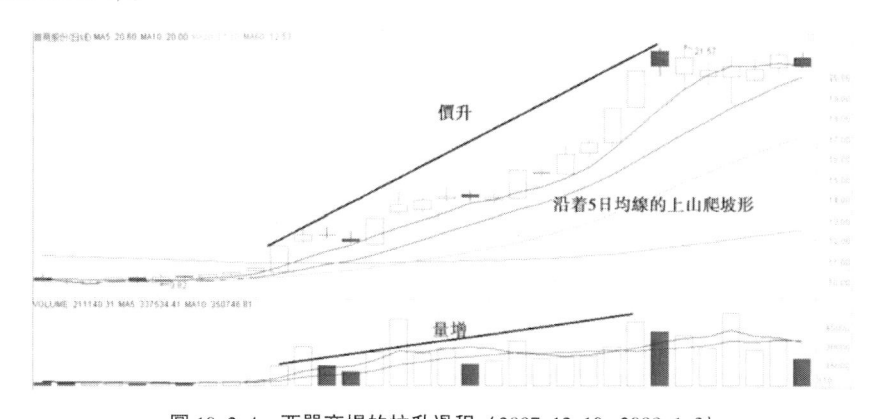

圖 19.2.4　西單商場的拉升過程（2007.12.10~2008.1.3）

圖 19.2.4 顯示了西單商場的拉升過程。從 2007 年 12 月 10 日的第一個漲停板，到 2008 年 1 月 3 日的第一根大陰線，17 個交易日內西單商場出現了 5 個漲停板，共實現漲幅 106.73%。

量增價升，實現了黑馬的狂歡。

四、黑馬的謝幕

黑馬的狂歡會讓股票的交易者陷入迷失，但總有人會醒來，最先醒來的人往往是莊家。當所有人還沉浸在歡樂中的時候，莊家已經開始出貨了，但眾人卻還沒有覺醒，他們認為股票還會上漲。巨大的多空分歧又開始出現，而這一次空頭的主角是莊家。股票不斷地從莊家手中轉移到還未覺醒的投資者手中。這一階段，股票的價格不再上漲，看空該股的莊家和認為該股還將上漲的多頭力量達到暫時的平衡。這又是一個量

平價平的過程。這一次的量平價平和莊家吸貨時的量平價平的區別主要有兩點：第一，一個在高價位區域，一個在低價位區域；第二，高價位出貨區域的成交量，遠遠超出低價位建倉區域的成交量。黑馬股在高價位區域量平價平的過程是黑馬的謝幕（見圖19.2.5）。

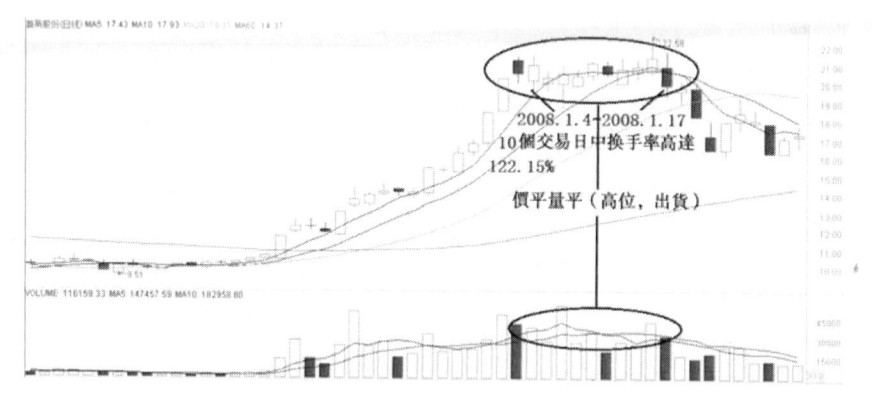

圖 19.2.5　西單商場的出貨過程（2008.1.4～2008.1.17）

圖 19.2.5 是西單商場的在 2008 年 1 月 4 日到 2008 年 1 月 17 日之間的出貨過程，這一段時間內股票的日成交量和拉升階段差不多，日換手率保持在 10% 左右，價格卻不往上漲，說明有人在出貨。

爲了讓大家能夠更加清楚地看到黑馬從開始到結束的全過程，我們把西單商場的上漲過程再全面地演示一下（見圖19.2.6）。

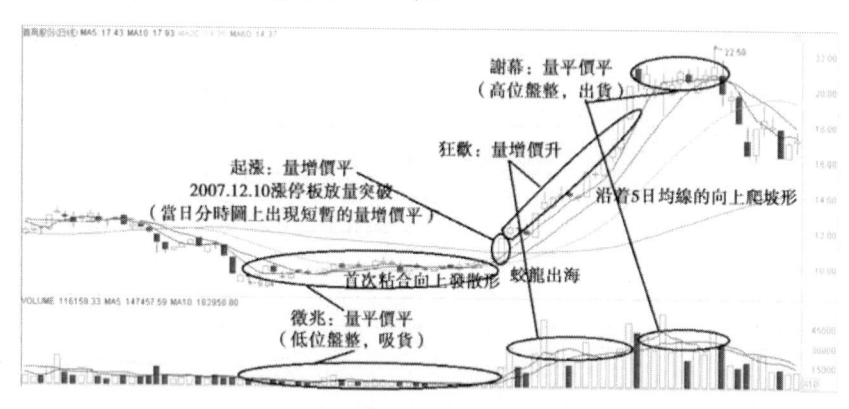

圖 19.2.6　黑馬西單商場的全過程（2007.10.26～2008.1.16）

徵兆、起漲、狂歡、謝幕，這就是黑馬的四部曲。這四步分別對應量平價平（低位盤整）、量平價增（放量突破）、量增價增（放量拉升）和量平價平（高位盤整）四個階段三種量價關係。

這三種量價關係的組合是黑馬誕生的常見形式。量平價平→量平價增→量增價增→量平價平就是黑馬股上漲的一般形式。

當然，黑馬還有其他形式的量價關係組合，限於篇幅的關係不再詳述。投資者可

以自己靈活應用量價理論，並且加上移動平均線的運用，找到適合自己的黑馬捕捉方法，堅持紀律，這是能夠在股票投資上獲得成功的。

任務 3　成交量的運用之二——底部和頂部識別

一、兩種典型的見頂圖形

(一)　國內股市歷史上的頂部

　　牛市頂點的具體數字是很難預測，但頂部區域卻是能夠識別的。

　　關於中國牛市和熊市劃分的方法歷來有兩種，第一種是「八牛七熊」的劃分方法，第二種「四牛三熊」的劃分方法。其實這兩種方法並沒有本質上的不同。現在我們採用「四牛三熊」的劃分方法來探討歷史上的頂部（見圖 19.3.1）。

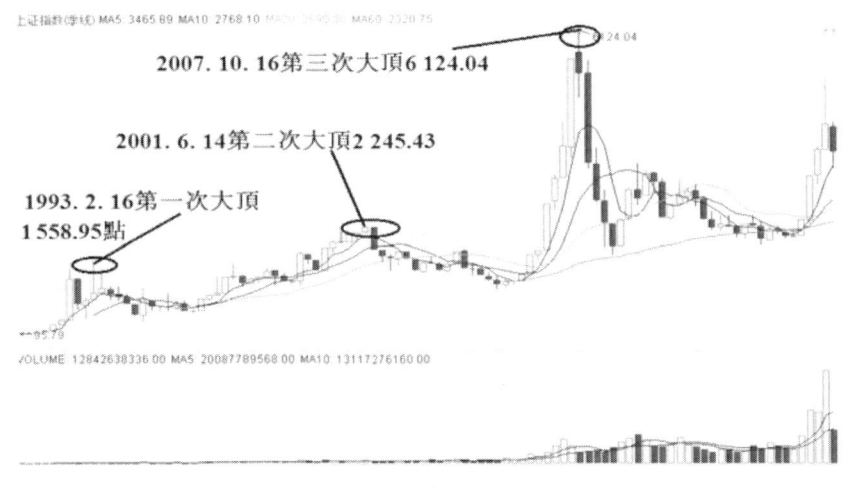

圖 19.3.1　1990 年以來上證指數的三次大頂

　　從圖 19.3.1 可以知道，從 1990 年以來，真正意義上的大頂一共有三回。第一次大頂出現在 1993 年 2 月 16 日，當時的頂點是 1,558.95 點；第二次大頂出現在 2001 年 6 月 14 日，當時的頂點是 2,245.43 點；第三次大頂出現在 2007 年 10 月 16 日，當時的頂點是 6,124.04 點。

(二)　第一種典型的見頂圖形

　　從 2005 年 6 月 8 日延續到 2007 年 10 月 16 日的大牛市，其頂部區域是第一種典型的見頂圖形。

　　2007 年大牛市的導火索是 2005 年 4 月底開始啓動的股權分置改革。形成該次大牛市的因素除了股權分置改革外，還有如下五個原因：第一，股市已經歷了從 2001 年延續到 2005 年的四年熊市，股票價格幾乎都已跌到谷底。第二，中國經濟高速增長。第三，全球經濟一片繁榮。第四，人民幣升值引起大量國外遊資進入。第五，近乎整個

中國的瘋狂參與。

在這次牛市中，A股在兩年多的時間裡暴漲6倍。股市裡一片紅火的景象，各路資金蜂擁入場，各種「股神」出盡了風頭。大小專家指點江山、激揚文字；各大網站的股票博客在這一時期得到了很大發展，湧現出一批所謂的「神人」。股市被描述成一場「分享中國經濟發展的盛宴」。當時有人甚至喊出了中國股市「黃金十年」的口號。「全民炒股」「全民炒基」成了當時的風尚。

2007年10月16日，大盤攀上頂峰，當天滬深兩市平均市盈率突破70倍，當天可交易的A股一共有1,463只，當時的口號是「消滅10元股」。所有股票的加權平均股價（就是把所有股票的價格按市場總股數進行平均）為20.10元，股價最低的個股超過8元，連ST股和各種垃圾股都雞犬升天，中小板個股一度全線站上10元。股價在40元以上的多達140余只，其中百元以上的高價股11只。也正是在這次牛市中，中國船舶創出了300元的高價。甚至在2007年年底，熊市已開始的時候，還有分析報告說中國船舶股票價值被低估，半年內應該能達到450元。這次牛市的瘋狂由此可見一斑。

在這種時代背景下，這輪牛市的頂部出現了量縮價增的頂背離特點，顯示出了非常鮮明的見頂特徵。

我們知道股票是一種特殊的帶有投資性質的商品，隨著價格的上升，其成交量應該是不斷放大的，這種情況是量價配合中的量增價增。如果價格上升，成交量卻反而減少，這就說明該商品的價格已經被高估了，人們認為在目前的價位上已沒有多大的投資價值，開始減少購買量。這種情況是量價背離中的量縮價增（又稱為頂背離），這樣的情況是很難長久維持的，緊隨而來的往往會是大跌（見圖19.3.2）。

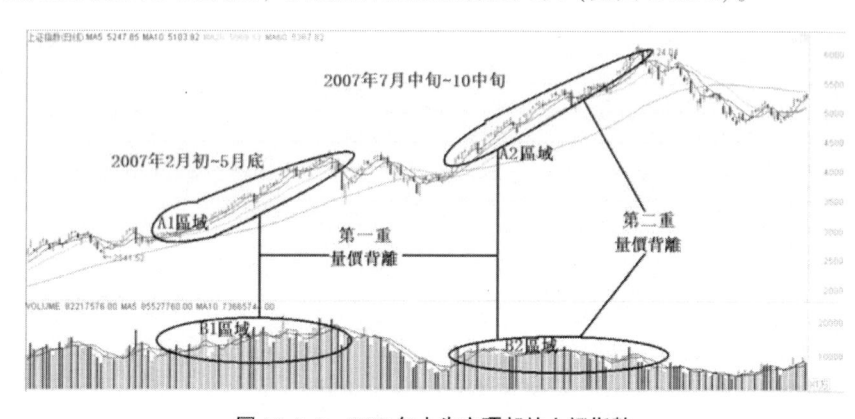

圖19.3.2　2007年大牛市頂部的上證指數

在圖19.3.2中，A1區域表示2007年2月初~5月底這一時間段內每日的上證指數，B1區域表示與A1相對應的每天的股市成交量。A2區域表示2007年7月中旬~10月中旬這一時間段內每日的上證指數，B2區域表示與A2區域對應的每天的股市成交量。

我們可以看到2007年的大牛市頂部出現了非常明顯的兩重背離。第一重背離：A2區域相對於A1區域的整體量價背離。A2區域比A1區域的價格更高，但A2區域所對應的B2區域的成交量卻明顯少於A1區域所對應的B1區域的成交量。第二重背離：A

區域自身的背離。就 A2 區域自身來看，隨著時間的推移，上證指數每天的點位是不斷走高的，但 A2 區域所對應的 B2 區域，其成交量卻呈現出逐步萎縮的態勢。雙重背離宣告了牛市頂部的到來，量縮價增的頂背離圖形明確地發出了離場信號。如果投資者此時還依依不舍，就會在隨之而來的熊市中蒙受重大損失。

與 2007 年頂部相似的大頂還有 1993 年的大頂。1993 年的大頂，量價背離信號發出的時間沒有 2007 年那麼長，大盤只是到了最後三天才發出了量價背離的信號。

將量價頂背離運用於階段性牛市頂部的研判也能起到較好的效果。1994 年 9 月、1996 年 12 月、1997 年 5 月、2004 年 4 月幾次階段性牛市的頂部或多或少都出現了頂背離的現象。讀者可以自行打開股票交易軟件進行查看。

(三) 第二種典型的見頂圖形

2001 年大牛市的頂部是第二種典型的見頂圖形。

2001 年牛市的最初起源是 1999 年 5 月 8 日美軍轟炸中國駐南斯拉夫大使館。國內、國際局勢緊張，市場擔憂情緒加重，上證指數於 5 月 17 日下探至 1,047 點。面對市場的長期低迷，國務院批准實施了《關於進一步規範和推進證券市場發展的六點意見》，鋪墊了良好的政策環境，這也是 A 股史上第二次救市。此時，全球正在掀起互聯網熱潮。《上海證券報》記者李威的《網路股能否成為領頭羊——關於中國上市公司進軍網路產業的思考》，成為第六次牛市的直接引爆點。一直延續到 2001 年 6 月才終結。這次牛市以網路股為主力，誕生了鼎鼎有名的百元牛股億安科技。

在網路大浪潮的背景下，本輪牛市的頂部表現出了放量滯漲(量增價平)的見頂特徵。

我們知道，股票是一種特殊的帶有投資性質的商品，隨著價格的上升，其成交量是不斷放大的。這種情況是量價配合中的量增價增。當股票在低價區域的時候如果成交量開始放大，而價格卻沒有變化，即出現量增價平，這往往是黑馬即將啟動的信號，應該買入。但是，如果股票已經處於高價區域，成交量開始增加，價格卻沒有明顯變化，這是股票見頂的信號。股票高價位區域出現放量滯漲（量增價平），說明有人在趁著市場處於狂熱狀態的時候出貨。正因為有人在不斷拋售，所以成交量雖然出來了，價格卻無法漲上去。這種頂部的放量滯漲往往會形成股票的頂部區域（見圖 19.3.3）。

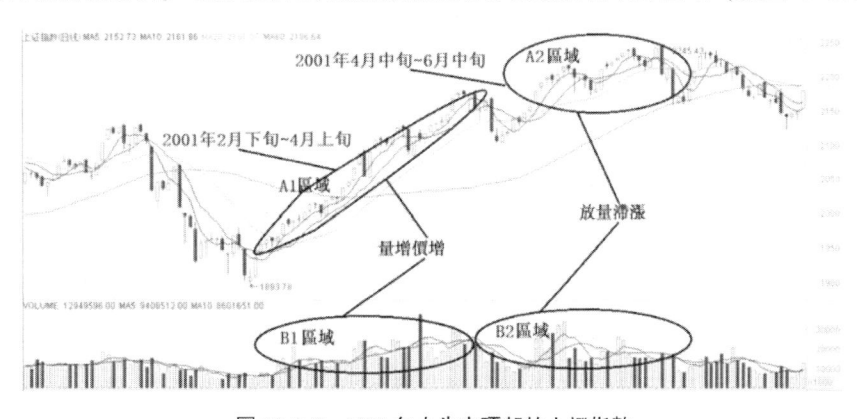

圖 19.3.3　2001 年大牛市頂部的上證指數

在圖 19.3.3 中，A1 區域表示 2001 年 2 月下旬到 4 月上旬這一時間段內每日的上證指數，B1 區域表示與 A1 區域相對應的每天的股市成交量。A2 區域表示 2001 年 4 月中旬到 6 月中旬這一時間段內每日的上證指數，B2 區域表示與 A2 區域對應的每天的股市成交量。

我們可以看到 2001 年大牛市的頂部出現了非常明顯的放量滯漲現象。B2 區域的成交量與 B1 區域的成交量幾乎相當，甚至還略微超過一些。按照量價配合的原理，B2 區域所對應的 A2 區域的指數漲幅至少應該不低於與 B1 區域對應的 A1 區域的指數漲幅。但是，實際的情況卻是 A2 區域的指數漲幅明顯趨緩，遠小於 A1 區域的指數漲幅。這種情況就是放量滯漲，是一種明顯的見頂信號，提示該離場了。如果此時還執迷不悟，則會損失慘重。

2009 年的階段性牛市，其頂部區域也表現出了放量滯漲的見頂特徵。

大家需要注意的是，2000 年之前，國家政策對股市的干涉更加直接，股市的正常運行往往會因爲受到國家政策的干擾而中斷。2000 年之后，國家政策對股市的影響力漸漸變小，股市更多的是按照自己的運行規律在運動。因此，運用上述兩種典型圖形判斷頂部對於 2000 年之后的股市更有意義。

當然，運用量價方法來判斷股市頂部只是一種方法，投資者可以運用移動平均線、滬深兩市平均市盈率以及國家相關政策來綜合判斷，將更爲有效。

二、一種典型的見底圖形

(一) 國內股市歷史上的底部

與牛市頂點的判斷類似，熊市最低點的具體數字是很難預測的，但底部區域卻能夠被識別。按照「四牛三熊」的劃分方法，自 1990 年以來，真正意義上的大底一共有五回（見圖 19.3.4）。

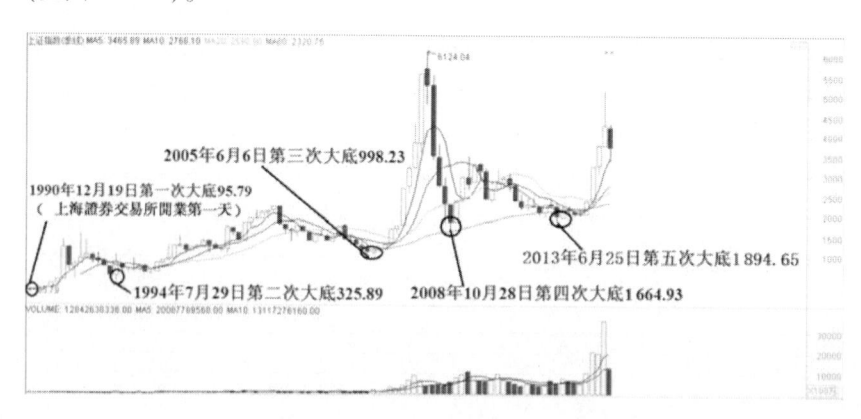

圖 19.3.4　1990 年以來的五次大底

從圖 19.3.4 可知道，第一次大底出現在 1990 年 12 月 19 日，上海證券交易所正式開業的第一天，當時的低點是 95.79 點。第二次大底出現在 1994 年 7 月 29 日，當時的

低點是 325.89 點。第三次大底出現在 2005 年 6 月 6 日，當時的低點是 998.23 點。第四次大底出現在 2008 年 10 月 28 日，當時的低點是 1,664.93 點。第五次大底出現在 2013 年 6 月 25 日，當時的低點是 1,894.65 點。

(二) 典型的見底圖形

2005 年大熊市的底部，是典型的見底圖形。2005 年大熊市來源於 2001 年 6 月 22 日國務院五部委聯合發布國有股減持方案。該方案規定股份有限公司首次發行和增發股票時，均應按融資額的 10% 出售國有股，且減持的價格執行市場定價。該方案一經公布立即引發軒然大波，股市狂跌不止。4 個月內，股市跌幅超過三成。這次熊市的最終見底是 2005 年 6 月 6 日的 998.23 點。令人感到非常有意思的是，2005 年 6 月大盤最終觸底反彈也是源於與國有股減持密切相關的股權分置改革。

該輪熊市的底部特徵是放量下跌（量升價跌）。

我們知道，股票是一種特殊的投資性商品，隨著價格的下跌，其成交量會不斷減少，這種情況是量價配合中的量縮價跌。如果價格下跌，成交量卻反而增加，這說明該股票的價格已經被嚴重低估，有一些先知先覺者已經開始大量買入股票，因此成交量不斷放大，但由於眾人的恐慌，股票價格卻還在往下跌。這種底背離的情況是很難長久存在的，緊隨而來的往往會是新一輪牛市的開始（見圖 19.3.5）。

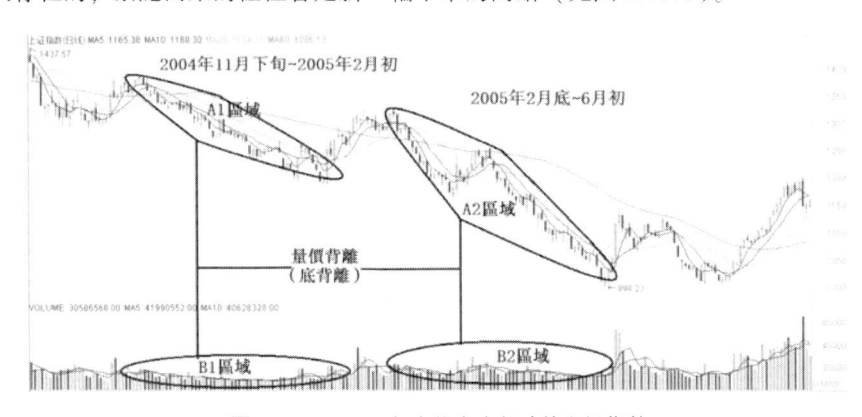

圖 19.3.5　2005 年大熊市底部時的上證指數

在圖 19.3.5 中，A1 區域表示 2004 年 11 月下旬到 2005 年 2 月初這一時間段內每日的上證指數，B1 區域表示與 A1 區域相對應的每天的股市成交量。A2 區域表示 2005 年 2 月底到 6 月初這一時間段內每日的上證指數，B2 區域表示與 A2 區域對應的每天的股市成交量。

從圖 19.3.5 可以看到，2005 年大熊市底部出現了非常明顯的放量下跌的底背離現象。A2 區域的大盤點位比 A1 區域更低。按照價跌量縮的原理，A2 區域所對應的 B2 區域的每日成交量至少應低於 A1 區域對應的 B1 區域的每日成交量。但是，實際的情況卻是 B2 區域的成交量明顯大於 B1 區域的成交量，這就是放量下跌。如果這種圖形在股票價格的底部區域出現，那就是一種比較明顯的見底信號，它正提醒投資者要建

倉了。

　　1994年和2008年大熊市的底部區域，也表現出較爲明顯的放量下跌的底部特徵。

　　與見頂圖形的運用類似，2000年后國家政策對股市的影響力慢慢變小，因此運用上述見底圖形判斷2000年之后的股市更有意義。

　　當然，運用量價方法來判斷股市底部只是一種方法，投資者可以運用移動平均線、滬深兩市平均市盈率以及國家相關政策來綜合判斷，將更爲有效。

項目 20　趨勢分析

學習要點

- ◆ 瞭解趨勢線的含義。
- ◆ 掌握趨勢線的作用。
- ◆ 掌握趨勢線的畫法。
- ◆ 熟悉趨勢線的分類。
- ◆ 掌握上升趨勢線被有效突破。
- ◆ 掌握下降趨勢線被有效突破。

任務 1　趨勢線簡介

一、趨勢線的含義

趨勢主要是指股價運行的方向，是股價波動有序性特徵的體現，也是股價隨機波動中偏向性特徵的主要表現。趨勢實際上是物理學中最有名的運動學，即牛頓慣性定律在股市中的真實再現，是技術分析中最根本、最核心的因素。即便是國家宏觀經濟運行在各個階段也存在發展趨勢，各個行業在不同的階段更存在明顯的發展趨勢。

實戰投資家最重要的投資原則就是順勢而爲，即順從股價沿最小阻力運行的趨勢方向而展開操作，與股價波動趨勢達到「天人合一」。

二、趨勢線的作用

趨勢線對股價今后的波動起到一定的約束作用。這種約束作用實質上主要體現爲對投資者的心理暗示作用，如當股價跌至某條主要趨勢線時，持倉者暫時不再賣出，看趨勢線的支撐力度怎樣再作決定，而場外觀望者認爲是一個買入的時機，一旦買方力量大於賣方力量，投資者的心理集合產生的實際買盤力量使股價回升。同樣，當股價跌破某條主要趨勢線時，持倉者認爲股價還會再跌，便紛紛賣出，一旦賣方力量大於買方力量，投資者的心理集合產生的實際賣盤力量會使股價加速下跌。壓力線對投資者的心理暗示作用也同樣存在。

趨勢線被突破后，就說明股價波動的下一步趨勢將要出現逆向運動，越重要、越

有效的趨勢線被突破，其轉勢的信號越強烈。

三、趨勢線的畫法與分類

(一) 趨勢線的畫法

趨勢線就是將波動運行股價的低點和低點連接或者高點和高點連接的直線。如果股價是按一個低點比一個低點高的運行方式運行，所畫出來的趨勢線就是上升趨勢線，即支撐線。如果股價是按一個高點比一個高點低運行，所畫出來的趨勢線就是下降趨勢線，即壓力線（見圖 20.1.1 和圖 20.1.2）。

還有一種是股價的低點和高點橫向延伸，沒有明顯的上升和下降趨勢，這就是橫盤整理，或者稱為箱形整理。

一般說來，所畫出的趨勢直線只需要兩個低點或高點即可構成，但趨勢線被觸及的次數至少 3 次，才能確認趨勢線的有效性。趨勢線被觸及的次數越多就越重要，趨勢線延續的時間越長就越具有有效性。

圖 20.1.1　上升趨勢線的畫法

圖 20.1.2　下降趨勢線的畫法

(二) 趨勢線分類

1. 長期趨勢線

長期趨勢線是連結兩大浪的谷底或峰頂的斜線，跨度時間爲幾年，其對股市的長期走勢將產生很大影響。

2. 中期趨勢線

中期趨勢線是連結兩中浪的谷底或峰頂的斜線，跨度時間爲幾個月，甚至在一年以上，其對股市中期走勢將產生很大影響。

3. 短期趨勢線

短期趨勢線是連結兩小浪的谷底或峰頂的斜線，跨度時間不超過 2 個月，通常只有幾個星期，甚至幾天時間，其對股市的趨勢只能起到短暫影響（見圖 20.1.3）。

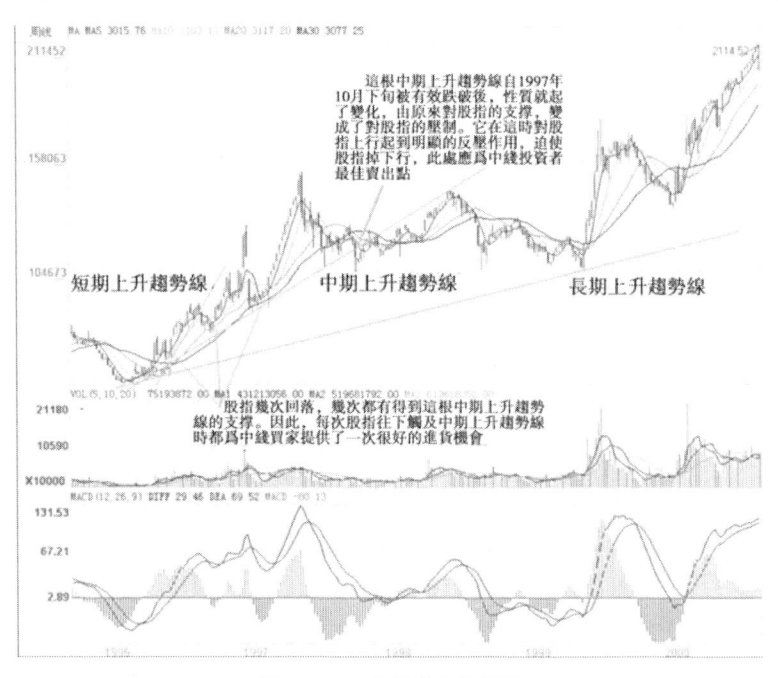

圖 20.1.3　趨勢線分類運用

任務 2　支撐線與壓力線相互轉化

當股價從下向上突破一條壓力線時，原來的壓力線將變爲支撐線。當股價從上向下突破一條支撐線時，原來的支撐線就變成了壓力線。

趨勢線經常需要和成交量配合使用，股價從下向上突破壓力線時，往往需要大的成交量支持。如果沒有成交量和大盤背景的支持，很多時候往往是假突破（見圖 20.2.1 和圖 20.2.2）。

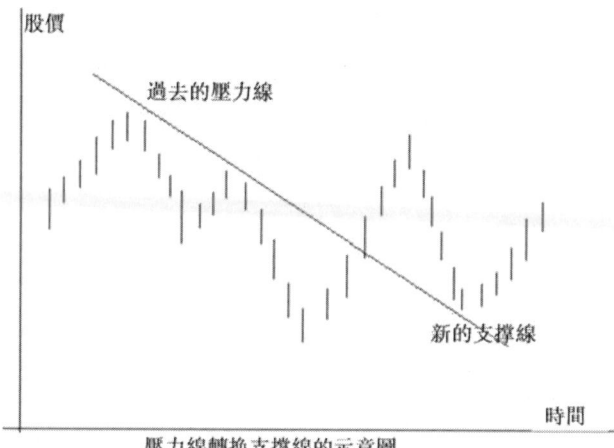

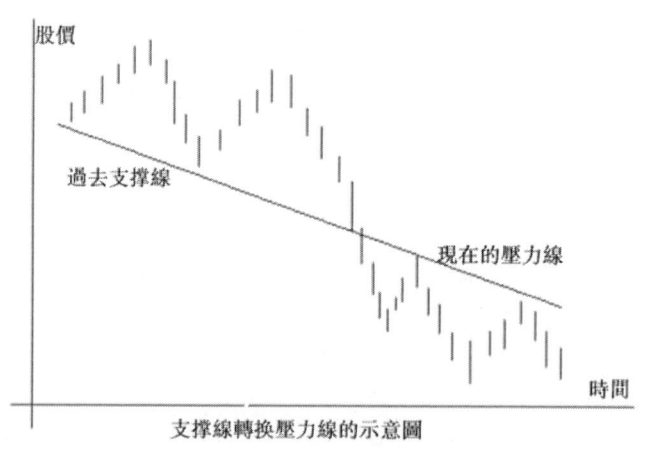

图 20.2.1 支撑线与压力线相互转化图形

图 20.2.2 支撑线与压力线相互转化图形

任务 3　上升趋势线被有效突破和下降趋势线被有效突破

这是应用趋势线最为关键的问题。传统趋势理论中没有很明确的结论，有的只是人们经验性的总结。在实战中需要把握以下三个原则：

第一，收盘价突破原则。收盘价突破趋势线比日内的最高和最低的突破趋势线重要。

第二，3%突破原则。这一原则主要用于长期趋势线突破的鉴别。突破趋势线后，离趋势线越远，突破越有效。该原则要求收盘价突破趋势线的幅度至少达到3%。只有达到这一幅度才算有效，否则无效。

第三，3天原则。一旦股价突破中长期趋势线，其收盘价必须连续3天在该趋势线的另一方。突破趋势线后，在趋势线的另一方停留的时间越长，突破越有效。

項目 21　其他技術指標分析

學習要點

- ◆ 瞭解相對強弱指標（RSI）的概念。
- ◆ 熟悉 RSI 的一般研判標準。
- ◆ 瞭解隨機指標（KDJ）的概念。
- ◆ 熟悉隨機指標（KDJ）的使用技巧。

任務 1　相對強弱指標(RSI)

一、相對強弱指標（RSI）的概念

相對強弱指標（RSI）又叫力度指標，其英文全稱爲「Relative Strength Index」，由威爾斯・魏爾德（Welles Wilder）所創造，是目前股市技術分析中比較常用的中短線指標。

相對強弱指標（RSI）是通過比較一段時期內的平均收盤漲數和平均收盤跌數來分析市場買沽盤的意向和實力，從而判斷未來市場的走勢。

二、RSI 的一般研判標準

(一) 一般買賣信號

當短期（快速）RSI 從下往上穿長期（慢速）RSI（如 6 日 RSI 上穿 12 日 RSI）形成黃金交叉時，是買進信號。當短期（快速）RSI 從上向下穿長期（慢速）RSI（如 6 日 RSI 下穿 12 日 RSI）形成死亡交叉時，是賣出信號。

(二) 範圍劃分

RSI 的變動範圍爲 0~100，強弱指標值一般分佈爲 20~80。通常情況下，6 日 RSI 在 20 以下的時候爲超賣，而超過 80 爲超買。簡單地說，RSI 在 20 以下可以買進，在 80 以上應該賣出，但是由於所處市場的不同，對指標值也有不同的認識。

在牛市中，指標超過 80 的股票很多，基本上 85 以上才作爲賣出的依據。而很多強勢股甚至會運行到 95 以上，而且在 95~100 連續鈍化幾天，那麼出現此種情況的時候，就該輔助成交量和支撐壓力線來決定買賣了。而處於平衡市的時候，基本上可以按照

20 以下買進 80 以上賣出的基本規律了。

在熊市中，15 以下，甚至 10 以下才作爲買進的時間，而上漲到 70 以上就可以酌情賣出了。RSI 形成死亡交叉的時候，即 6 日和 12 日 RSI 向下形成交叉，即爲賣出信號。正常情況下一旦形成死亡交叉就該選擇賣出，但是由於市場主力經常會出現「騙線」的情況，那麼如果在 80 以下形成死亡交叉就要參考成交量的變化以及支撐壓力線和 KDJ 的走勢後再做賣出的決定了（見圖 21.1.1）。

圖 21.1.1　相對強弱指標（RSI）運用

6 日 RSI 是操作中最重要的數據。當其與 12 日 RSI 形成黃金交叉的時候，角度越大越好，證明后市向上的力度很大。有的把 RSI 值分爲 5 個區，90 以上爲極度超買區，80 以上爲超買區，30~70 爲平衡區，20 以下爲超賣區，10 以下爲極度超賣區。

正常情況下，進入極度超買區的時候隨時準備賣出，而進入極度超賣區的時候隨時準備買進，RSI 指標最重要的作用是能夠顯示當前市場的基本態勢，指明市場是處於強勢還是弱勢，同時還能大致預測頂和底是否來臨。

但 RSI 指標只能是從某一個角度觀察市場后給出的一個信號，所能給投資者提供的只是一個輔助的參考，並不意味著市場趨勢就一定向 RSI 指標預示的方向發展。尤其在市場劇烈震盪時，還應參考其他指標進行綜合分析，不能簡單地依賴 RSI 的信號來做出買賣決定。其對短期各股的操作準確性依然是相當高的。

任務 2　隨機指標（KDJ）

一、隨機指標（KDJ）的概念

KDJ 指標的中文名稱叫隨機指標，最早起源於期貨市場，由喬治·萊恩（George Lane）首創。KDJ 指標最早是以 KD 指標的形式出現，而 KD 指標是在威廉指標的基礎

上發展起來的。不過 KD 指標只判斷股票的超買超賣的現象，KDJ 指標則融合了移動平均線速度上的觀念，形成比較準確的買賣信號依據。在實踐中，K 線與 D 線配合 J 線組成 KDJ 指標來使用。KDJ 指標在設計過程中主要是研究最高價、最低價和收盤價之間的關係，同時也融合了動量觀念、強弱指標和移動平均線的一些優點。

因此，KDJ 指標能夠比較迅速、快捷、直觀地研判行情，被廣泛用於股市的中短期趨勢分析，是期貨和股票市場上最常用的技術分析工具。

二、指標原理

隨機指標 KDJ 是以最高價、最低價及收盤價為基本數據進行計算，得出的 K 值、D 值和 J 值分別在指標的坐標上形成相應的點，連接無數個這樣的點位，就形成一個完整的、能反應價格波動趨勢的 KDJ 指標。KDJ 指標主要是利用價格波動的真實波幅來反應價格走勢的強弱和超買超賣現象，是在價格尚未上升或下降之前發出買賣信號的一種技術工具。

三、使用技巧

J 指標取值超過 100 和低於 0，都屬於價格的非正常區域，大於 100 為超買，小於 0 為超賣。

KD 的統一取值範圍是 0~100，我們可以將其劃分為 3 個區域：80 以上為超買區，20 以下為超賣區，其餘為徘徊區。但是這裡股票投資者需要注意的是，這種劃分只是一個信號提示，不能完全按這種分析的方法進行操作。

上漲趨勢中，K 值大於 D 值，K 線向上突破 D 線時，即為黃金交叉，為買進信號。下跌趨勢中，K 值小於 D 值，K 線向下跌破 D 線時，即為死亡交叉，為賣出信號。

在 KD 處在高位或低位，如果出現與股價走向的背離，則是採取行動的信號。股價連續下跌，股價創新低而 KD 指標不創新低，稱為「底部背離」，是較可靠的買入信號。股價連續上升，股價創新高而 KD 指標不創新高，稱為「頂部背離」，是較可靠的賣出信號。

當 KD 指標在較高或較低的位置形成了頭肩形和多重頂（底）時，是採取行動的信號。這裡股票投資者同樣需要注意的是，這些形態一定要在較高位置或較低位置出現，位置越高或越低，結論越可靠（見圖 21.2.1 和圖 21.2.2）。

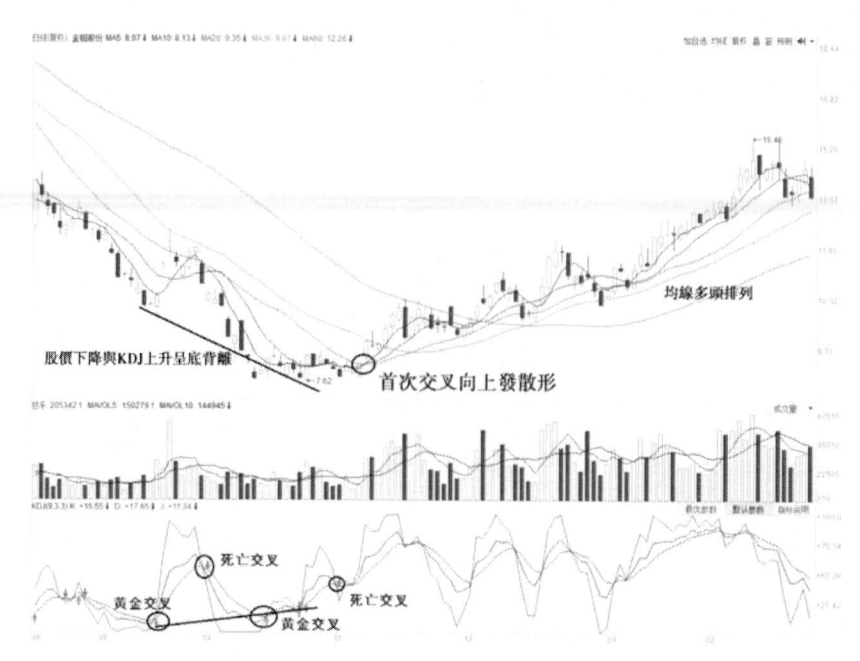

圖 21.2.1　隨機指標（KDJ）運用

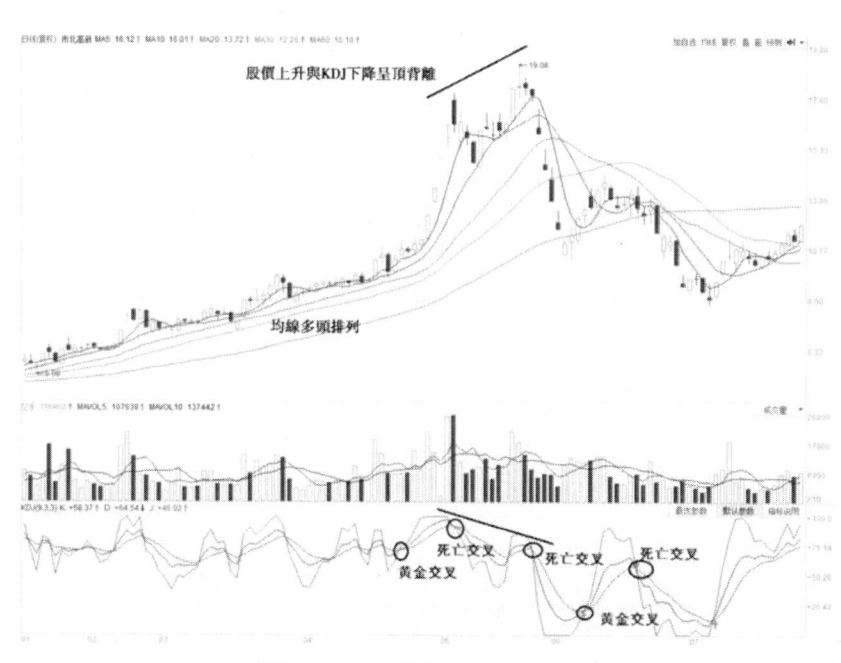

圖 21.2.2　隨機指標（KDJ）運用

復習思考題

1. 技術分析有什麼基本假設？
2. 技術分析有哪些要素？
3. 技術分析時應該注意什麼問題？
4. 怎樣畫標準的K線？K線有哪些分類？
5. 何如在股票軟件上選擇K線週期？
6. 常見的K線中，哪些K線是見頂的信號？哪些K線是見底的信號？
7. 在常見的K線形態中，哪些是見頂的形態？哪些是見底的形態？
8. 請在軟件中找到相關的K線形態。
9. 缺口有哪些分類？
10. 移動平均線的種類和作用是什麼？
11. 在移動平均線的形態中，哪些形態應該持有股票？哪些形態應該空倉？
12. 成交量的變化有哪些種類？
13. 量價變化與價格變化有什麼關係？
14. 成交量在黑馬的運用中有什麼表現？
15. 成交量在股市的底部和頂部的運用中有什麼表現？
16. 趨勢線有什麼作用？
17. 趨勢線有哪些常見分類？
18. 怎樣理解趨勢線的有效突破？
19. 相對強弱指標（RSI）一般的買賣信號是怎麼樣的？
20. 相對強弱指標（RSI）如何劃分變動範圍？
21. 如何判斷KDJ指標的黃金交叉和死亡交叉？
22. 如何理解KDJ指標的底部背離和頂部背離？

模塊 6　實戰指導

項目 22　收集與分析證券信息

學習要點

◆ 掌握證券信息的收集。
◆ 掌握證券信息的分析。

任務 1　證券信息的收集

一般來說，進行證券投資分析的信息主要來自於以下三個方面：

一、公開發布的信息資料

公開發布的信息資料主要是指通過各種書、報刊、其他公開出版物以及互聯網、電視、廣播等媒體公開發布的信息。

(一) 開放式基金信息的收集

(1) 專業性基金網站，如中國基金網，在這類網站可獲得所有基金（開放式、封閉式）的淨值（價格）及有關信息。

(2) 門戶網站、綜合財經網站的基金專欄，如搜狐、東方財富、和訊網的「基金」專欄等。

(3) 基本管理公司網站，如易方達、南方基金管理公司網站等，在這類網站可以獲得該公司旗下各基金的淨值（價格）及有關信息。

(二) 證券價格（行情）信息的收集

(1) 證券監管機構、證券交易所和證券行業協會網站，包括證監會、證券業協會、上海證券交易所、深圳證券交易所及地方證券業協會。

(2) 四大證券報紙（《中國證券報》《上海證券報》《證券時報》《證券日報》）。

(3) 證券公司（券商）、投資諮詢公司網站，如銀河、海通、廣發、國泰君安等。

(4) 綜合性的專業財經網站，如同花順、和訊網、證券之星、中國基金網等。

(5) 綜合性網站、門戶類網站的財經專欄，如人民網、新華網、新浪、網易等。

(6) 其他網站，如中國統計信息網、中國宏觀經濟信息網、國研網等。

二、相關交易軟件

在證券交易軟件中,也能查到所有上市公司的基本信息。每個證券公司都有自己的交易軟件,投資者可以在交易軟件中查詢相關信息。

三、實地訪察

實地訪察是獲得證券投資分析的又一個來源。實地訪察是指證券投資分析人員直接到有關的證券公司、上市公司、交易所以及政府部門等機構去實地考察,掌握進行證券投資分析所需的第一手信息資料。通過這種方式收集的數據是最可靠的,但是缺點是成本高、效率低。

一般來說,大多數人都是採用第一種和第二種方式進行信息收集,實地訪察一般只有機構投資者會使用。

任務 2　證券信息的分析

當今社會正處於一個信息時代,信息對股票的影響是非常大的。信息的披露能夠改變投資者對公司未來盈余和未來股利支付能力的預期,股票價值的變化通常會引起股價的變動。因此,在看盤進行行情分析之前,首先要做的就是對影響行情的信息進行解讀,這可以說是看盤的前奏。其內容具體有以下幾點:

一、瀏覽報刊和各種信息媒介

中國的證券市場是一個新興的、不成熟的市場。因此,國家不斷出抬一些政策來規範和發展證券市場。證券市場也有很多信息會對股市的行情和個股的變化發生影響。我們每天在開盤前第一項重要的工作就是看報,瀏覽各種信息。無論大信息還是小信息,都要瞭解。大的信息如時事新聞、經濟消息、國家政策、經濟政策、利率動向等;小的信息如買賣的股票情況、異動股票、大升大跌的股票、個股報表、停牌等個股消息。那麼面對這些鋪天蓋地的信息,我們會感覺無所適從,在有限的時間內,不可能無限地將時間用於信息的追尋,因此一個重要的方法就是瀏覽。瀏覽就是只看標題,不看內容。通過瀏覽可以把握這一天有哪些消息,然后進入下一階段。

二、有目的、謹慎地選擇信息

我們正處於一個信息爆炸的年代。投資市場每天的消息更是數不勝數,令人目不暇接。過多的信息對投資人並不一定有用,選擇什麼信息作爲投資依據,則顯得更爲重要,因此就需要在瀏覽的基礎上有目的、謹慎地選擇信息。選擇的信息要進行詳細的分析和判斷。不論是莊家,還是個人投資者,除了關注大勢及相關信息外,對重點個股的信息應進行有目的的關注。利用這些信息爲己所用,而不是被信息的製造者所利用,這是需要反覆錘煉的。而這就需要對信息進行選擇。投資人可以選擇一些網站

或者報刊，去長期觀看。選擇的條件最好是分析平實，而不是誇大多於實際的網站。平實的分析不會誤導投資人，不會使投資人對市場有過於樂觀或過於悲觀的看法，也不會使投資人過於冒險或過於畏縮不前。長期觀看這樣網站和報紙雜志的信息，一來可以得到最有用的信息，二來可以得到最中肯的分析。這樣對投資人長遠而言會有較大的幫助。

三、分辨和處理謠言與消息

謠言就是不真實的虛假信息。對於這樣信息的分析，有時也不能完全排斥。因爲有時分析信息發生的作用，不在於推測信息本身的真假，而在於該消息對市場的作用以及后續可能繼續出抬的信息。有時假信息當真事來炒，而有時真信息卻沒人捧場。因此，關注信息的作用比信息本身的真僞更有操作意義。市場的不少信息，有時真假不是最重要的，要有人相信並付諸行動，才是有意義的。絕對的內幕消息是沒有意義的，因爲只有公開之後才有影響力，過早地知道內幕消息而對公開後的影響效果卻判斷錯誤，同樣會遭受損失，而且可能還不如不提前知道所謂的內幕消息。

作爲職業投資者，不僅要躲避世界性金融危機的驚濤駭浪，提防凶惡莊家的坑蒙拐騙，還要識別各種流言和甄別虛假報表。

對股市信息的分析，實質上是分析機構投資者會如何利用這個消息，有些謠言與消息關鍵不再於信息本身的真假，不是分析消息本身屬於利好還是利空，關鍵是分析其他投資者會如何反應，對投資操作有沒有意義，推測爲什麼有人會放出這樣的消息，其背後的目的何在，機構又如何利用這個信息。在一個信息嚴重不對稱的市場中，不知道如何分析和理解信息，是很危險的。而且真真假假的信息背後，是投資者之間的博弈，大家出招的規則不是一成不變的，當多數老股民們堅信傳統行業的大盤股沒人炒的時候，鋼鐵、石化類的股票就可能已經踏上翻番的通道。而當市場上多數人知道基礎行業效益蒸蒸日上的時候，鋼鐵、石化股的主力機構們就會功成身退了。因此，任何一個投資者都應該隨時瞭解其想知道的關於股票投資的任何信息，甚至可以隨時知道股票主力的心裡是怎麼想的以及其下一步操盤計劃。

項目 23　證券即時行情解讀

學習要點

- ◆ 熟悉常見的證券行情分析軟件。
- ◆ 掌握證券行情分析軟件的界面。
- ◆ 掌握證券行情分析軟件基本鍵盤操作。
- ◆ 掌握證券交易品種及代碼。
- ◆ 掌握大盤和個股行情圖解讀。
- ◆ 掌握看盤的要素。
- ◆ 熟悉看盤面的關鍵要點。
- ◆ 掌握頂與底的識別和操作。
- ◆ 掌握市場熱點，抓住領漲板塊。
- ◆ 熟悉莊股炒作五部曲。

任務 1　常見的證券行情分析軟件介紹

　　股票軟件的實質是通過對市場信息數據的統計，按照一定的分析模型來給出數（報表）、形（指標圖形）、文（資訊連結），用戶則依照一定的分析理論，來對這些結論進行解釋，也有一些易用軟件會直接給出買賣的建議。其實，比較正確或實在的用法，是應該挑選一款性能穩定、信息精準的軟件，結合自己的炒股經驗，經過摸索之後，形成一套行之有效的應用法則，那樣才是值得信賴的辦法。機械地輕信軟件自動發出的進場和離場的信號，往往會謬以千里。

　　國內證券軟件開發商也根據客戶的不同要求開發出了種種不同特點的股票軟件產品，比較有特色的版本有同花順、大智慧、錢龍、通達信等軟件。讀者在哪個證券公司開戶，或者要下載感覺比較好的證券交易軟件，就到那個證券公司的官網下載交易軟件。當然現在證券公司也提供了相應的手機版軟件下載。在這裡僅簡介幾個比較有特色的常見證券行情分析軟件。

一、同花順（免費版）

　　同花順 2008 是一款功能非常強大的免費網上股票證券交易分析軟件，是市場上行

情交易最快、數據最全、性能最優、最受股民歡迎的免費炒股軟件。同花順免費版的特色有可以查詢 A 股、基金、外匯、港股、美股、期貨、股指期貨等行情；宏觀財經新聞更新及時，可以從早盤、復盤必讀進行查詢；行業板塊劃分，特別是概念板塊劃分比較好；可以查詢板塊熱點，知道每個交易日的板塊熱點；對上市公司的基本分析做得比較好，將各種複雜的財務數據通過圖形和表格的形式表達出來，一目了然，並且還有豐富的說明；有其他添加應用，如熱點事件、股票篩選器等；可以查詢滬深兩市股票免費主力增倉、資金流向等。

二、錢龍（經典版）

錢龍經典版涵蓋滬深港三地市場，包括股票、基金、指數期貨、權證，集行情、資訊、委託於一體，是全面滿足不同用戶的投資需求的證券交易軟件。錢龍經典版的特色有技術指標比較準；A+H 股關聯、A 股、港股同屏顯示；個股相關交易一屏全收眼裡，省時省力，輕鬆交易；若某只股票同時也有權證交易，可同屏顯示其股票價格和權證價格；有多週期同列、多日走勢同屏顯示、疊加指標等功能；注重即時分析的性能，並將交易界面與行情界面合二爲一，增加了閃電下單功能，更加方便了投資者的委託下單手續。

三、大智慧（經典版）

大智慧經典版是一套用來進行行情顯示、行情分析並同時進行信息即時接收的超級證券信息平臺。該軟件特色有資訊分析系統、即時滾動資訊、權威研究報告以及新聞關注排行等；主力資金流向即時監控，盤中即時計算主力資金流向的板塊和個股；有多市場行情和套利分析，採用全推送行情技術，可以查詢滬深、港股、期貨、外匯以及全球市場等行情。

任務 2　證券行情分析軟件操作

一、界面介紹

現在以同花順免費版對證券交易軟件進行介紹。打開軟件，「同花順」程序界面由菜單欄、工具欄、標題欄、功能樹、主窗口、指數條、左信息欄、右信息欄和應用中心等組成（見圖 23.2.1）。

（一）菜單欄

菜單欄位於終端界面左上方，包括系統、報價、分析、擴展行情、委託、智能、工具、資訊、幫助等多個欄目。終端的基本操作方法、功能都收羅其中，方便快捷。

（二）工具欄

工具欄位於菜單欄和信息欄之下、主窗口之上的位置，右鍵可選擇隱藏，包含了

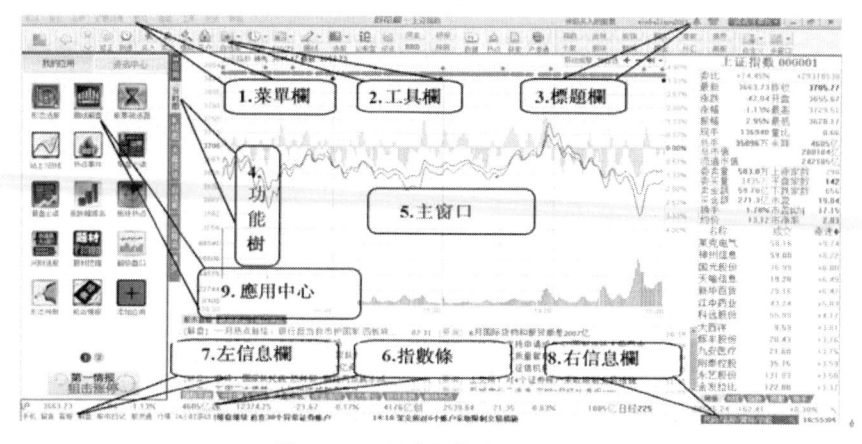

圖 23.2.1　同花順軟件程序界面

學習園地、修正鍵、買入賣出、模擬炒股等功能，方便用戶看盤使用。在這裡簡單介紹主要的工具。

（1）方向鍵：「方向鍵」分別是返回鍵和頁面向上向下。

（2）買入賣出：點擊「買入賣出」，當登錄好了委託程序後，可以將委託停靠或者最小化到下邊欄。需要交易的時候點擊「買入賣出」以方便操作。

（3）模擬炒股：點擊「模擬」進入模擬炒股登錄界面，提供最真實的虛擬炒股平臺。

（4）自選股：點擊「自選股」進入自選股界面。符號上的向下圖標爲下拉菜單，可進行自選個股和自選板塊的分組設定。

（5）週期：點擊「週期」進入個股的分時走勢，同時可以切換 K 線或者分時的分析週期，如 15 分鐘、30 分鐘、周線、月線等。

（6）F10、F9：點擊「F10、F9」，提供 F10 公司/大盤資訊、F9 牛股等內容，包含上市公司概況、公司經營狀況、行業分析等內容。

（7）畫線：點擊「畫線」可出現畫線工具，可以選擇畫線工具進行畫線。

（8）資訊：點擊「資訊」進入，提供即時財經新聞和自選股新聞，並帶來全新的閱讀體驗。

（9）選股：點擊「選股」進入，提供問財選股、快捷選股、股票篩選器和形態選股等各類選股方式，雲服務器選股更快更準。

（10）資金 BBD：點擊「BBD」進入，提供 DDE 當日資金詳細數據，還包含主力增倉、資金流向等內容；提供上證、深證 BBD 資金詳細數據，準確解讀滬深大盤趨勢。

（11）研報預測：點擊「研報預測」，進入研報中心，查看深度數據統計分析界面。形態預測提供形態預測功能及各機構的業績預測和分析報告。

（12）數據：點擊「數據」進入，提供龍虎榜單、產品價格、大宗交易等股票相關數據，把握相關熱點。

（13）行情總覽：點擊「行情總覽」，可選擇性進入，查看滬深股市走勢，查看個

股報價，也可以查看全球指數以及基金、債券、期指、外匯等行情報價。

(三) 標題欄

標題欄位於終端界面右上方，菜單欄右側，顯示當前頁面名稱、金幣數量、金幣充值、用戶名，並提供資訊、委託等功能。

(四) 功能樹

功能樹在界面的左側，包括應用、分時圖、K線圖、個股資料、自選股、綜合排名以及更多等快捷標籤。其中，點擊「更多」會有子菜單出現，包括上證指數、深證指數、成交明細、價量分佈和財務圖示年報等。

(五) 主窗口

主窗口指系統默認顯示的行情窗口，主要由分時圖、K線圖、表格行情列表、組合頁面等組成。

(六) 指數條

指數條默認顯示上證指數、深證成指、創業板指數以及自定義行情指數，包括漲跌和成交金額。其中，創業板指數可以右鍵切換成滬深300或者是中小板指；而自定義指數則可以通過點擊右側的扳手圖標進行指數的調整。

(七) 左信息欄

左信息欄顯示連結信息，有解盤、論股堂、股靈通以及留言、客服熱線等功能。

(八) 右信息欄

右信息欄為一搜索框，可在此輸入代碼查詢個股，方便進行個股查詢。

(九) 應用中心

應用中心提供豐富的軟件功能，可將常用的功能放置於此。

二、基本鍵盤操作

同花順軟件基本鍵盤操作如表23.2.1所示：

表23.2.1　　　　　　　　　同花順軟件基本鍵盤操作

功能鍵	作用
↑、↓	K線圖裡，放大和縮小圖形
	表格裡，上下移動選中行
←、→	圖形窗口裡左右移動光標；表格裡左右移動表格列
PageUp、PageDown	K線圖裡，上一個股票、下一個股票
	表格裡，上一頁、下一頁
Esc	有光標時去掉光標；無光標時回到上個瀏覽頁面

表23.2.1(續)

功能鍵	作　用
Home、End	有光標時光標移至顯示窗口最前端、最後端
	無光標時換技術指標
+、-（小鍵盤上的）	在「大盤分時頁面」切換指標
	在「個股分時走勢頁面」切換小窗口的標籤
03+Enter（F3）；04+Enter（F4）	上證領先；深證領先
10+Enter（F10）；11+Enter（F11）	公司資訊；基本資料

三、證券交易品種及代碼

（一）滬市證券交易品種及代碼

　　（1）A股代碼：600×××、601×××、603×××。

　　（2）B股代碼：900×××。

　　（3）債券代碼：010×××、018×××、019×××。

　　（4）證券投資基金代碼：500×××、502×××、510×××。

（二）深圳證券交易品種及代碼

　　（1）A股證券代碼：000×××。

　　（2）B股證券代碼：200×××。

　　（3）中小企業板代碼：002×××。

　　（4）創業板代碼：300×××。

　　（5）債券代碼：100×××、101×××。

　　（6）證券投資基金代碼：150×××、159×××、1847××。

任務3　解讀證券行情圖

一、大盤行情圖解讀

（一）大盤分時走勢圖

　　如果在同花順軟件上輸入03+Enter（或F3），就是上證領先指數，也稱上證指數；如果在同花順軟件上輸入04+Enter（或F4），就是深證領先指數，也稱深證成指。這兩個就是所說的大盤，而通常意義上所說有大盤是指上證指數。現以上證指數爲例進行分析說明（見圖23.3.1）。

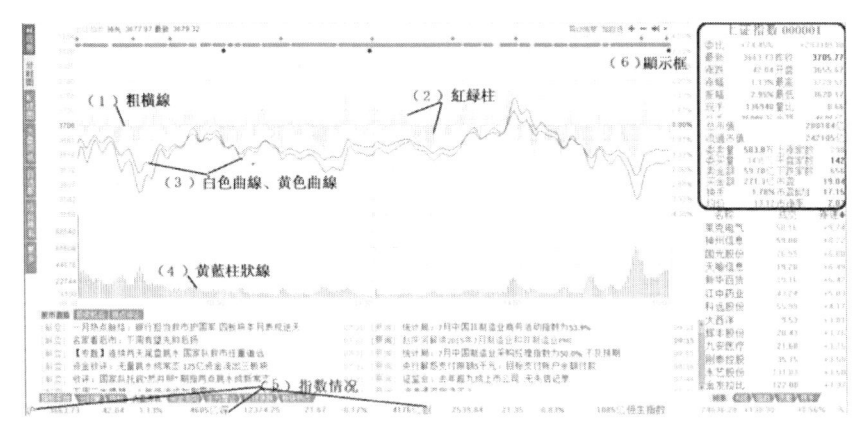

圖 23.3.1　大盤分時走勢圖

1. 粗橫線

該橫線表示前一交易日市場指數的收盤價位，是當日大盤上漲與下跌的分界線，上方是大盤的上漲區域，顯示爲紅色；下方是大盤的下跌區域，顯示爲綠色。

2. 紅綠柱

紅色柱狀線和綠色柱狀線是反應大盤指數上漲或下跌的強弱程度。當大盤向上運行時，粗橫線的上方就會出現紅色柱狀線，其紅色柱狀線越多、越長，表示上漲的力度越強，相反則表示上漲的力度逐漸減弱；當大盤向下運行時，粗橫線的下方就會出現綠色柱狀線，其綠色柱狀線越多、越長，表示下跌的力度越強，相反則表示下跌的力度逐漸減弱。

3. 白色曲線、黃色曲線

白色曲線表示上海證券交易所通常意義下對外公布的大盤指數，也就是加權指數；黃色曲線表示在不考慮上市股票發行數量的多少，將所有股票對上證指數的影響等同對待的不含有加權數的大盤指數。

當指數上漲時，如果黃色曲線在白色曲線走勢的上方，表示發行數量少（小盤股）的股票漲幅較大；如果黃色曲線在白色曲線走勢的下方，則表示發行數量多（大盤股）的股票漲幅較大。

當指數下跌時，如果黃色曲線仍在白色曲線上方，表示小盤股的跌幅小於大盤股的跌幅；如果白色曲線反在黃色曲線上方，則說明小盤股的跌幅大於大盤股的跌幅。

4. 黃藍柱狀線

黃藍柱狀線表示每分鐘的成交量（單位是「手」），最左邊一根特長的線表示集合競價時的交易量，后面依次是每分鐘出現一根的成交量，成交量越大柱狀線越長，成交量越小柱狀線越短；黃色柱狀線表示紅柱出現時的成交量，藍色柱狀線表示綠柱出現時的成交量。

5. 指數情況

「滬」表示上證指數，「深」表示深證成指，「創」表示創業板指數，以上證指數爲例來說明點位和成交量情況，圖中顯示點位爲 3,663.73 點，下跌了 42.04 點

(1.13%)，成交量爲4,605億元。

6. 顯示框

右邊「上證指數000001」欄目的上方顯示上證指數的各項指標，包括委比、漲跌、漲幅、換手、振幅、總手、金額、開盤、最高、最低、量比等指標。

(二) 大盤K線走勢圖

一般股票分析軟件所顯示的大盤K線技術走勢圖都是由三個畫面組成，最上面的是K線走勢圖（此處是日K線圖），中間的是成交量圖形，最下面是具體技術指標圖形（此處是MACD指標）（見圖23.3.2）。

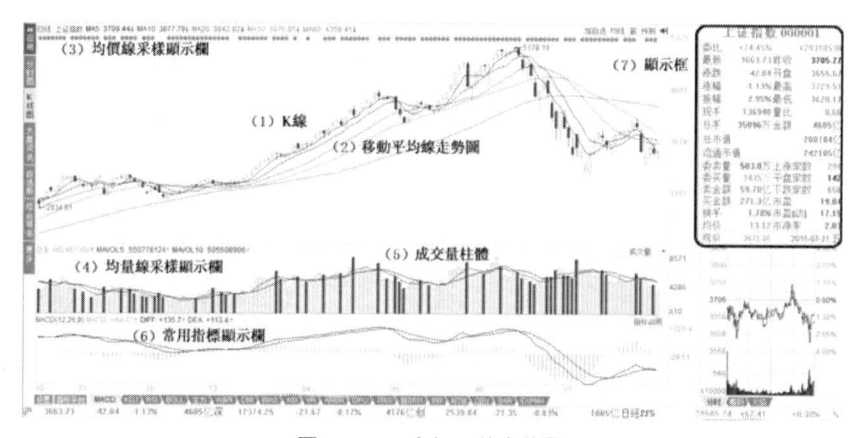

圖23.3.2　大盤K線走勢圖

1. K線

K線顯示股票價格指數或者股票價格的走勢。每根K線所代表的含義見模塊5證券投資技術分析中的K線分析。

2. 移動平均線走勢圖

此軟件分析圖設置5條移動平均線，分別用不同的顏色表示，是與均價線採樣顯示欄裡相對應的。其中，5日均線用白色表示，10日均線用黃色表示，20日均線用紫色表示，30日均線用綠色表示，60日均線用藍色表示。通常在大盤上漲時，短期移動平均線在長期移動平均線的上方；在大盤下跌時，短期移動平均線在長期移動平均線的下方。

3. 均價線採樣顯示欄

均價線採樣顯示欄顯示多種不同時間週期的移動平均線在某日內的數值，圖23.3.2中顯示爲日線。例如，MA5、MA10、MA20、MA30、MA60，其中MA5表示圖23.3.2中最后一個交易日的上證指數5日移動平均線，后面的數值爲具體點位。

4. 均量線採樣顯示欄

均量線採樣顯示欄顯示兩種不同時期的均量線在某日內的數值。例如，MAVOL5、MAVOL10，其中MAVOL5表示圖23.3.2中最后一個交易日的5日平均量的手數。

5. 成交量柱體

紅色柱體和綠色柱體都表示成交量，與K線的顏色對應。紅色柱體表示大盤指數

收陽時不同時間週期的成交量，綠色柱體表示大盤指數收陰時不同時間週期的成交量。圖 23.3.2 中表示大盤日 K 線走勢行情，因此每條柱線表示當天的成交量。

6. 常用指標顯示欄

常用指標顯示欄是個多框菜單欄，可以任意選擇各種技術指標，一般常見的有 KDJ、MACD、SAR、BOLL、RSI 等。圖 23.3.2 中顯示的是 MACD 趨勢指標。

7. 顯示框

圖 23.3.2 中右邊「上證指數 000001」欄目的上方顯示上證指數的各項指標，包括委比、漲跌、漲幅、換手、振幅、總手、金額、開盤、最高、最低、量比等指標。

二、個股行情圖解讀

輸入要查看股票的代碼，按下 Enter 鍵后，可以看到該股分時走勢圖，如圖 23.3.3 所示：

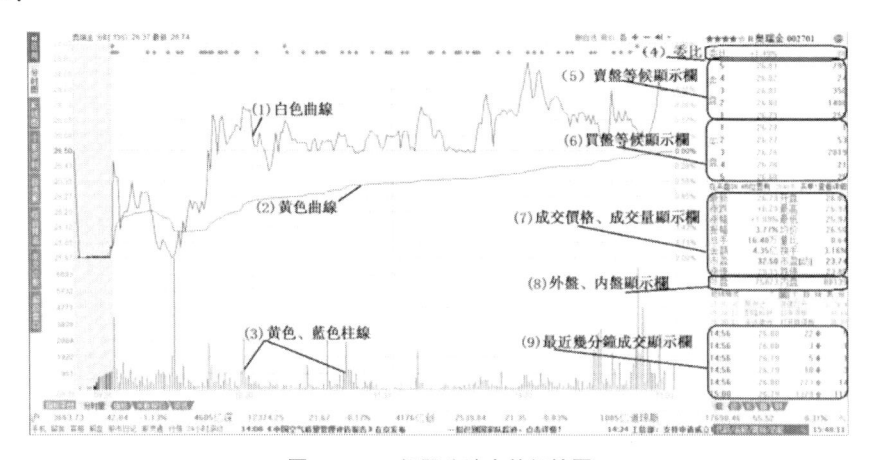

圖 23.3.3　個股分時走勢行情圖

如圖 23.3.3 所示，這是股票奧瑞金（002701）的分時走勢行情圖。

1. 白色曲線

白色曲線表示該股票即時成交的價格。

2. 黃色曲線

黃色曲線表示該股票即時成交的平均價格，即該時刻之前成交總金額除以成交總股數。

3. 黃色、藍色柱線

黃色、藍色柱線表示每一分鐘的成交量。

4. 委比值

委比值是委買委賣手數之差與之和的比值。當委比數值為正值時，表示買方力量較強，股價上漲的概率大；當委比數值為負值的時候，表示賣方力量較強，股價下跌的概率大。委比值的計算方法如下：

委比值=[(委買手數−委賣手數)÷(委買手數+委賣手數)]×100%

5. 賣盤等候顯示欄

該欄中賣1、賣2、賣3、賣4、賣5表示依次等候賣出。按照「價格優先，時間優先」的原則，誰的賣出報價低誰就排在前面，報價相同的，誰先報價誰就排在前面。這一切都由交易系統自動計算，不會因人爲因素而改變。賣1、賣2、賣3、賣4、賣5后面的數字爲價格，再后面的數字爲等候賣出的股票手數。

6. 買盤等候顯示欄

該欄中買1、買2、買3、買4、買5表示依次等候買進，誰買進的報價高誰就排在前面，報價相同的，誰先報價誰就排在前面。

7. 成交價格、成交量顯示欄

該欄中項目比較多，每個項目具體意思如下：

（1）最新，表示最新成交價，即買賣雙方的最新一筆成交價。

（2）漲跌，即當日開盤到現在該股上漲和下跌的絕對值，以元爲單位。

（3）幅度，即當日開盤到現在的上漲或下跌的幅度。若幅度爲正值，數字顏色顯示爲紅色，表示股價在上漲；若幅度爲負值，數字顏色顯示爲綠色，表示股價在下跌。幅度的大小用百分比表示。收盤時漲跌幅度便爲當日的漲跌幅度。例如，「幅度+1.09%」，此時已經收盤，因此表示該股當日漲幅爲1.09%。

（4）振幅，即股票開盤后的當日最高價和最低價之間的差的絕對值與前日收盤價的百分比，在一定程度上表現股票的活躍程度。

（5）總手，即當日開始成交到現在爲止總成交手數。收盤時的「總手」表示當日成交的總手數。例如，「總手16.40萬」出現在收盤時，就說明當日該股一共成交了16.4萬手（16,400,000股）。

（6）金額，即當日開始成交到現在爲止總成交的金額。收盤時的「金額」表示當日成交的總金額。

（7）市盈率。此處爲靜態市盈率，即以目前市場價格除以已知的最近公開的每股收益后的比值。

動態市盈率是指還沒有真正實現的下一年度的預測利潤的市盈率，等於股票現價和未來每股收益的預測值的比值。例如，下年的動態市盈率就是股票現價除以下一年度每股收益預測值，后年的動態市盈率就是現價除以后年每股收益。

（8）漲停和跌停，即每個交易日該股票的最大漲幅和最小漲幅。普通的股票最大漲跌幅爲前一交易日的10%，特別處理股每天的最大漲跌幅不能超過前一交易日的5%。

（9）開盤，即當日的開盤價。

（10）最高，即開盤到現在買賣雙方成交的最高價格。收盤時「最高」后面顯示的價格爲當日成交的最高價格。

（11）最低，即開盤到現在買賣雙方成交的最低價格。收盤時「最低」后面顯示的價格爲當日成交的最低價格。

（12）均價，即開盤到現在買賣雙方成交的平均價格。其計算公式爲：

均價＝成交總額÷成交股數

收盤時的均價爲當日交易均價。

（13）量比，即衡量相對成交量的指標，是開市后每分鐘平均成交量與過去 5 個交易日每分鐘平均成交量之比。其計算公式爲：

量比＝現在總手÷當前已開市多少分鐘÷（5 日總手數÷5÷240）

其中，「5 日總手數÷5÷240」表示 5 日來每分鐘平均成交手數。

量比是投資者分析行情短期趨勢的重要依據之一。若量比數值大於 1，並且越來越大時，表示此時成交總手數（即成交量）在放大；若量比數值小於 1，並且越來越小時，表示此時成交總手數（即成交量）在萎縮。這裡要注意的是，並非量比大於 1，並且越來越大就一定對買方有利。股價上漲時成交量通常會放大，但在股價下跌時成交量也可以放大。因此，量比要同股價漲跌聯繫起來分析，才能有效減少失誤。

（14）換手，即換手率，指在一定時間內市場中股票轉手買賣的頻率，此處爲收盤后的價格，即此交易日的換手率爲 3.16%。

換手率＝(某一段時期的成交量/發行總股數)×100%

換手率是反應股票流通性強弱的指標之一。

8. 外盤、內盤顯示欄

外盤，即主動買盤，是按市價買進的累計成交量，成交價是賣出價。內盤，即主動賣盤，是按市價賣出的累計成交量，成交價是買入價。

當外盤數量比內盤大很多且股價上漲時，表示很多人在搶進股票；當內盤數量比外盤大很多且股價下跌時，表示很多人在拋售股票。

9. 最近幾分鐘成交顯示欄

該欄顯示最近幾分鐘的成交情況，即幾點幾分以什麼價位成交，每筆成交手數是多少。

任務 4　觀察與操作盤面

一、看盤的要素

看盤就是對盤面信息的綜合研判，既要細緻地觀察盤面的一舉一動，又要將其融入到歷史走勢和市場環境的整體之中。具體來說，看盤時要將大盤或個股在交易過程中出現的委比、外盤、內盤、成交價、均價、漲跌幅度、量比以及圖中出現的黃（白）色曲線、紅（綠）色柱狀線等變化情況記錄下來，或記在腦子裡。只有把它們看清楚后，投資者才能對盤面做出分析、比較，正確判斷大盤或個股即時走勢會朝什麼方向發展。看盤的要素如下：

（一）股價

股價是看盤的重要且不可缺少的元素。股市中有開盤價、收盤價、最高價、最低價，這些價格都十分重要，所含的意義也不同。開盤價預示著一定時間內行情的發展，一天的開盤價對分析一天的行情有重要意義；一個月的開盤價對一個月的行情有重要

意義。如果大勢處於低位,當天的開盤價高開的話,又不回落,而且成交量放大,這一天可能是一個漲勢,這個股票也很可能要上漲。反之,如果大盤指數或個股股價開得太低,則可能是一天跌勢。最高價的上影線為投資者提供了「指南針」,預示了股價的上漲趨勢;最低價則為股價的調整提供了空間。每一個價位都為投資者提供了很多信息,關鍵看其看盤的功夫,看其能否讀懂大盤。

(二) 外盤、內盤

這是要看外盤、內盤和股價的變化。這可以從三個方面進行分析:第一,當外盤比內盤數量大出很多而股價下跌處於低位時,就要想到是否主力莊家在做盤。如果在當日成交明細表中查到很多大買單時,大致可以判斷出主力莊家正在趁股價下跌時主動性買進。第二,當外盤比內盤數量大出很多而股價處於高位時,就要想到是否主力莊家在拉高出貨。如果在當日成交明細表中發現大賣單不斷出現,則極有可能是主力莊家在主動性賣出,搞對倒出貨;如果在當日成交明細表中發現大賣單很少,表明現在跟風買進的中小散戶居多,主力莊家暫時還沒有考慮出貨,故股價仍有繼續上漲的可能。第三,當內盤比外盤數量大很多,而股價還在漲,則表明主力莊家在震倉洗盤。盤中主動性買盤多半來自主力莊家,主動性拋盤則多半來自中小散戶。

(三) 漲跌幅排名

每日看盤要關注「漲跌幅排名」一欄,留意居漲幅前列的個股,觀察居漲幅前列的個股是哪個板塊,是否具有領漲作用,是否引發整個板塊產生整體啓動,是否引發具備同類題材的個股群產生整體聯動,不同板塊之間是否產生聯動,從而找出投資機會和介入時機。一輪上揚行情,僅由一個板塊整體上揚,這種推動力往往只能形成反彈行情。這個領漲板塊掉頭下行則意味著反彈行情結束。若盤中形成 2~3 個板塊輪番啓動上揚,人氣被有效激活,大盤則形成主升浪,形成反轉行情。每輪行情的上揚都容易引發市場到底是反彈還是反轉的爭論,其實只要從數天盤面觀察板塊啓動的數目,便知市場是反彈還是反轉了。面對反彈與反轉行情應採取截然不同的操作策略,學會觀察板塊啓動數目來識別反彈或反轉就顯得重要了。

(四) 時間

在一天的交易時間中,有 4 個時間段投資者要特別注意:10:00、11:15~11:30、13:00~13:30、14:30~15:00。第一,通常莊家拉高出貨會選擇在 10 點左右這一時間段裡。無論大盤還是個股,當日短期的高位經常在上午 10 點左右出現。如果隨成交量放大,股價上升,一定要小心主力隨時出貨。此時可用分時圖結合成交量和技術指標分析股價走勢,當短線指標背離時應該果斷出貨,這種方法經多次驗證效果比較明顯。第二,上午收盤和下午開盤是買入、賣出股票的較好時機。

(五) 技術指標

看盤是離不開技術指標的。一天之中隨著股價的變化,移動平均線、趨勢線等各種主要技術指標也在不斷地發生變化,提供做多或做空的提示。因此,要隨時觀察技術指標的變化,分析、預測發展趨勢。

(六) 成交量

沒有成交量股價是不會上漲的，因此即時看盤，成交量是不可缺少的一個看盤的要素。成交量是一種供需的表現，當股票供不應求時，人潮洶湧，都要買進，成交量自然放大；反之，股票供過於求，市場冷清無人，成交量勢必萎縮。而將人潮加以數值化，便是成交量。廣義的成交量包括成交股數、成交金額、換手率。狹義的成交量也是最常用的，僅指成交股數。股票只要上市交易，每日都會有或多或少的成交量。一般而言，向上突破頸線位、強壓力位需要放量攻擊，即上漲要有成交量的配合；但向下破位或下行時卻不需要成交量的配合，無量下跌，直至再次放量，顯示出有新資金入市搶反彈或抄底為止。價漲量增，價跌量縮稱為量價配合，否則為量價不配合。

二、看盤面的關鍵點

投資市場是變化莫測的，如何看盤也是操盤的必備技能。買好股票的前提，首先是選好股，選好股則必須在看盤的基礎上產生。因此，千變萬化中有關鍵的幾點需要把握。

(一) 大盤向下跳空低開盤

開盤后，並且一波低於一波，上漲時成交量縮小，反應買盤漸弱；下跌時成交量放大，反應拋售者增加。指數分時走勢圖呈 9 個小波浪下跌，每個波峰越來越低，表明大盤開始轉弱，出貨的特徵明顯。投資者應趁每次盤中反彈分批減磅。若當日大盤行情無法上揚到昨日收市價以上，即無法回補今日留下的一個向下跳空缺口，這表明大盤走弱。特別是大盤大幅上揚末期出現跳空下跌走勢，更意味賣方力量強大，大盤掉頭下跌，主力出貨堅決，行情將發生轉變，即由升勢轉為跌勢。有時大盤分時走勢圖呈現 13 個波浪下跌，更表明大盤走弱。一般大盤跳低下跌，若 14:00 或 14:30 不能大幅上揚回補缺口，可視為大盤走弱成為今后一段時間的主流。若大盤以最低價收市報收，往往導致第二天繼續跳低開盤。

(二) 若大盤下跌，應觀察哪些個股領跌

若龍頭股或領漲股率先掉頭下跌，則意味著炒作熱點將降溫，由熱轉冷，是考慮逢盤中反彈賣出的關鍵時候。龍頭股或領漲股一般是一輪行情的「火車頭」，「火車頭」走下坡路往往意味著這輪行情將結束。領頭羊掉頭下行、群龍無首自然難以大幅推動行情衝高。看盤的關鍵之一是緊盯龍頭股或領漲股板塊的動向。無論大盤升、跌，每日應密切緊盯著主力資金流向。股價是靠資金來推高的，資金流向排名，可直接發覺今日市場資金流向哪只個股、哪個板塊。若該股或板塊上揚，資金流向大，反應主力介入，特別是行情由底部啟動之初，主力資金向哪只個股或板塊流動，哪只個股或板塊往往成為龍頭股或領漲股，是及時果斷跟進買入、坐等主力抬轎的良機。若連續觀察幾天，哪只個股或板塊每日資金流向排名均居前，便可確認該個股或板塊為領漲動力板塊股。

若每日資金流向排名的「個股面孔」不斷變換，很難持續 2～3 天，便可確認市場主力無心戀戰，沒有形成合力推動行情發展，大盤呈盤局或盤跌走勢居多，表明市場

無熱點。即使有熱點，但轉換快，難以引發投資者產生「共鳴」。個股行情以一兩天短線反彈上揚爲主流，仍難推動大盤大幅上揚，僅僅起到維持人氣的作用。若每日資金不斷減少，表明市場主力且戰且退，是市場走弱的信號，應引起持股者高度警惕。

(三) 關注每日巨幅振盪的個股股價異常波動

反應市場買方或賣方力量懸殊、振盪幅度大，但仍大幅上揚的個股往往表明該個股走勢較堅挺，后市上揚機會大；若股價大幅下挫，表明拋售壓力大，要謹防主力出貨，后市下跌機會大，應引起持股者的警惕。

(四) 關注每日成交量與成交金額異常放大的個股

若股價處於低價區，放量上揚，應視爲有主力建倉，是考慮是否及時跟進的關鍵時刻。若股價處於高價區，成交量異常放大，反應拋售的人數增多，甚至主力出貨，應引起持股者高度警惕，是考慮出貨控制風險的時刻了。

(五) 觀察內盤、外盤、委比和量比時，要防止主力造假

內盤、外盤、委比和量比都是表達當日場內多、空力量對比的指標，但是主力也可以利用內盤、外盤、委比、量比造假，或是用來進行反技術操作，以此來蒙騙中小散戶。例如，外盤大於內盤，表明主動買進股票的量比主動賣出股票的量多，而股價卻在下跌；內盤大於外盤，表明主動賣出股票的量比主動買進股票的量多，而股價卻在上升，這種現象的產生很有可能是主力在從中搗鬼。又如，主力利用「虛假委託買賣」來影響委比的大小以及用「對敲」來增加量比，製造場內活躍氣氛，然后對跟風者一網打盡等。因此，投資者在觀察內盤、外盤、委比和量比時，要結合大盤和個股的 K 線、均線形態對其走勢做出全面分析后才可買進或賣出，以免陷入主力的圈套。

任務 5　操作盤面技巧

證券投資有了豐富的知識，有了前沿的理念，有了良好的心理素質，還不夠！因爲投資成功的關鍵要素還取決於盤面的操作過程。這就需要有一個良好的投資習慣，建立一個相對科學的作業流程，掌握一定的操作技巧。

股市總是漲跌交替，周而復始，沒有永遠上升的股市，也沒有永遠下跌的股市，有上升必有下跌。如果我們能夠抓住上升過程的頂部賣出和下跌過程的底部買進，則可以實現投資者追求利潤最大化的夢想。

一、頂與底的識別和操作

(一) 行情頂部的特徵

形成行情頂部時，市場都出現樂觀論調，頭部總是出乎絕大多數投資者的意料之外。若市場大多數投資者都預料出現頭部，這個頭部一定不是大頭部，僅僅只是小頭

部而已。正所謂「行情在猶豫中上升，在歡樂中死亡」。行情頂部具體特徵如下：

1. 人氣指標

行情大幅上揚後出現極樂觀市況，市場評論幾乎一片看漲，個股出現瘋狂漲停，黑馬奔騰。人們對消息出現麻木狀況，利空當利好，對政策面上出現的利空視而不見，這足以改變主力操作動向的因素湧現，即意味行情宣告結束。

2. 放量滯漲

成交量是判斷行情最重要的標志之一，當股市在高位運行了一段時間，成交量會逐步放大，創下天量。天量近90%形成天價，表明買入的投資者逐步增多。但在成交量放大甚至創出天量，而股價上漲幅度反而不大時，意味后市介入資金有限，行情缺乏上升動力，反而市場抛售壓力已逐漸增強，自然掉頭下行要小心股價波段見頂，正所謂「高位久盤不上必下行」。尤其是在行情大幅上揚後，成交量出現背離現象，呈價升量縮的特點，反應行情上揚並沒有受到場外資金的追捧，只不過場內持股者信心較強，惜售導致上檔抛壓小，資金不大也可能推高行情。但這樣的行情不會持續很久，形成頭部的機會很大，通常量價背離形成小頭部的機會偏多。

3. 領漲板塊下跌

一波行情總會有一個熱點作爲領漲板塊，如「911」行情的網路板塊。幾乎每一輪行情都有領漲大盤、誘發市場熱點的領漲板塊。它們通常是市場主力介入較深、控盤較好的個股，其對大盤的走勢也有領頭的作用。它們的走勢往往與大盤不同步，但提示主力的意圖。而主力在對這些領漲個股進行出貨時，爲了使指數和市場人氣得到維持，常會拉抬指標股或大盤股來進行出貨的動作。而在大盤還在上升、市場還一片看好時，先於大盤啓動的熱點龍頭股已開始下跌，主力已開始出貨。

4. 非主流板塊補漲

主力爲了掩護出貨，需要製造其他「熱點」留住人氣，使已在高位接貨的投資者產生幻想。另外，獲利出場的主力有時也會在冷門股中打一個「短平快」。

5. 個股漲跌比例變化

個股漲跌比例反應市場的整體人氣強弱，大盤在高位出現指數上漲而大部分個股下跌的情況，特別是連續兩三天出現這種情況時，則短線見頂的可能性較大。

6. 技術上也開始出現頂部的信號

日K線圖上出現三個以上跳空缺口，則90%以上概率易形成頭部區。見三個以上跳空缺口堅決賣出，幾乎每次都可以順利逃離頭部區。

指數周K線圖上，6周相對強弱指標RSI進入80超買區內，逢高賣出，增持貨幣，減持股票是一項明智、謹慎、規避風險的做法。指數日K線圖上，6天相對強弱指標RSI出現頂背離現象，行情易出現急跌，形成頭部。

其實一波行情結束時會表現出很多頂部的特徵，而且其表現也很明顯，投資者是很容易識別的，但是卻有很多投資者視而不見，逃不出頂部。

(二) 行情底部的特徵

(1) 市場領跌板塊跌無可跌，成交量極大萎縮，開始創下近期低量，表明抛售壓

力開始。

（2）大盤成交量大幅萎縮，大盤開始止跌，上漲股票家數開始大於下跌股票家數，市場信心開始恢復。

（3）市場出現新的熱點或領漲板塊股。

（4）調整的時間和空間均有一定的長度與幅度。

（5）市場心理出現恐懼或失望。

（6）技術指標低位鈍化或出現「底背馳」信號。

（7）大盤跌穿重要支撐位，導致市場評論出現恐慌論點。

以上后兩個特徵都構成大盤結束調整的內因。一旦市場出現利好預期或傳聞，一輪主升浪便噴薄而出。

二、緊跟市場熱點，抓住領漲板塊

（一）領漲板塊的含義

所謂的領漲板塊，是指一輪上升行情啓動之中，市場表現最具活力、具備相同或類似題材、概念的股票備受市場主力資金追捧，股價短期大幅上揚，上揚的速度與幅度均超過市場其他股票的平均幅度。領漲板塊股的升與跌常常成爲左右大盤上升與下跌的「主心骨」，其餘板塊股的升與跌大多以領漲板塊上揚的幅度、持續的時間、放大的成交量與換手率爲參照對象。

在波段炒作過程中要想跑贏大盤，獲得超過市場收益的高額回報，就是要在領漲板塊啓動之初大膽、果斷、重倉買入，做足波段行情。炒股票就是要抓住領漲板塊股！道理雖然簡單，可實際買賣股票過程中，要抓住領漲板塊股卻不是一件簡單的事。在一輪行情啓動之初，領漲板塊股並不容易識別。當行情上升一段時間后，市場領漲板塊股逐步明顯易辨，當投資者看明白領漲板塊股時，該股已上揚了較大幅度，風險也開始加大，準備買入者便會猶豫。如何及早發覺領漲板塊股呢？懂得領漲板塊股形成的機理將有助於抓住領漲板塊股。

（二）領漲板塊的形成過程

一輪上升行情啓動一定是由一個或數個板塊股輪番上揚，形成局部或全面的賺錢效應，吸引場外資金不斷介入，達到「眾人拾柴火焰高」的炒作局面。一個或數個領漲板塊股的形成一般都包括以下幾個步驟：

（1）股票價值被市場低估，較長時間被冷落。

（2）價值被發覺，輿論或政策導向出現強烈信號。

（3）價值迴歸炒作。

（4）價值被高估，形成氣泡。

（5）價值迴歸，股價加速下跌。

一個板塊要形成這輪行情的領漲板塊，內因是這個板塊整個市場價值被低估，股價普遍偏低。這個板塊具備類似或相同的題材或概念，這個題材或概念容易引發投資

者產生聯想，刺激投資者對該題材或概念及對公司業績改善與提高產生期望，從而吸引眾人跟風買入。外因往往是市場主力率先捕捉或製造這個題材或概念。主力資金的流入自然率先推動股價領先大盤上揚，一個領漲板塊上揚能持續多久，往往要看這個題材概念能否深入人心，引發市場大多數投資者產生共鳴，吸引中小散戶跟風追漲。一個市場熱點的產生更離不開政策與輿論的推波助瀾。

(三) 領漲板塊在啟動初期的盤面特徵

(1) 政策傾斜、利好出抬或媒體集中報導某些政策或經濟生活熱點。這是二級市場某個炒作熱點容易形成的信號標誌。

(2) 在長期低迷的市況中，率先底部放量，大筆主動性買盤不斷出現在某股票的分時交易記錄明細表中，該股票居漲幅前列，該股票上揚刺激具備相同或類似題材、概念的板塊股上揚，成交量與成交金額呈價升量增走勢，在資金流向記錄明細表上居成交數額較大的前列。

(3) 領漲板塊股啟動之時常常出現跳高開盤，迅速上揚，成交量短期暴增，買單很大，甚至封住漲停。

(4) 市場投資者普遍抱觀望或懷疑態度。

(5) 市場評論開始關注領漲板塊，隨著領漲板塊股價的上揚，評論也開始升溫。

具備以上 5 個交易特徵幾乎可以肯定領漲板塊初步形成。領漲板塊初步形成之際，投資者要「快、準、狠」地及時買入，此時若沒有敢於追高買入的勇氣，便會貽誤良機。有時甚至要有追漲停買入的膽量。抓領漲板塊股離不開果斷買入的勇氣和敢為天下先的謀略。

任務 6　莊股炒作五部曲

「知己知彼，百戰不殆」。散戶要想借力，首先就要知道莊家是怎麼炒作股票的，這樣才會明白該從何處借力。莊股的股票炒作通常分為建倉、洗盤、拉高、震倉、出貨五個步驟。

一、建倉

建倉階段莊家的主要任務是收集籌碼。船沒有裝滿貨，莊家是不會開的。莊家的籌碼是從散戶手中來的。莊家主要通過四種方法從散戶手中奪取廉價籌碼。

第一，靠「時間」磨。以時間換空間，莊家讓股票在低位停留，慢慢吸貨，靜靜等待。時間長了，就會出現兩種情況。第一，高位套牢者主動斬倉，低價賣出籌碼，去尋找其認為上漲更快的股票；第二，低位買入者失去耐心，有點蠅頭小利就走，把籌碼拱手讓與莊家。

第二，靠「消息」搶。莊家往往利用種種利空消息、不好的傳言，有時候甚至蓄

意製造假消息，使市場發生恐慌，造成股價下跌，拋盤湧出，莊家乘機吸籌。例如，2008年10月，這時市場下跌已到尾聲。超級主力們利用國外傳來的次貸危機深化的消息，大力打壓股市，造成該月跌幅24.63%，創出該輪熊市最大單月跌幅，並創出該輪熊市的最低點1,664.93點。很多人揮淚斬倉，交出了帶血的砝碼，倒在黎明前的最后一絲黑暗中。

第三，靠「手法」騙。莊家通過巧妙的操作手法，製造股票在形態、指標或波段上的下跌態勢，使對技術分析一知半解的股民發生心理恐慌，主動拋盤，莊家再乘機接貨。

第四，組合運用。把前面提到的三種方法組合起來運用。

二、洗盤

莊家洗盤的目的有兩個：第一，洗去浮籌；第二，降低成本。

有的人意志不堅定，容易動搖，隨著股價的逐步上漲，他們會三心二意，稍有風吹草動，轉身就走。他們手中的獲利籌碼猶如沒有被排除引信的炸彈，揣在主力懷中時刻威脅主力資金安全，制約主力造高股價。不堅定的人手上持有的籌碼被稱爲浮籌。莊家只有率先排除這些危險的炸彈，拉高股價的過程才會順利。洗去浮籌是莊家洗盤的第一個目的。

莊家收集了足夠的籌碼準備拉升之前，通常會想再最后低價收集一批籌碼，攤低一下成本。這樣的想法可以通過洗盤來實現，降低成本是莊家洗盤的第二個目的。

莊家洗盤的方式主要有兩種：第一種，連續的小陰線。莊家通過長時間不斷下行的小陰線，使股民放棄持股，被洗出局。第二種，迅速大幅度下跌。股民以爲這只股票有什麼不好的消息，忍痛止損。此時莊家卻殺個回馬槍，股價迅速回升，很快企穩，莊家完成洗盤，做好拉高的準備。

三、拉高

拉高的主要目的是創造獲利空間。

莊家在經過充分的洗盤后，才會開始大幅度地拉升股價，使股價脫離成本區。莊家拉升股價的辦法有兩個：第一，製造良好的技術形態；第二，利用各種新聞媒體進行宣傳，吸引股民購買。例如，華誼兄弟上市的時候，利用股東馮小剛、張紀中、黃曉明、李冰冰的明星效應，大打名人牌，廣泛吸引眼球，獲得了不錯的宣傳效果。上市首日，華誼兄弟股票被爆炒，一度達到91.8元的盤中最高價格，是發行價28.58元的3.21倍。

莊家拉高股價的具體手法主要是對敲。對敲就是利用不同證券營業部的多個帳戶，以拉鋸的方式在各營業部之間輪替報價交易，以實現股票上漲。對敲實際就是一種自買自賣的行爲，左手出右手進，籌碼在多個倉庫（股票帳戶）之間來回倒騰。通過對敲，莊家可以慢慢推高股價，並製造交易活躍的氣氛，吸引股民注意，引起跟風買入。

四、震倉

震倉的目的是洗去浮籌，去偽存真。

股票在拉升一段時間以後，會出現一批短線獲利的籌碼，這些短線客是意志不堅定的持股者，會影響股價進一步拉離。就像蓋樓房一樣，只有地基密實，樓房才會蓋得高。底座不實，蓋到一半樓就有可能倒。股價的拉高也是一樣，如果存在大量見利就跑的短線客，會給莊家帶來很大困擾，甚至有坐莊失敗的可能。

莊家的震倉行為主要通過股價的大幅度上下波動來實現，很短的時間內可以讓股價從深度下跌，轉為大幅攀升，剛才還是大幅上漲，轉眼卻有可能變成迅速下墜。每天的價格變化情況都是有漲有跌，漲跌的幅度都很大，而且會伴隨巨大的成交量。

五、出貨

莊家出貨的目的是為了實現收益。

出貨是坐莊的最后一步，同時也是最重要、最關鍵、最難操作的一步。這一步沒控制好，不但發送不了多少股票，反而會引起市場恐慌，引出大量拋盤，導致股價暴跌，徹底破壞股票牛股形象，莊家沒法實現既定獲利目標。

莊家出貨主要通過兩個方法來實現：第一，技術圖形。在關鍵技術點位上擺出即將突破的態勢，吸引股民買入，隨後再金蟬脫殼，乘機開溜。第二，重大利好。利用各種媒體渠道，散布重大利好消息，編織股票未來將大幅攀升的美妙前景，吸引散戶購買，莊家此時卻乘機出貨。例如，2008年8月8日，既是奧運會開幕的日子，也是奧運概念股出貨的日子，其龍頭股北京旅遊當日開盤后直線拉升，創出了29.79元的最高價后，掉頭下行，尾盤跌6.82%。大熊市背景下，北京旅遊38個交易日內上漲154.61%的精彩表演就此謝幕。

在上面的五個步驟中，建倉、拉高、出貨是一次坐莊過程中必不可少的三個步驟。剩下的兩個步驟中，洗盤通常在股價攀升之前出現。有時候，一只股票在拉升過程中，可能會休息一下，然後再二次拉升，甚至三次拉升，那麼就可能會出現二次洗盤、三次洗盤。而震倉則可能在股票的拉高過程中反覆出現。在一次坐莊行為中，拉高和震倉這兩個步驟不一定非出現不可。這兩個步驟是否會出現，要視市場情況而定。莊家實力雄厚、市場行情非常好的時候，洗盤和震倉也許都不會出現；莊家實力不夠、市場行情不好的時候，洗盤和震倉則有可能全部出現。有時候還會出現一種情況，就是邊震邊洗，連洗盤帶震倉同時進行。這種情況常常在突發利好的時候出現，莊家沒有時間去布置一個詳細的操作計劃，只好節約時間，同時進行。

一次標準的坐莊過程是以通常的步驟，即建倉—洗盤—拉高—震倉—出貨來進行（見圖23.6.1）。

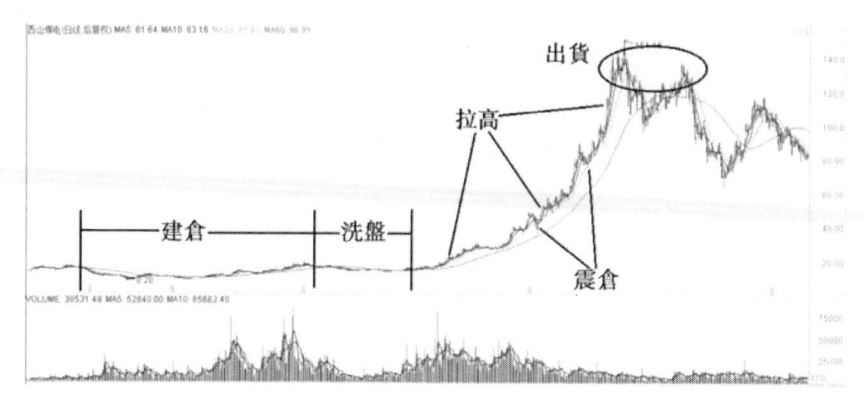

圖 23.6.1　西山煤電 2005 年 4 月~2008 年 2 月走勢圖

圖 23.6.1 顯示了一次標準的股票坐莊過程，在兩年半的時間內，西山煤電最大漲幅達 1,808.6%，主力獲利豐厚。

一次較爲複雜的坐莊過程如圖 23.6.2 所示，建倉、第一次洗盤、第一次拉高、震倉、第二次拉高、震倉、第二次洗盤、第三次拉高、震倉、第三次洗盤、第四次拉高、出貨。

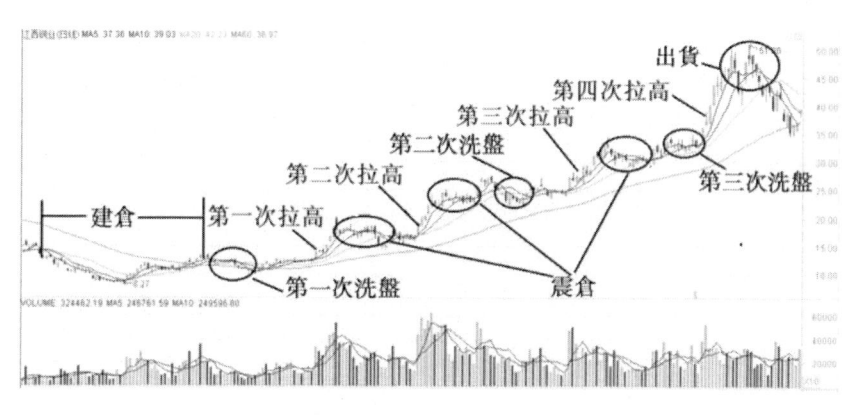

圖 23.6.2　江西銅業 2008 年 10 月~2009 年 8 月走勢圖

圖 23.6.2 顯示了一次較爲複雜的股票坐莊過程，在 10 個月的時間內，江西銅業的最大漲幅達 517.65%，主力的獲利較爲豐厚。

耐心往往是主力和散戶的最大區別，有時候主力爲了做一只股票，能潛伏 1 年、幾年甚至十多年的時間，而散戶做一只股票可能只做幾周甚至幾天（見圖 23.6.3）。

圖 23.6.3　中國船舶 1998 年 5 月～2009 年 8 月走勢圖

　　如圖 23.6.3 所示，超級主力從中國船舶 1998 年 5 月 20 日上市第一天開始，就潛伏其中，到 2006 年 3 月 10 日，將近 8 年的時間，莊家一直都在建倉，這段時間內中國船舶的股票價格，一直在最低 5 元到最高 12 元的狹小區域內盤旋，顯示出莊家極強的控盤技巧和資金實力。最后乘著 2007 年大牛市的春風，中國船舶的股價一飛衝天，到 2007 年 10 月 11 日，創出了 300 元的價格，成爲當時兩市第一高價股，成就一段傳奇。將近十年的時間內，坐莊一只股票，莊家的隱忍和毅力可見一斑。當然，回報也是巨大的，這段時間內中國船舶的最大漲幅爲 59 倍，如果考慮到送股和分紅的因素，其最大漲幅更是高達 78 倍。耐心地操作，加上詳細而周密的計劃，大牛股就是這樣煉成的。

項目 24　證券常用術語和股市諺語

學習要點

◆ 掌握證券常用術語。
◆ 掌握股市常用諺語。

任務 1　證券常用術語

（1）散戶：進行零星小額買賣的投資者，一般指小額投資者或個人投資者，通常認爲買賣股票時資金小於 10 萬元的投資者。

（2）中戶：投資額較大的投資者，通常認爲買賣資金在 10 萬元到 50 萬元的投資者。

（3）大戶：用很大資金買賣股票的投資者。大戶又分爲個人大戶和機構大戶。如果是個人大戶，通常認爲其買賣股票的資金在 50 萬元以上，在上海和深圳等大城市其資金至少在 100 萬元以上才能稱爲大戶。如果是機構大戶，其買賣股票時通常擁有上億元資金。

（4）牛市：股票市場上買入者多於賣出者，股市行情看漲。形成牛市的因素很多，主要包括以下幾個方面：第一，經濟因素。股份企業盈利增多、經濟處於繁榮時期、利率下降、新興產業發展、溫和的通貨膨脹等都可能推動股市價格上漲。第二，政治因素。政府政策、法令頒行或發生了突變的政治事件都可引起股票價格上漲。第三，股票市場本身的因素。例如，發行搶購風潮、投機者的賣空交易、大戶大量購進股票都可引發牛市產生。

（5）熊市：熊市與牛市相反，股票市場上賣出者多於買入者，股市行情看跌。引發熊市的因素與引發牛市的因素差不多，不過是向相反方向變動。

（6）牛皮市：走勢波動小，陷入盤整，成交極低。

（7）成長股：一些公司所發行的股票的銷售額和利潤額持續增長，而且其速度快於整個國家和本行業的增長。這些公司通常有宏圖偉略，注重科研，留有大利潤作爲再投資以促進其擴張。

（8）績優股：過去幾年業績和盈余較好，展望未來幾年仍可看好，只是不會再有高速成長可能的股票。該行業遠景尚佳，投資報酬率也能維持一定的高水平。

（9）藍籌股：資本雄厚、信譽優良的掛牌公司發行的股票。

（10）概念股：概念股是與業績股相對而言的。業績需要有良好的業績支撐。概念股則是依靠某一種題材（如資產重組概念等）支撐價格。而這一內涵通常會被當作一種選股和炒作題材，成為股市的熱點。其有具體的名稱、事物題材等，如資產重組股、奧運題材股、高鐵概念股等都稱之為概念股。簡單來說概念股就是對股票所在的行業經營業績增長的提前炒作。

（11）熱門股：交易量大、流通性強、股價變動幅度較大的股票。

（12）冷門股：交易量小、週轉率低、流通性差、股價變動幅度小的股票。冷門股是較少人問津的股票，通常橫盤為主，這種股票的上市公司經營業績往往不佳，投資有較大風險。

（13）大盤股：發行在外的流通股份數額較大的上市公司股票。大盤股也沒有統一的標準，一般約定俗成指股本比較大的股票。大盤股公司通常為造船、鋼鐵、石化類公司。

（14）小盤股：發行在外的流通股份數額較小的上市公司的股票。中國現階段一般不超1億股流通股票都可視為小盤股。

（15）垃圾股：因公司發展前景看衰，而長時期很少有人問津的股票。

（16）龍頭股：對股市具有領導和示範作用的股票。

（17）黑馬股：投資價值未被市場絕大多數投資者所認識，但最終能遠遠跑贏大盤的股票。

（18）白馬股：經營業績突出，受到市場關注，又能遠遠跑贏大盤的股票。

（19）題材：炒作股票的一種理由。這種理由在少數情況下是公開的，多數情況下只有主力、莊家少數人知道。題材有多種，如消息、傳聞、公司的業績和國家政策等都能變為炒作題材。

（20）多頭、多頭市場：多頭是指投資者對股市看好，預計股價將會看漲，於是趁低價時買進股票，待股票上漲至某一價位時再賣出，以獲取差額收益。一般來說，人們通常把股價長期保持上漲勢頭的股票市場稱為多頭市場。多頭市場股價變化的主要特徵是一連串的大漲小跌。

（21）空頭、空頭市場：空頭是投資者和股票商認為現時股價雖然較高，但對股市前景看壞，預計股價將會下跌，於是把借來的股票及時賣出，待股價跌至某一價位時再買進，以獲取差額收益。採用這種先賣出後買進、從中賺取差價的交易方式稱為空頭。人們通常把股價長期呈下跌趨勢的股票市場稱為空頭市場，空頭市場股價變化的特徵是一連串的大跌小漲。

（22）利多：刺激股價上漲的信息，如股票上市公司經營業績好轉、銀行利率降低、社會資金充足、銀行信貸資金放寬、市場繁榮以及其他政治、經濟、軍事、外交等方面對股價上漲有利的信息。

（23）利空：能夠促使股價下跌的信息，如股票上市公司經營業績惡化、銀根緊縮、銀行利率調高、經濟衰退、通貨膨脹、天災人禍以及其他政治、經濟、軍事、外交等方面促使股價下跌的不利消息。

（24）基本分析：根據銷售額、資產、收益、產品或服務、市場和管理等因素對企業進行分析，也指對宏觀政治、經濟、軍事動態的分析，以預測它們對股市的影響。

（25）技術分析：以供求關係爲基礎對市場和股票進行的分析研究。技術分析研究價格動向、交易量、交易趨勢和形式，並制圖表示上述因素，預測當前市場行爲對未來證券的供求關係和個人持有的證券可能發生的影響。

（26）成交量：某種證券或整個市場在一定時期內完成交易的股數。

（27）騙線：大戶利用股民們迷信技術分析數據、圖表的心理，故意抬拉、打壓股指，致使技術圖表形成一定線型，引誘股民大買進或賣出，從而達到大戶大發其財的目的。這種欺騙性造成的技術圖表線形稱爲騙錢。

（28）開盤價：開盤是指某種證券在證券交易所每個營業日的第一筆交易，第一筆交易的成交價即爲當日開盤價。

（29）收盤價：某種證券在證券交易所一天交易活動結束前最後一筆交易的成交價格即爲收盤價。

（30）最高價：最高價也稱爲高值，是指某種證券當日交易中最高成交價格。

（31）最低價：最低價也稱爲低值，是指某種證券當日交易中的最低成交價格。

（32）高開：某股票的當日開盤價高於前一交易日收盤價的情況。

（33）低開：某股票的當日大盤開盤指數低於前一天收盤指數，或該市場的一個交易品種當日開盤價低於前一交易日收盤價的情況。

（34）平開：某股票的當日開盤價與前一交易日收盤價持平的情況稱爲開平盤，或平開。

（35）高開低走：股價（或指數）在前一交易日收市點位以上開市，隨著交易的進行，股價（或指數）不斷下跌，整個交易日都呈現下跌趨勢。

（36）高開高走：當日交易的開盤價格高於昨日收盤價格，然後隨時間推移，一路上揚。

（37）漲（跌）停板價：爲了防止證券市場上價格暴漲暴跌，避免引起過分投機現象，在公開競價時，證券交易所依法對證券交易所當天市場價格的漲跌幅度予以適當的限制，即當天的市場價格漲或跌到了一定限度就不得再有漲跌，這種現象的專門術語即爲停板。當天市場價格的最高限度稱爲漲停板，漲停板時的市價稱爲漲停板價。當天市場價格的最低限度稱爲跌停板，跌停板時的市價稱爲跌停板價。

（38）打開：股價由漲（跌）停板滑落或翻升。

（39）打底：股價由最低點回升，隨後遭到空頭壓賣而再度跌落，但在最低點附近又獲得多頭支撐，如此來回多次后，便迅速脫離最低點而一路上漲。

（40）做頭：過程與「打底」一樣，只是形狀恰好相反，在高價位處有兩個以上的峰頂並排，形成上漲壓力。

（41）頭部：股價上漲至某價位時便遇阻力而下滑。

（42）探底：股價持續跌挫至某價位時便止跌回升，如此一次或數次。

（43）差價：股票在買進和賣出的兩種價格之間所獲得的利潤或產生的虧損，前者稱差價利得，后者稱差價損失。

（44）吃貨：作手在低價時暗中買進股票。

（45）出貨：作手在高價時不動聲色地賣出股票。

（46）股本：所有代表企業所有權的股票，包括普通股和優先股。

（47）平倉：把原來的買入沽出或把原來的沽出買回。

（48）斬倉：因市價的波動，客戶的帳目出現（或將出現）虧損，爲了保障客戶不會損失保證金，經紀行會逢動爲客戶平倉，以保客戶不受損失。

（49）套牢：指投資者買進股票后因股票價格下跌造成帳面上虧損的一種現象。

（50）解套：股價回升到買進價的附近，將股票賣出，收回資金。

（51）割肉：高價買進股票后，大勢下跌，爲避免繼續損失，低價賠本賣出股票。

（52）止損點：當股票下跌到某一幅度或某一價位時，投資者必須將股票賣出，這預先設置的下跌幅度或價位。

（53）反彈：在股市上，股價呈不斷下跌趨勢，終因股價下跌速度過快而反轉回升到某一價位的調整現象稱爲反彈。一般來說，股票的反彈幅度要比下跌幅度小，通常是反彈到前一次下跌幅度的三分之一左右時，又恢復原來的下跌趨勢。

（54）反轉：股價朝原來趨勢的相反方向移動，分爲向上反轉和向下反轉。

（55）趨勢：股價在一段期間內的變動方向。

（56）整理：股市上的股價經過大幅度迅速上漲或下跌后，遇到阻力線或支撐線，原先上漲或下跌趨勢明顯放慢，開始出現幅度爲15%左右的上下跳動，並持續一段時間，這種現象稱爲整理。整理現象的出現通常表示多頭和空頭激烈互鬥而產生了跳動價位，也是下一次股價大變動的前奏。

（57）盤整：股價經過一段急速的上漲或下跌后，遇到阻力或支撐，因而開始小幅度上下變動，其幅度在15%左右。

（58）震盤：股價一天之內呈現忽高忽低的大幅度變化。

（59）洗盤：投機者先把股價大幅度殺低，使大批小額股票投資者（散戶）產生恐慌而拋售股票，然后再股價抬高，以便趁機漁利。

（60）逼空：空頭賣出股票后，股價不但不跌反而大幅上漲，被迫強行補回股票，促使股價再度上漲。

（61）踏空：股價上漲、原來拋出股票的投資者因某種因素沒有及時買進。

（62）跳水：股價突然迅速下滑，並且幅度很大的一種盤面現象。

（63）對倒（對敲）：莊家在多家營業部對同一股票同時進行買進和賣出的報價交易，以達到操縱股價的目的。

（64）護盤：主力在市場低迷時買進股票，帶動中、小投資者跟進，以刺激股價上漲的一種操作手法。

（65）打壓：用非常方法將股價大幅度壓低。通常，大戶在打壓后便大量買進以獲取暴利。

（66）回檔：在股市上，股價呈不斷上漲趨勢，終因股價上漲速度過快而反轉回跌到某一價位，這一調整現象稱爲回檔。一般來說，股票的回檔幅度要比上漲幅度小、通常是反轉回跌到前一次上漲幅度的三分之一左右時又恢復原來的上漲趨勢。

（67）追漲：當股價開始上漲時買進股票。

（68）殺跌：當股價開始下跌時賣出股票。

（69）誘多：主力、莊家有意製造股價上漲的假象，誘使投資者跟進，結果股價不漲反跌，讓跟進做多的投資者套牢的一種市場行爲。

（70）誘空：主力、莊家有意製造股價下跌的假象，誘使投資者賣出，結果股價不跌反漲，讓賣出的投資者踏空的一種市場行爲。

（71）長空：長時間做空頭。投資者對股勢長遠前景看壞，預計股價會持續下跌，在借股賣出后，一直要等股價下跌很長一段時間后再買進，以期獲取厚利。

（72）長多：長時間做多頭。投資者對股勢長遠前景看好，現時買進股票后準備長期持有，以期股價長期上漲后獲取高額差價。

（73）空翻多：原本爲空頭，但見大勢變好，買入持股轉爲做多。

（74）多翻空：原本爲多頭，但見大勢不對，賣出持股轉爲做空。

（75）多殺多（多頭殺多頭）：股市上的投資者普遍認爲當天股價將會上漲是大家搶多頭帽子買進股票，然而股市行情事與願違，股價並沒有大幅度上漲，無法高價賣出股票，等到股市結束前，持股票者競相賣出，造成股市收盤價大幅度下跌的局面。

（76）空殺空：股市上的投資者普遍認爲當天股價將下跌，於是都搶空頭帽子，然而股價卻沒有大幅下跌，無法低價買進，交割前，只好紛紛補進，因而反使股價在收盤時大幅度升高的情形。

（77）崩盤：證券市場上由於某種原因，出現了證券大量拋出，導致證券市場價格無限度下跌，不知到什麼程度才可以停止。這種大量拋出證券的現象也稱爲賣盤大量湧現。

（78）支撐線：股市受利空信息的影響，股價跌至某一價位時，做空頭的認爲有利可圖，大量買進股票，使股價不再下跌，甚至出現回升趨勢。股價下跌時的關卡稱爲支撐線。

（79）阻力線：股價上漲到達某一價位附近，如有大量的賣出情形，使股價停止上揚，甚至回跌的價位。

（80）突破：股價經過一段盤檔時間后，產生的一種價格波動。

（81）天量：大盤或個股在人氣高漲時形成的最大成交量。

（82）地量：大盤或個股在市場低迷時形成的最小成交量。

（83）天價：個股在人氣高漲時形成的最高價。

（84）地價：個股在市場低迷時形成的高低價。

（85）持倉量：投資者現在手中所持有的股票金額占投資總金額的比例。

（86）滿倉：投資者將資金全部買了股票而手中已無現金。

（87）空倉：投資者將所持有的股票全部拋出而手中已無股票。

（88）減磅：在股市形勢看壞時，投資者賣出一部分股票來規避風險。

（89）清倉：在股市形勢看壞時，投資者將股票全部賣出以規避風險。

（90）建倉：投資者判斷股價將要上漲而買進股票。

（91）補倉：在股價上漲到高價時買進股票的投資者，后來又在該股跌到相對低位

時再次買進。

（92）哄抬：用不正當的方法和手段將股價往上拉升。

（93）短線：通常是在一個星期或兩個時期以內的時期，投資者只想賺取短期差價收益，而不去關注股票的基本情況，主要依據技術圖表分析。一般的投資者做短線通常都是以兩三天爲限，一旦沒有差價可賺或股價下跌，就平倉一走了之，再去買其他股票做短線。

（94）中線：對股票本身進行了一番分析，對上市公司近期的表現有一定信心，並認爲當時股票價格適中而買入，一般持有一個月甚至半年左右，以靜待升值，獲取利潤。

（95）長線：對某只股票的未來發展前景看好，不在乎股價一時的升跌，在該只股票的股價進入歷史相對低位時買入股票，作長期投資的準備。這個長期一般在一年左右或更長時間。

（96）搶短線：預期股價上漲，先低價買進后再在短期內以高價賣出；預期股價下跌，先高價賣出再伺機在短期內以低價回購。

（97）搶帽子：搶帽子是股市上的一種投機性行爲。在股市上，投機者當天先低價購進預計股價要上漲的股票，然后待股價上漲到某一價位時，當天再賣出所買進的股票，以獲取差額利潤。或者在當天先賣出手中持有的預計要下跌的股票，然后待股價下跌至某一價位時，再以低價買進所賣出的股票，從而獲取差額利潤。

（98）坐轎子：坐轎子是股市上一種哄抬操縱股價的投機交易行爲。投機者預計將有利多或利空的信息公布，股價會隨之大漲大落，於是投機者立即買進或賣出股票。等到信息公布，人們大量搶買或搶賣，使股價呈大漲大落的局面，這時投機者再賣出或買進股票，以獲取厚利。先買后賣稱爲坐多頭轎子，先賣后買稱爲坐空頭轎子。

（99）抬轎子：抬轎子是指利多或利空信息公布后，投機者預計股價將會大起大落，立刻搶買或搶賣股票的行爲。搶利多信息買進股票的行爲稱爲抬多頭轎子，搶利空信息賣出股票的行爲稱爲抬空頭轎子。

（100）跳空：股價受利多或利空影響后，出現較大幅度上下跳動的現象。當股價受利多影響上漲時，交易所內當天的開盤價或最低價高於前一天收盤價兩個申報單位以上；當股價下跌時，當天的開盤價或最高價低於前一天收盤價在兩個申報單位以上；或者在一天的交易中，上漲或下跌超過一個申報單位。以上這種股價大幅度跳動現象稱爲跳空。

（101）填權：除權后股價上升，將除權差價補回。

（102）含權：凡是有股票有權未送配的均稱爲含權。

（103）派息：股票前一日收盤價減去上市公司發放的股息。

（104）除息：股票發行企業在發放股息或紅利時，需要事先進行核對股東名冊、召開股東會議等多種準備工作，於是規定以某日在冊股東名單爲準，並公告在此日以后一段時期爲停止股東過戶期。停止過戶期內，股息紅利仍發給登記在冊的舊股東，新買進股票的持有者因沒有過戶就不能享有領取股息紅利的權利，這就稱爲除息。同時，股票買賣價格就應扣除這段時期內應發放股息紅利數，這就是除息交易。

（105）除權：除權與除息一樣，也是停止過戶期內的一種規定，即新的股票持有人在停止過戶期內不能享有該種股票的增資配股權利。配股權利是指股份公司爲增加資本發行新股票時，原有股東有優先認購或認配的權利。除權以後的股票買賣稱除權交易。

（106）增資：上市公司爲業務需求經常會辦理增資（有償配股）或資本公積新增資（無償配股）。

（107）配股：公司發行新股時按股東所持股份數以持價（低於市價）分配認股。

（108）轉配股：這是中國股票市場特有的產物，即國家股、法人股的持有者放棄配股權，將配股權有償轉讓給其他法人或社會公眾，這些法人或社會公眾行使相應的配股權時所認購的新股就是轉配股，轉配股目前不上市流通。

（108）送紅股：上市公司將本年的利潤轉化爲股本。送紅股後，公司的資產、負債、股東權益的總額結構並沒有發生改變，但總股本增大了，同時每股淨資產降低了。

（110）轉增股：公司將資本公積金轉化爲股本，轉增股並沒有改變股東的權益，但卻增加了股本的規模，因而客觀結果與送紅股相似。

任務 2　股市諺語

一、股諺集 1

（1）牛市不換股。

（2）底是機構砸出來的，不是散戶買出來的。

（3）上升要有量推動，下跌無須量配合。

（4）天量之后出天價，地量之后出地價。

（5）量在價先，即天量見天價，地量見地價；底部放量，閉眼買進。

（6）不怕下跌怕放量，尤其是在相對高位放出巨量，投資者應該多一份警惕。

（7）股市上什麼都能騙人，唯有成交量不能騙人。

（8）縮量上漲還將上漲，放量上漲必將回落。

（9）縮量下跌還將下跌，放量下跌必將反彈。

（10）天量三日見天價，地量三日見地價。

（11）縮量不跌，築底成功；放量不漲，頭部將現。

（12）低價是金，高價是紙。

（13）無量頂下跌，后市必將大漲；放量頂下跌，后市調整漫長。

（14）大漲三日不追，大跌三日不殺，跳三空，氣數盡。

（15）牛市不言頂，熊市不言底。

（16）多頭不死，跌勢不止；空頭不死，漲勢不止。

（17）行情在絕望中產生，在猶豫中發展，在瘋狂中結束。

（18）漲要漲過頭，跌要跌過頭。

（19）牛市慢漲急跌，熊市急漲慢跌。

(20）該漲不漲，必有下跌；該跌不跌，必有上漲。
(21）利好出盡是利空，利空出盡是利好。
(22）地上三年，天上三天。
(23）久盤必跌（熊市）！
(24）看大勢，賺大錢。
(25）漲時重勢，跌時重質。
(26）強者更強，若者更弱。
(27）選股不如選時，選時不如選勢。
(28）市場沒有專家，只有贏家和輸家。
(29）有錢難買牛回頭。
(30）炒股是炒未來。
(31）現金爲王。
(32）機會是跌出來的，風險是漲出來的。
(33）七賠二平一賺錢。
(34）不怕急跌，就怕陰跌。
(35）一月行情就是全年的寫照。
(36）炒家不如藏家。
(37）抓住一只牛股勝過十個牛市。
(38）先看管理層政策，再定對策。
(39）沒有泡沫不是好啤酒，沒有泡沫也不叫牛市。牛市的特徵之一就是有泡沫。
(40）貪婪是利潤的抹布。
(41）在熊市時，利好是利空，利空還是空上加空；在牛市時，利空是利好，利好是好上加好。
(42）不要和市場作對，市場永遠是對的。
(43）不怕錯，就怕拖。
(44）有莊的股是個寶，無莊的股是棵草。
(45）吃魚吃中段，頭尾留給別人吃。
(46）會買的是徒弟，會賣的才是師傅。
(47）底部買入，不動如山。
(48）當別人恐懼時，我們應該貪婪；當別人貪婪時，我們應該恐懼。
(49）新手看價、老手看量、高手看勢。
(50）看不懂、看不準、沒把握時堅決不進場。
(51）先學會做空，再學會做多。
(52）反彈不是底，是底不反彈。
(53）君子問凶不問吉，高手看盤先看跌。
(54）貪婪與恐懼，投資之大忌。
(55）僥幸是加大風險的罪魁，猶豫則是錯失良機的禍首。
(56）心態第一、策略第二、技術只有屈居第三了。

(57) 如果說長線是金，短線是銀，那麼波段操作就是鑽石。
(58) 牛市宜捂股。
(69) 熱股不可戀，持股要常換；從始炒到終，到頭一場空。
(60) 手中有股，心中無股。
(61) 牛市不殺跌，熊市不追漲。
(61) 功夫在股外。
(63) 股票是藝術，不是科學。
(64) 漲勢形成不得不漲，跌勢形成不得不跌。
(65) 大換手是趨勢反轉的開始。
(66) 行情在絕望中產生，在猶豫中成長，在憧憬中成熟，在瘋狂中死亡。
(67) 熊市炒價值，牛市炒想像（成長）。
(68) 寧可錯過，不可做錯。
(69) 割肉空倉，賺錢不慌。
(70) 股性是否活躍，是選股的重要標準之一。
(71) 當媒體的觀點一邊倒時，你應冷靜地站到他們的對立面去。
(72) 耐心是致勝的關鍵，信心是成功的保障。
(73) 老手多等待，新手多無耐（心）。
(74) 頻繁換股已表明信心不足。
(75) 順勢者昌，逆勢者亡——順勢而為
(76) 人棄我取，人取我予——反向操作。
(77) 整體行情是國家政策與市場主力共振的產物，個股行情則是莊家的獨角戲。
(78) 學會做散戶的叛徒，就是與莊家為伍。
(79) 伴君如伴虎，跟莊如跟狼。
(80) 英雄是時代的產物，龍頭是行情的需要。
(81) 三日不高，走無疑。
(82) 慢慢買，快快賣。
(83) 信號不會創造行情，只有行情創造信號。
(84) 炒股如種糧，春播秋收冬藏。
(85) 雞蛋不要放在一個籃子裡。
(86) 不衝高不賣，不跳水不買，橫盤不交易。
(87) 進貨靠消息，出貨靠自己。
(88) 高位橫盤再衝高，抓住時機趕緊拋；低位橫盤又新低，全倉買進好時機。
(89) 新手怕大跌，老手怕大漲。
(90) 橫有多長，豎有多高。
(91) 牛市除權火上澆油，熊市除權雪上加霜。
(92) 買股要慢，賣股要快，持股要活，換股要慎。
(93) 漲市善於高賣，跌市勇於低吸。
(94) 弱市買漲，強市買跌。

（95）利空出盡三日見底，利好出盡三日見頂。
（96）暴漲不買，暴跌不賣。
（97）炒股要炒強，賺錢靠頭羊。
（98）冷門大漲，股市見頂。
（99）急漲不追，必待回檔；急跌不殺，必搶反彈。
（100）買股要買強勢股。
（101）炒股不止損，絕對虧大本。
（102）股市將跌，必有妖孽。
（103）股評看多不做多，股評看空不做空。
（104）弱市炒新股。
（105）操作頻繁，一定輸完。
（106）猶豫不決，慢慢出血。
（107）迷信權威，最后是虧。
（108）沒有只跌不漲的股，沒有只漲不跌的股。
（109）頭部利好頻繁，底部利空不斷。
（110）高位，久盤必跌；低位，久盤必漲。
（111）收發自如適時搏，切忌天天都在搏——要學會無股一身輕。
（112）交易費越低越好，股價越便宜未必就好——不要專揀低價股。
（113）不爲股價所動，不爲賠賺所移，心態始終安靜平和——笑傲股。
（114）莫怪市場無情，只怪學藝不精，市場永遠是對的。
（115）股市獲利的兩大法寶：選股要正確和介入的時機要恰當。
（116）買熟股，不吃苦。
（117）小陽攜量往上排，暴發長陽還沒來。
（118）連漲三日賣出，連跌三日買進。
（119）上漲爲了出貨，下跌爲了吸貨。
（120）拉高建倉，莊家誘多；壓低出貨，莊家誘空。
（121）暴跌不賣，暴漲不買。
（122）基本面分析可以使你看到股票的「內在美」，技術分析可以告訴你「何時追」。
（123）溫柔的陰跌是陷阱，殘酷的暴跌是機會。
（124）下降通道搶反彈，無異於刀口舔血。
（125）短期均線最佳拍檔：強調 5 日均線，依託 10 日均線，扎根 30 日均線。
（126）向下跳空缺口，揮淚割肉也要走。
（127）金叉進，死叉出。
（128）守住 30 日線，炒股不賠錢。
（129）頂部三日，底部百天。
（130）小陽，小陽，必有長陽。
（131）高位十字星，不走變窮人。
（132）斷頭鍘刀，逃之夭夭。

(133) 能量潮穩步走高，五線向上牽大牛。
(134) 三陰滅不了一陽，后市要看漲。
(135) 一陽吞沒十陰，黃土變成黃金。
(136) 小小槓桿輕又輕，壓著股價頭難伸。
(137) 一旦衝破壓力線，托著股價上天庭。
(138) 芝麻點裡藏金子，極小量中有好股。
(139) 上山爬坡緩慢走，烘雲托月是小牛。
(140) 大牛變瘋牛，天量到了頭。
(141) 看家十字星，腳底須抹油。
(142) 地量見地價，先有地量，后有地價。
(143) 底部跳空向上走，天打雷劈不放手。
(144) 高位跳空向上走，神仙招手卻不留。
(145) 此時賣掉損失小，斤斤計較必深套。
(146) 新手死於追高，老手死於抄底，高手死於槓桿。

二、股諺集 2

(一) 關於波段操作的關鍵

打蛇就要打七寸，買股要買「啟動第一天」；底部啟動第一陽，連續放量就追漲。

(二) 關於量價關係/支撐阻力

(1) 連續增量就有戲，連續縮量就放棄。

(2) 離開支撐位要近，離開阻力位要遠。支撐越近越踏實，阻力越遠越升騰。

(3) 線在價上是阻力，線在價下是支撐。（本口訣指的是均線同股價的關係。均線在股價上，就是阻力；反之則是支撐。）

(4) 量在價上是阻力，量在價下是支撐。（本口訣指的是密集成交區同股價的關係。密集成交區在股價上，就是阻力；反之則是支撐。）

(三) 關於 K 線組合上如何一眼看漲跌

中高位陰線多的地方容易下跌，中低位陽線多的地方容易上漲。

(四) 關於莊股的分類和操作（關於如何一眼識別莊股）

(1) K 線形態不自然的股票多是莊股

(2) 陽莊股裡找中長線潛力股，陰莊股裡防中長線陰跌股，星莊股裡防世紀中天式的暴跌股。

(3) 老莊股容易出問題，新莊股容易出機遇。

(五) 關於個股、單莊、強勢股、弱勢股

(1) 特立獨行的股票有特立獨行的理由。

(2) 沒有永遠的強者恒強，沒有永遠的弱者恒弱。強到極處就轉弱，弱到極處會轉強。

(3) 弱勢股裡容易出利空，強勢股裡容易出利好，年報期裡尤其會如此。

（六）關於利好利空

(1) 利空未盡繼續跌，利好未盡繼續漲。
(2) 利空兌現是利好，利好兌現是利空。
(3) 超跌出利好報復性反彈，超買出利空突發性下跌。

（七）關於指標

(1) 沒有絕對準確的指標，只有一知半解的股民。
(2) 指標對會用者有用，指標對不會用者有害。
(3) 極強勢股不看指標，極弱勢股不看指標，高控盤股不看指標。
(4) 少看指標，多看價值；少看個股，多看板塊；看透「群莊」，再找龍頭。

（八）關於均線

年線下變平，準備捕老熊，年線往上拐，回踩堅決買；
年線往下行，一定要搞清，如等半年線，暫作壁上觀；
深跌破年線，老熊活年半，價穩年線上，千里馬亮相；
要問為什麼，牛熊一線亡，半年線下穿，千萬不要沾；
半年線上拐，堅決果斷買，季線如下穿，后市不樂觀；
季線往上走，長期做多頭，月線不下穿，光明就在前；
股價踩季線，入市做波段，季線如被破，眼前就有禍；
月線上穿季，買進等獲利，月線如下行，本波已完成；
價跌月線平，底部已探明，20天走平，觀望暫作空；
20天上翹，猶如衝鋒號，突然呈加速，離頂差一步；
10天莊老本，不破不走人，短線看3天，破點你就竄；
長期往上跑，短期呈纏繞，平臺一做完，股價往上跑。

復習思考題

1. 常見的證券行情分析有哪些軟件？
2. 證券行情分析軟件的界面有哪些方面？
3. 國內證券交易有什麼品種？其代碼是什麼？
4. 看盤有哪些要素？
5. 看盤面的關鍵要點是什麼？
6. 頂與底的識別有哪些特徵？
7. 何如抓住領漲板塊？
8. 莊股炒作有哪五部曲？
9. 你所知道的常見的證券術語有哪些？
10. 你所知道的常用的股市諺語有哪些？

國家圖書館出版品預行編目(CIP)資料

證券投資實務：了解中國證券市場 / 林雨、劉堂發、湯恒 主編. -- 第一版. -- 臺北市：崧燁文化，2018.09 面；　公分 ISBN 978-957-681-556-0(平裝) 1.證券投資 2.證券市場 3.投資分析 563.53　　　　107014212

書　名：證券投資實務：了解中國證券市場
作　者：林雨、劉堂發、湯恒 主編
發行人：黃振庭
出版者：崧燁文化事業有限公司
發行者：崧燁文化事業有限公司
E-mail：sonbookservice@gmail.com
粉絲頁　　　　　　網　址：
地　址：台北市中正區重慶南路一段六十一號八樓 815 室
8F.-815, No.61, Sec. 1, Chongqing S. Rd., Zhongzheng Dist., Taipei City 100, Taiwan (R.O.C.)
電　話：(02)2370-3310　傳　真：(02) 2370-3210
總經銷：紅螞蟻圖書有限公司
地　址：台北市內湖區舊宗路二段 121 巷 19 號
電　話：02-2795-3656　傳真：02-2795-4100　網址：
印　刷：京峯彩色印刷有限公司（京峰數位）

　　本書版權為西南財經大學出版社所有授權崧博出版事業有限公司獨家發行電子書及繁體書繁體版。若有其他相關權利及授權需求請與本公司聯繫。
定價：500 元
發行日期：2018 年 9 月第一版
◎ 本書以POD印製發行